Linhas

Dados Internacionais de Catalogação na Publicação (CIP)
(Câmara Brasileira do Livro, SP, Brasil)

Ingold, Tim
Linhas : uma breve história / Tim Ingold ; tradução de Lucas Bernardes. – Petrópolis, RJ : Vozes, 2022. – (Coleção Antropologia)

Título original: *Lines : a brief history*
Bibliografia.

1ª reimpressão, 2023.

ISBN 978-65-5713-508-2

1. Desenho – História 2. Escrita – História 3. Sinais e símbolos – História I. Título.

22-108724 CDD-302.2

Índices para catálogo sistemático:
1. Sinais e símbolos : Comunicação : Sociologia 302.2

Cibele Maria Dias – Bibliotecária – CRB-8/9427

Tim Ingold

Linhas

Uma breve história

Tradução de Lucas Bernardes

Petrópolis

Tradução autorizada a partir da edição inglesa publicada pela Routledge, membro do Grupo Taylor & Francis.

Tradução do original em inglês intitulado *Lines – A Brief History*

Direitos de publicação em língua portuguesa – Brasil:
2022, Editora Vozes Ltda.
Rua Frei Luís, 100
25689-900 Petrópolis, RJ
www.vozes.com.br
Brasil

Editoração: Barbara Kreischer
Diagramação: Raquel Nascimento
Revisão gráfica: Nilton Braz da Rocha / Fernando Sergio Olivetti da Rocha
Capa: Felipe Souza | Aspectos

ISBN 978-65-5713-508-2 (Brasil)
ISBN 978-1-138-64039-9 (Reino Unido)

Este livro foi composto e impresso pela Editora Vozes Ltda.

Sumário

Lista de figuras

Agradecimentos

Este livro foi concebido em julho de 2000, quando recebi um convite de Fionna Ashmore, na época diretora da Society of Antiquaries of Scotland [Sociedade de Antiquários da Escócia], para palestrar as *Rhind Lectures* de 2003. Essas palestras, proferidas anualmente sobre um assunto pertencente à história, arqueologia ou antropologia, têm sido realizadas desde 1876. Elas comemoram Alexander Henry Rhind of Sibster (1833-1863), um notável antiquário escocês, nascido em Wick, que é lembrado, acima de tudo, por seu trabalho pioneiro nas tumbas egípcias antigas de Thebes. Senti-me muito privilegiado por ter sido convidado para proferir as palestras e, visto que o aviso antecipado de três anos daria tempo suficiente para me preparar, aceitei avidamente. Eu procurei por uma desculpa para separar um tempo para trabalhar em um tópico pelo qual eu fui fascinado há tempo, mas que sabia pouco a respeito, a saber, a história comparativa da relação entre fala, música, escrita e notação musical. Para o meu título, eu escolhi "Linhas do passado: em busca de uma arqueologia antropológica das práticas de inscrição".

Claro que o tempo que pensei que teria para preparar as palestras nunca se materializou. Nunca se materializa. Os anos de 2000 a 2003 foram frenéticos. Eu chegara à Universidade de Aberdeen apenas um ano antes, encarregado de estabelecer um novo programa de ensino e pesquisa em antropologia, e isso absorvera a maior parte das minhas energias. Na verdade, o programa tivera um início muito bom, e em 2003 nós já tínhamos o nosso próprio Departamento de Antropologia, um núcleo com uma equipe altamente comprometida, e um grupo crescente de estudantes pesquisadores. Os primeiros estudantes da universidade com graduações de honra em antropologia estariam graduando no verão daquele ano. Com tudo isso acontecendo, o tempo voou, até que de repente me ocorreu, por volta de março de 2003, que eu tinha um pouco mais de um mês restante para preparar as palestras. Colocando todo o restante de lado, e sem fazer muita ideia de como o meu tópico se desenvolveria, comecei a trabalhar no meu tema de linguagem, música e notação.

O começo foi lento, mas de alguma forma – e para a minha grande surpresa – o assunto "decolou" de uma maneira que eu nunca antecipara, de modo que o que eu inicialmente me propusera a realizar se transformou em uma plataforma de lançamento para uma pesquisa muito mais ampla e ambiciosa sobre a confecção humana de linhas em todas as suas formas. Era como se, quase que por acidente, eu acertara uma mina de ouro intelectual. Daí por diante, não tenho certeza se era eu que estava escrevendo as palestras ou se as palestras estavam me escrevendo. Elas quase pareciam pular para fora. Ainda rabiscando no trem descendo para Edimburgo, com a série para começar naquela noite, eu tinha tudo escrito, com exceção da última palestra – e para esta tive que improvisar, uma vez que o manuscrito preparado se esgotou. Felizmente, acho que ninguém notou. Assim, as palestras foram devidamente entregues ao Royal Museum of Scotland (Museu Real da Escócia), durante três dias, de 2 a 4 de maio de 2003. Ser capaz de apresentar as minhas ideias "ao natural" para uma audiência apreciativa, em seis palestras de 50 minutos todas condensadas em um longo final de semana, foi uma oportunidade única e uma experiência inesquecível. Era o tipo de conferência que você só tem em sonhos, em que você é o único preletor, em que todos vieram para lhe ouvir e mais ninguém, e em que você pode ter todo o tempo que possivelmente poderia desejar para apresentar as suas ideias. Por essa oportunidade, e pela hospitalidade estendida a mim e a minha família, gostaria de expressar o meu apreço a Fionna Ashmore, a então presidente da Society of Antiquaries of Scotland, Lisbeth Thoms, e à própria sociedade.

Assim que as palestras terminaram, os pensamentos se voltaram para a publicação. Ciente de que levaria décadas de trabalho para fazer justiça ao assunto, e que isso provavelmente estava além da minha competência mesmo, resolvi inicialmente escrever as palestras mais ou menos como elas estavam, de forma improvisada, sem nem tentar refiná-las um pouco mais. Eu sabia que havia lacunas para preencher, e que eu precisava reordenar uma parte do material, mas de qualquer forma seria isso. Todavia, mais uma vez, as pressões costumeiras da vida acadêmica assumiram o controle. Primeiro eu tive que trabalhar durante o verão de 2003, então adiei para o verão seguinte, e depois ainda para o outro verão, e sempre havia algo mais urgente para fazer. E durante tudo isso, as minhas ideias estavam em movimento.

Tive oportunidades de apresentar – o que no fim se tornou o capítulo 1 deste livro – para o Seminário Laurence sobre "Percepções Sensoriais" na Faculdade de Clássicos, da Universidade de Cambridge, em maio de 2003 e algum tempo depois para o Seminário de Antropologia na Escola de Economia de Londres. Um rascunho inicial do capítulo 2 foi apresentado no Instituto de Antropologia Social e Cultural da Universidade de Oxford e, subsequentemente, em maio de 2005, como uma palestra convidada no Departamento de Arqueologia da Universidade do Porto, em Portugal, pela qual tenho que particularmente agradecer o meu anfitrião, Vitor Jorge. O capítulo 3 adquiriu a sua forma e título atuais por ter sido apresentado como parte de uma série de seminários na Escola de Estudos Antropológicos na Queen's University, em Belfast, e depois foi apresentado para a conferência de "Cultura, Natureza e Semiótica: Localizações IV", em Tallin e Tartu, na Estônia (setembro de 2004) e no Quinto Simpósio Internacional de Sintaxe Espacial, na Universidade de Tecnologia de Delft (junho de 2005). Ainda que o material dos três capítulos restantes (4-6) não tenha sido apresentado de outra forma, eu deveria mencionar que, na verdade, o capítulo 5 nasceu como uma *Munro Lecture* apresentada na Universidade de Edimburgo lá atrás em 1995. Embora quase tudo sobre o assunto tenha mudado desde então, acho que foi lá que o meu interesse no tema "tecnologia de escrita", a matéria da palestra, começou pela primeira vez a dar fruto.

As minhas ideias também foram influenciadas nos últimos anos pelo meu envolvimento em um grande projeto de pesquisa, financiado pelo (então) Arts and Humanities Research Board – AHRB (Grupo de Pesquisa de Artes e Humanidades) que durou três anos, 2002-2005, com o título extremamente complicado: "Aprender é entender na prática: explorando as inter-relações entre percepção, criatividade e habilidade". Na realidade, este livro é, de muitas formas, um resultado do projeto, e eu quero reconhecer a minha gratidão ao AHRB pelo seu apoio. O projeto foi executado em colaboração entre o Departamento de Antropologia da Universidade de Aberdeen e a Escola de Belas-Artes da Universidade de Dundee, e envolveu um estudo etnográfico das práticas de conhecimento das belas-artes, conduzido entre os estudantes de Dundee, complementado com um estudo sediado em Aberdeen sobre a aplicabilidade das abordagens práticas e em estúdio das belas-artes para o ensino e o aprendizado em antropologia. Como um contexto para esse último estudo, eu planejei e ensinei um curso chamado "Os 4 A's: Antropologia, Arqueologia, Arte e Arquitetura", que apresentei pela primeira vez para graduandos avançados no semestre da primavera de 2004, e repeti nos dois anos subsequentes. Os estudantes que fizeram o curso não só ouviram muito sobre linhas, mas eles também contribuíram com muitas grandes ideais deles mesmos, das quais me beneficiei diretamente, e sou grato a todos eles.

Devo também, além disso, a Murdo Macdonald, que codirigiu o projeto comigo, a Wendy Gunn, que realizou a maior parte do trabalho e cujas ideias – no decorrer dos anos – moldaram profundamente as minhas próprias, e a Ray Lucas, cuja pesquisa de doutorado, financiada pela AHRB, foi uma parte integral do projeto. A pesquisa de Ray, um estudo muito amplo e interdisciplinar sobre as práticas e notações de inscrição como ferramentas de pensamento, afinou-se de forma extremamente próxima dos meus próprios interesses na confecção de linhas, e tem sido um privilégio trabalhar com ele. Dois outros produtos do projeto deveriam ser mencionados, pois ambos influenciaram o presente livro. O primeiro foi a exibição "Notas de Campo e Cadernos de Rascunho", projetada por Wengy Gunn e exibida na Galeria de Arte de Aberdeen de abril a junho de 2005. A exibição explorou a utilização das linhas para anotações e descrições nas disciplinas de Arte, Arquitetura e Antropologia. O segundo foi a conferência da Associação de Antropólogos Sociais sobre "Criatividade e Improviso Cultural", que a minha colega Elizabeth Hallam e eu convocamos na Universidade de Aberdeen em abril de 2005. Foi um prazer trabalhar com Liz, e muitas das suas ideias, juntamente com as ideias que surgiram da própria conferência, acabaram fazendo parte deste livro.

As pessoas traçam linhas, é claro, não só gesticulando com as suas mãos, mas também caminhando por aí. Esse é o tema do capítulo 3 do presente livro, que até certo ponto incorpora os resultados de um projeto intitulado "Cultura do solo: caminhada, movimento e formação de locais", financiado por um prêmio do Economic and Social Research Council – ESRC [Conselho de Pesquisas Econômicas e Sociais], de fevereiro de 2004 a abril de 2006, no qual exploramos como o andar une o tempo e o espaço na experiência, nos relacionamentos e nas histórias de vida das pessoas. Agradeço ao ESRC por esse suporte, e a Jo Lee, que realizou a pesquisa etnográfica para o projeto e foi uma fonte constante de ideias e apoio. Entretanto, tenho mais razões do que essa para ser grato ao ESRC, pois em 2005 o Conselho me premiou com uma bolsa de estudos para professores de três anos, para um programa de trabalho intitulado "Explorações na antropologia comparativa da linha".

A longo prazo, o extenso período de licença para pesquisa que isso me proporciona me dará a possibilidade de desenvolver mais algumas das ideias que são apenas adumbradas neste livro. De forma mais imediata, contudo, tenho que confessar que, sem essa licença, eu nunca teria sido capaz de terminar este livro de maneira nenhuma. Tendo já o adiado por dois anos, o meu plano tinha sido de completar o livro no verão de 2005, antes que minha bolsa de estudos começasse. Ironicamente, entretanto, foi a própria ESRC que arruinou os meus planos, exigindo que eu – junto com os vários colegas por todo o país – dedicasse o único tempo que poderíamos ter tido para pesquisa para coletar dados e preencher formulários para o seu exercício de reconhecimento de treinamento de pós-graduação. Na realidade, entre as operações de financiamento de pesquisa massivamente burocratizadas e consumidoras de tempo por um lado, e ter isso avaliado por outro, só as menores brechas acabam ficando para realizar a pesquisa na prática, e se deve ser grato por qualquer oportunidade de se abrir essas brechas. Mesmo enquanto escrevo, tendo deixado tudo de lado por todo o último mês para terminar o livro, estão atrás de mim por conta do meu rascunho, agora atrasado, para a inscrição do nosso Departamento para o próximo Exercício de Avaliação de Pesquisa!

No entanto, não quero acabar com uma nota de reclamação. Pelo contrário, gostaria de reconhecer, e na verdade celebrar, o apoio que tive, a sorte o bastante de receber de tantas pessoas. Ideias, informações, sugestões de leitura e assim por diante literalmente jorraram de todos os lados. Não sou capaz de listar todos os muitos indivíduos que me ajudaram, então, em vez de mencionar os nomes, eu simplesmente direi um muito obrigado a todos. Você sabe quem você é. E um grande muito obrigado especial vai para todos os meus colegas no Departamento de Antropologia da Universidade de Aberdeen, que são o melhor grupo de colegas que qualquer um poderia desejar, para os meus alunos com quem aprendi tanto, e para todos os membros da minha família que me mantiveram vivo. Um, em particular, teve um papel um tanto quanto crucial ao, em primeiro lugar, me trazer ao mundo. Agora com 101 anos de idade, ele será o primeiro a ler este livro, e é a sua linha que eu estou dando continuidade. Ele, também, sabe quem ele é, e eu dedico este livro a ele.

Setembro de 2006
Tim Ingold
Aberdeen

Créditos das ilustrações

1.5 De *The Notation of Medieval Music*, por Carl Parrish © 1957 por W.W. Norton.

1.6 De *The Oxford Book of Carols* ©. Oxford University Press, 1928.

1.8 Reprodução com a permissão de Kawori Iguchi.

1.9 Bpk/Antikensammlung, Staatliche Museen zu Berlim. Foto: Johannes Laurentinus.

1.10 Reproduzida com a permissão de Sugi Ichikazu.

2.2 Reproduzida com a permissão de Richard Long.

2.4 Foto: Ian Alexander.

2.5 Com a permissão de *Historic Collections*, King's College, University of Aberdeen.

2.7 Com a permissão de *Historic Collections*, King's College, University of Aberdeen.

2.10 Foto: Jörg Hauser. Reproduzida com a permissão de Jörg Hauser e Brigitta Hauser-Schäublin.

2.11 Reproduzida com a permissão da *Bodleian Library*, University of Orford, marca de prateleira 247236d.13.

2.12	Reproduzida com a permissão do *University of Cambridge Museum of Archeology and Anthropology* E 1907.342 (Z 6067).
2.16	Foto: Barbara e Dennis Tedlock, reproduzida com a permissão deles.
2.17	Com a permissão da *Oxford University Press*.
3.2	Reproduzida com a permissão de *Ordnance Survey* em nome de HMSO©. Crown Copyright 2006. Número de Licença da *Ordnance Survey* 100014649.
3.3	Reproduzida com a permissão de *Sonderjyllands Statsant* do *Græseatlas* de 1920.
3.4	Charles Goodwin, "Professional Vision", American Anthropologist, Vol. 96, n. 3:606-633 ©1994, American Anthropological Association. Usada com permissão. Todos os direitos reservados.
3.9	Com a permissão da *Oxford University Press*.
4.2	Com a permissão de *Éditions Gaud*.
4.3	Com a permissão de *Cambridge University Press*.
5.1	© *The Estate of E.H. Shephard*, reproduzida com a permissão de Curtis Brown Limited, Londres.
5.5	Com a permissão de *Historic Collections*, King's College, University of Aberdeen.
5.10	MS Cosin V.III.1, f. 22v. Reproduzida com a permissão da *Durham University Library*.
5.11	Reproduzida com a permissão de Rosemary Sasson.
6.3	Reproduzida com a permissão de Wendy Gunn.
6.5	Reproduzida com a permissão de *Marion Boyars Publishers*.
6.6	© Studio Daniel Libeskind. Reproduzida com permissão.

Todos os esforços foram feitos para traçar e contactar os titulares dos direitos autorais. A editora se agradaria de receber o contato de qualquer titular de direito autoral não reconhecido aqui, para que esta página de reconhecimentos possa ser corrigida na primeira oportunidade.

Prefácio

– Isso é uma teoria? É uma metáfora? – Sentados em volta de uma grande mesa retangular, os meus inquisidores (uma banca de cientistas sociais, ilustres encarregados de selecionar os candidatos para uma premiação de bolsas de estudos para professores de prestígio) queriam saber o que exatamente eu tinha em mente ao propor um projeto de pesquisa sobre "a antropologia comparativa das linhas".

– "Linhas" não é o nome de uma teoria – respondi –, nem as invoco como uma figura para suscitar, por analogia, alguma propriedade ou propriedades do mundo que formaria o tópico da minha investigação. As "linhas" – insisti – são em si mesmas um fenômeno. Elas estão realmente aqui, em nós e à nossa volta. Na verdade, não há como escapar delas, pois em qualquer tentativa de fugir nós só colocamos mais uma.

Se a banca entendeu o ponto eu não sei, já que não fiz parte das suas deliberações, mas de qualquer forma eles me premiaram com a bolsa de estudo, o que foi bom, pois caso não tivessem feito isso, é certo que o trabalho agora chamado *Linhas* nunca teria sido concluído. Contudo, com frequência ponderei a pergunta deles, já que foi uma que muitos outros me fizeram subsequentemente. Por que teoria e metáfora deveriam ser vistas como as únicas alternativas para a linha? Por que a linha não pode ser tão real quanto qualquer coisa que é transmitida por ela, se é que, na realidade, estas possam ser distinguidas de alguma forma? E, se a ideia de que as linhas podem ser reais é estranha aos nossos sentimentos, então o que foi que me impulsionou a este entranho mundo de ligações? Até aqui propus três possíveis respostas e, cada uma delas, eu acredito, contém um grão de verdade.

A primeira resposta possível jaz na minha criação. O meu pai era um micologista, cuja especialidade era o estudo de fungos microscópicos que se acumulam na água salobra das poças armazenadas à beira dos rios. A sua ciência era doméstica, envolvendo caminhadas ao longo das margens dos rios, das quais ele voltava com frascos cheios de amostras de água para serem investigadas com o microscópio instalado na nossa mesa de jantar. Ele armara uma engenhoca envolvendo uma pilha de volumes da *Encyclopaedia Britannica*, uma placa de vidro e uma versão antiga de luminária articulada, que lhe permitia projetar as formas dos fungos reveladas pelo microscópio, para que elas pudessem ser desenhadas com precisão. Isso ele fazia com o maior cuidado, usando uma caneta de mapeamento, tinta indiana e papel para desenho. Embora nunca dissesse isso, essa era a sua maneira de honrar as formas da natureza (não apenas contemplando a sua beleza, mas as honrando por dentro), e os resultados eram verdadeiras obras de arte. Ele amava os seus fungos. O que não percebi totalmente na época, contudo, era que a micologia, como um campo das ciências botânicas, era uma disciplina profundamente subversiva. Isso porque os fungos simplesmente não se conformam às nossas intuições normais de como os organismos vivos deveriam ser. Eles não têm dentro e fora, nem interagem com o meio através de qualquer limite externo. Em vez disso, o micélio fúngico é uma rede de fibras lineares, radiando em todas as direções, sem dentro ou fora, sem uma pele aderente, mas permeando o seu entorno ao invés de se colocar contra ele. E se tomarmos o micélio como o nosso exemplar de organismo? Poderíamos argumentar que toda a ciência biológica seria diferente. E assim, também, a ciência da sociedade seria diferente se todas as pessoas fossem consideradas (como o micélio) como uma coisa composta por linhas, e o social como o domínio das suas ligações. Talvez seja por isso que os meus interlocutores, sentados em volta da sua mesa retangular, acharam a ideia de uma antropologia de linhas tão desconcertante.

Uma segunda resposta possível repousa no meu próprio aprendizado antropológico que, há muito tempo (em 1970 e 1971), levou-me para o canto mais noroeste da Finlândia para um período de trabalho de campo de dezesseis meses entre o povo Skolt Saami. Lá fiz o que tinha que fazer, participando o máximo possível das atividades da vida diária, tais como criação de renas e pesca, visitando lares, coletando materiais sobre família, parentesco e vida doméstica, e seguindo as idas e vindas das negociações políticas entre os Skolt e os seus vizinhos Saami e não Saami, e com os órgãos governamentais e os seus representantes. Escrevi tudo nas minhas anotações, das quais retirei a minha dissertação de doutorado. Entretanto, esses meses no campo também foram formativos para mim. Muitas vezes foram solitários. Na Lapônia você não é cercado de pessoas o tempo todo; pelo contrário, você tem que sair do seu curso normal para encontrá-las, e a pura imensidão do ambiente e o seu silêncio vazio podem ser esmagadores. Aqui o trabalhador em campo é lançado em grande parte sobre os seus próprios recursos. Era esperado de mim, como de todos os outros, que eu encontrasse o meu próprio caminho e achasse as coisas por mim mesmo. Todos têm o seu caminho pessoal e são conhecidos por ele, e a familiaridade com a paisagem está na habilidade de reconhecer esses caminhos a partir dos traços no chão ou pequenos sinais colocados aqui e ali nas pedras e árvores, ou de antigas fogueiras. As trilhas têm as suas histórias, assim como as pessoas. Seguindo literalmente nas pegadas dos meus mentores Saami, e esforçando-me para aprender pelo exemplo, eu também adquiri uma certa maneira de seguir em frente, de combinar movimento e atenção, que passei a chamar de modo "andarilho"[1]. Mas diferentemente das observações que enchiam os meus cadernos, esse costume começou a tomar conta despercebidamente. Não notei realmente na época. Sem essa experiência, no entanto, duvido que eu jamais teria escrito esse livro.

A terceira coisa que possivelmente possa ter me atraído para o mundo das linhas é a minha experiência como celista. Um pouco antes do meu décimo segundo aniversário, a minha mãe comprou para mim um violoncelo e organizou para que eu tivesse aulas na escola. Eu ainda estava tocando quando embarquei nas pesquisas de pós-graduação, e até levei o meu violoncelo comigo para o campo, embora ele parecesse um pouco incongruente naquele ambiente. Por volta de duas décadas depois disso, enquanto minha esposa e eu tínhamos as nossas mãos ocupadas criando a nossa própria família, o violoncelo foi esquecido em um canto, sem ser tocado ou amado, até que a morte da minha mãe inclinou-me a pegá-lo novamente. Achei que eu lhe devia isso. Surpreendi-me ao descobrir que, embora enferrujado, eu não perdera completamente a arte, e tenho tocado desde então, sempre que posso. Deve haver algo sobre esse instrumento, pois notei que a maioria dos leitores deste livro, que me escreveram para comentar sobre um aspecto ou outro do argumento, e que realmente parecem ter "captado a mensagem", um número desproporcional deles acabam sendo celistas, ou pessoas que já tocaram o instrumento alguma vez nas suas vidas. Será que é porque é um instrumento altamente gestual, do qual o tocador retira uma melodia como se estivesse esticando uma linha, parecendo um fiandeiro puxando um fio da roca? É porque o arco vai para frente e para trás por sobre as cordas entesadas, assim como a lançadeira do tecelão cruzando os fios de urdidura no tear? É porque o espelho é em si como uma paisagem na qual o músico tem que encontrar o seu caminho, e na qual cada nota é como um lugar que você encontra, abençoado com as suas próprias propriedades vibracionais peculiares, ressonâncias harmônicas e timbre? Embora essas ideias possam não ser claramente articuladas, acho que ainda assim podem explicar por que para tantos celistas os paralelos com fiar, tecer e andarilhar parecem vir tão naturalmente.

No livro *Linhas*, as investigações micológicas do meu pai, o meu próprio trabalho de campo entre os Saami e as minhas tentativas de me amestrar no violoncelo, todos deixaram os seus rastros. O capítulo 1 inclui uma página da minha cópia bem comentada da sexta do famoso conjunto de suítes para violoncelo de Johann Sebastian Bach; no capítulo 2, você encontrará um dos desenhos do meu pai de um micélio de um fungo; e, no capítulo 3, relembro como os pastores

---

1. Este será um termo crucial em todo o livro (cf. nota 6 para uma explicação do termo e da escolha da tradução) [N.T.].

praticavam o seu andarilhar, não só quando iam a pé ou de esqui, mas até quando montados em um veículo de neve a motor. Pessoalmente, achei a experiência de escrever o livro especialmente gratificante pela forma que uniu as dimensões musicais, familiares e antropológicas da minha vida. De fato, abriu para mim uma nova fase de pensamento que continua a dar frutos nos trabalhos que tenho escrito desde então, como por exemplo nos vários capítulos da minha coleção de ensaios *Being alive* (2011), no capítulo final "Tracing the line" do meu livro *Making* (2013), e mais recentemente em *The life of lines* (2015), no qual o meu foco particular é a relação entre as linhas e a atmosfera. Entretanto, também fiquei impressionado com a atenção que *Linhas* recebeu nos nove anos desde que eu o terminei. Talvez, como convém à natureza do assunto, o livro parece ter ganhado a confiança de recantos de prática e estudo que eu mal conhecia, ou nos quais eu ainda sou um novato e, como resultado, tem aberto portas para todos os tipos de conversações: com arquitetos e *designers*, artistas e calígrafos, poetas e pintores, tecelões e artesãos de cestos, músicos e compositores, dançarinos e coreógrafos, ambientalistas e geógrafos, teólogos e filósofos, e estudantes de línguas e literatura em todos os seus formatos. O livro inspirou pelo menos duas exibições de arte contemporânea, uma na City Art Gallery em Edimburgo (de maio a julho de 2012) e outra no Pompidou Centre em Metz (de janeiro a abril de 2013), e já foi traduzido para o francês, o espanhol e o japonês.

Toda essa atenção tem sido muito gratificante. Todavia, também tem sido um enigma para mim que a única disciplina de Humanidades na qual o livro permanece isolado é a minha própria: a Antropologia. Pergunto-me frequentemente por que isso acontece. Para mim, a grande coisa sobre Antropologia é que ela concede uma liberdade de seguir as próprias inclinações permitida por apenas outras poucas disciplinas acadêmicas, e de escrever de formas que respondem aos desafios das experiências vividas. Nesse sentido, *Linhas* é um livro absolutamente antropológico. Porém, algumas vezes eu acho que o livro também marca o ponto em que eu e a Antropologia finalmente nos despedimos. Talvez isso não deva ser uma preocupação. Nesses dias de interdisciplinaridade obrigatória, na qual o estudo de uma disciplina é visto com maus olhos, isso quando não desencorajado ativamente, não deveria ser um problema viver a vida (como frequentemente me sinto vivendo a minha) como um bucaneiro no alto-mar da erudição, atacando qualquer barco que acaba cruzando a minha proa buscando riquezas que eles possam conter. Ainda assim, como muitos outros, eu também achei a retórica oficial da interdisciplinaridade bestificante. Pois é uma retórica regida pelas exigências impacientes e incessantes por informações e resultados, impostas por uma economia de conhecimento agressivamente neoliberal. *Linhas* defende um tipo diferente de estudo, um que toma o seu tempo, que é generoso nos seus compromissos com aqueles de quem tem tanto a aprender, aberto na sua resistência aos tipos de soluções finais que têm causado tanta destruição na história, comparativo no seu reconhecimento de que as coisas sempre podem ser diferentes, e crítico no sentido de que nunca podemos estar satisfeitos com as coisas como elas são. Essas qualidades são, para mim, da essência da Antropologia, e é por causa delas que, apesar de todas as tentações das outras disciplinas, eu continuo a me ver como um antropólogo.

Tim Ingold
Alberdeen, novembro de 2015.

Introdução

O que andar, tecer, observar, cantar, contar histórias, desenhar e escrever têm em comum? A resposta é que todos eles procedem ao longo de um tipo ou outro de linhas. Neste livro eu busco lançar os alicerces para o que pode ser chamado de uma antropologia comparativa das linhas. Até onde eu sei, nada exatamente igual a isso foi tentado antes. Na verdade, quando abordei a ideia com amigos e colegas, a resposta inicial deles foi de absoluta incredulidade. Eles não compreendiam o que eu estava falando: será que eu estava falando sobre leões? "Não", eu respondia, "quis dizer linhas, e não leões"[2]. O seu desconcerto era compreensível. A linha? Isso dificilmente é o tipo de coisa que tradicionalmente já serviu como o foco da nossa atenção. Temos estudos antropológicos sobre arte visual, música e dança, discurso e escrita, artesanato e cultura material, mas não sobre a produção e a significância das linhas. Entretanto, basta apenas um momento de reflexão para reconhecer que as linhas estão em todos os lugares. Como criaturas que andam, falam e gesticulam, os seres humanos geram linhas por onde quer que vão. Não é somente que a produção de linhas é tão ubíqua quanto o uso da voz, das mãos e dos pés (no falar, gesticular e se mover, respectivamente); mas, em vez disso, é que elas incluem todos esses aspectos da atividade humana cotidiana e, ao fazer isso, as reúnem em um único campo de investigação. Esse é o campo que busco delinear.

Não foi, contudo, com tais preocupações grandiosas que dei o primeiro passo nessa jornada. Pelo contrário, eu estivera perplexo com um problema particular que, superficialmente, não tem nada a ver com linhas. Era o problema de como acabamos chegando ao ponto de distinguir fala e música. O fato é que essa distinção, pelo menos da forma que a reconhecemos hoje, é relativamente recente na história do mundo ocidental. Pela maior parte da sua história, a música era vista como uma arte verbal. Isto é, a essência musical de uma canção está na sonoridade das suas palavras. No entanto, chegamos de alguma forma à noção atual

2. No inglês, o jogo de palavras é entre *lines* (linhas) e *lions* (leões), que têm pronúncias semelhantes, com a sutil diferença de que *lions* tem somente um pequeno fonema vocálico a mais que *lines* (*lines*: līnz; *lions*: līənz). Assim, ao mencionar rapidamente "antropologia das linhas", algumas pessoas tentavam resolver essa estranheza, inerente da expressão, conjecturando uma possível má compreensão da palavra em si: "Será que ele não disse 'antropologia dos leões'? Acho que faz mais sentido" [N.T.].

da música como "uma canção sem palavras", despida do seu componente verbal. E complementando isso, também chegamos à noção de que a linguagem é um sistema de palavras e significados que é dado de forma bem independente da sua real vocalização nos sons da fala. A música passou a não ter palavras; a linguagem foi silenciada. Como isso pode ter acontecido? A busca por uma resposta levou-me da boca para as mãos, das declamações vocálicas para os gestos manuais, e para a relação entre esses gestos e as marcas que eles deixam nas superfícies das diversas coisas. Poderia ser que o silenciamento da linguagem tivesse algo a ver com as mudanças na forma pela qual a própria escrita é entendida: como uma arte de composição verbal em vez de uma inscrição manual? A minha investigação sobre fazer linhas começara.

Logo descobri, contudo, que não era o suficiente focar somente nas próprias linhas, ou nas mãos que as produziam. Tinha que considerar também a relação entre as linhas e as superfícies nas quais elas eram desenhadas. Intimidado de alguma forma pela pura profusão dos diferentes tipos de linha, resolvi organizar uma taxonomia provisional. Embora até isso tenha deixado vários aspectos do tema inacabados, dois tipos de linhas pareciam se destacar do restante, e eu as chamei de fios e traços. Porém, em uma análise mais próxima, fios e traços não pareceram tanto categorias diferentes, mas transformações um do outro. Os fios podem se tornar traços e vice-versa. Além disso, sempre que os fios se tornam traços, superfícies são formadas, e sempre que traços se transformam em fios, elas são dissolvidas. Seguir através dessas transformações levou-me da palavra escrita, de onde começara a minha investigação, para as voltas e mais voltas do labirinto, e para o artesanato de bordar e tecer. E foi pela tecelagem dos têxteis que, por fim, voltei, por essa rota giratória, para o texto escrito. Todavia, se encontrada como um risco de um fio tecido ou um traço escrito, a linha ainda é percebida como dotada de movimento e crescimento. Sendo assim, como é que muitas das linhas com as quais nos deparamos hoje parecem tão estáticas? Por que a própria menção da palavra "linha" ou "linearidade", por muitos pensadores contemporâneos, evoca uma imagem da suposta bitolagem e esterilidade, bem como da lógica canalizada do pensamento analítico moderno?

Os antropólogos têm o hábito de insistir que há algo essencialmente linear sobre a forma como as pessoas, nas sociedades ocidentais modernas, compreendem uma passagem da história, das gerações e do tempo. Eles estão tão convencidos disso, que qualquer tentativa de encontrar linearidade nas vidas das pessoas não ocidentais está sujeita a ser desprezada como, na melhor das hipóteses, um etnocentrismo moderado e, na pior, como equivalente a conluio no projeto de ocupação colonial pela qual o Ocidente tem traçado as suas fronteiras sobre o restante do mundo. Alterações, nos é dito, são não lineares. O outro lado dessa moeda é, no entanto, presumir que a vida é vivida de forma autêntica em um local, em lugares em vez de ao longo de caminhos. Porém, como poderia haver lugares, indaguei, se as pessoas não fossem e viessem? A vida no local não pode proporcionar uma experiência do local, de estar em algum *lugar*. Para ser um lugar, um ponto qualquer deve estar em um ou vários caminhos de movimento para outros lugares ou vindo destes. A vida é vivida, arrazoei ao percorrer caminhos, e não somente em lugares; e os caminhos são um tipo de linhas. É pelos caminhos também que as pessoas crescem no conhecimento do mundo à sua volta, e descrevem este mundo nas histórias que contam. O colonialismo, por isso, não é a imposição de linearidade sobre um mundo não linear, mas a imposição de um tipo de linha sobre outra. Ele procede, primeiramente, convertendo os caminhos pelos quais a vida é vivida em fronteiras nas quais essa passa a ser contida; e então amontoando estas comunidades agora cercadas, cada uma confinada a um lugar, em montagens integradas verticalmente. *Caminhar junto* é uma coisa; *amontoar-se* é algo bem diferente.

Assim, da linha de movimento e crescimento fui levado ao seu oposto, a linha pontilhada (a linha que não é uma linha), uma sucessão de instantes nos quais nada se move ou cresce. E isso imediatamente trouxe à minha mente o famoso diagrama no livro *A origem das espécies*, de Charles Darwin, descrevendo a evolução da vida por milhares e milhares de gerações, na qual cada linha de descendência é mostrada como uma sequência de pontos! Darwin desenhou a vida dentro de cada linha, e não ao longo de linhas. Os antropólogos fazem exatamente o mesmo quando desenham as árvores genealógicas de parentesco e descendência. As linhas da ilustração de parentesco se unem, se conectam, mas não são linhas de vida ou mesmo linhas de enredo. Parece que o que o pensamento moderno fez aos locais, fixando-os em localizações espaciais, também fez às pessoas, confinando as suas vidas em momentos temporais. Se apenas revertêssemos esse procedimento, e imaginássemos a própria vida não como um leque de linhas pontilhadas (como na ilustração de Darwin), mas como um tecido múltiplo de fios incontáveis fiados por seres de todos os tipos, tanto humanos quanto não humanos, conforme eles encontram os seus caminhos através do emaranhado de relacionamentos nos quais estão enredados, então todo o nosso entendimento da evolução seria irrevogavelmente alterado.

Isso nos levaria a uma visão aberta do processo evolutivo, e da nossa própria história dentro deste processo, como um em que os habitantes, pelas suas próprias atividades, continuamente forjam as suas próprias condições e as condições das vidas uns dos outros. De fato, as linhas têm o poder de mudar o mundo! Encorajado por esse pensamento, voltei para o tema da escrita. Muitos estudiosos têm afirmado que a escrita impôs um tipo de linearização na consciência humana, desconhecida para as pessoas das sociedades pré-letradas. Entretanto, certamente é o caso que, desde quando as pessoas começaram a falar e a gesticular, elas também estavam fazendo e seguindo linhas. Enquanto a escrita é entendida no seu sentido original como uma prática de inscrição, não pode haver, então, qualquer distinção definitiva entre desenhar e escrever, ou entre a arte do desenhista e a do escriba. Isso levou-me a pensar que o tipo de linearização que rompeu com a consciência do passado foi uma de conexão ponto a ponto, isto é, de ligar as linhas. E é assim que o escritor de hoje não é mais um escriba, mas um literato, um autor cujos agrupamentos verbais são registrados no papel por processos mecânicos que dispensam o trabalho das mãos. Ao digitar e imprimir, o elo íntimo entre o gesto manual e o traço de inscrição é quebrado. O autor transmite o sentimento pela sua escolha de palavras, não pela expressividade das suas linhas. Então, por fim, comecei a ver uma solução para o meu problema, de como foi que a linguagem se separou da música, e a fala da canção. E, é claro, a mesma lógica tem levado à separação contemporânea de escrever e desenhar, agora colocados em lados opostos de uma dicotomia entre tecnologia e arte que é predominante, mas decididamente moderna.

Finalmente, então, perguntei-me o que significava ir direto ao ponto. No geral, isso não é algo que fazemos, seja na vida cotidiana, seja no discurso comum. Somos atraídos por certos tópicos, perambulados em volta deles, mas, quando chegamos lá, eles parecem ter desaparecido, como um monte que escalamos e que não parece mais um monte quando chegamos no topo. Então, como foi que a linha, que é propriamente *linear*, passou a ser tida de antemão como reta? Parece que, nas sociedades modernas, retidão passou a ser um epítome não só do pensamento racional e da argumentação, mas também dos valores de civilidade e retitude moral. Embora a ideia da linha reta como uma conexão entre pontos e que tem comprimento, mas não tem largura, remonta à geometria de Euclides, há mais de dois milênios, talvez não tenha sido até o Renascimento que isso tenha começado a assumir a predominância no nosso pensamento sobre causas, efeitos e as suas relações, como é hoje. Buscando as fontes históricas da linha reta, eu comecei a procurar por exemplos de retidão no meu próprio ambiente diário. E comecei a notá-las nos lugares óbvios onde nunca observara antes: nos livros de exercícios, tábuas no piso, paredes de tijolos e pavimentos. Essas linhas eram intrigantes. Elas regiam as superfícies, mas não pareciam conectar nada com coisa alguma. A fonte delas, compreendi então, não se encontrava na geometria (que literalmente significa "medida terrestre") de Euclides, mas nos fios de urdidura entesados no tear do tecelão. Mais uma vez, os fios tornaram-se traços na constituição de superfícies: superfícies de regras, sobre as quais todas as coisas podem ser conectadas. Mas conforme as certezas da Modernidade dão lugar à dúvida e à confusão, as linhas que uma vez iam retas ao ponto se tornaram fragmentadas, e a tarefa da vida é mais uma vez achar um caminho no meio dos destroços.

Então aqui está: o caminho que eu segui ao escrever esse livro. Como mencionei já no começo, inicialmente a ideia de um livro sobre linhas soa estranha, e até absurda. Conforme a compreensão alvorece, contudo, é como se uma barragem se rompesse, liberando uma torrente de ideias que, anteriormente, estiveram trancadas dentro das restrições de formas de pensar mais circunscritas. Descobri que ao falar sobre o assunto, não só com colegas acadêmicos, mas também com amigos e parentes, quase todos tiveram sugestões a fazer, de exemplos de linhas a livros que eu deveria ler que tocavam no assunto de uma forma ou de outra. Todas essas sugestões foram boas, mas para cada indicação que eu era capaz de seguir uma centena era deixada inexplorada. Para seguir todas elas, precisaria de muitas vidas. Ao lado da minha vida como antropólogo, eu teria precisado de outra como arqueólogo, ao passo que, em outras, ainda eu teria que ter sido um classicista, um historiador medieval, um historiador de arte e arquitetura, um paleógrafo, um geógrafo, um filósofo, um linguista, um musicólogo, um psicólogo, um cartógrafo – para nomear apenas alguns. Para os especialistas nessas disciplinas que, diferentemente de mim, realmente sabem do que estão falando, só posso desculpar-me pela minha ignorância e inexperiência nas áreas nas quais tive que batalhar para encontrar o meu caminho.

Todavia, não foi o meu propósito nem mesmo tentar cobrir o que é, em qualquer medida, um terreno intelectual vasto e até então inexplorado. Ao apresentar esta breve história das linhas, a minha intenção é muito mais modesta: meramente arranhar um pouco a superfície do terreno; escrever um pouco sobre isso. Assim, o livro deveria ser lido como prolegômenos cujo objetivo é abrir linhas de investigação para que outros possam ser inspirados a segui-las, em quaisquer direções que o seu conhecimento e a sua experiência possam levá-los. Eu o escrevi como um convite aberto para se unir a uma iniciativa que, até onde eu sei, não tem nome. As pessoas que estudam as coisas se chamam estudantes de cultura material. As pessoas que estudam as linhas se chamam... bem, não sei como se chamam, mas sei sim que me tornei uma delas. Ao fazer isso, entrei para as fileiras dos desenhistas, calígrafos, escritores à mão, contadores de histórias, andarilhos, pensadores, observadores; na verdade, as de praticamente todos os que já viveram. Pois as pessoas habitam um mundo que consiste, em primeiro lugar, não de coisas, mas de linhas. Afinal de contas, o que é uma coisa, ou na realidade uma pessoa, se não uma junção de linhas, os caminhos de crescimento e movimento, de todos os muitos constituintes reunidos lá? Originalmente, a palavra inglesa *thing*, que hoje significa "coisa", antes significava uma reunião de pessoas, e um lugar onde elas podiam se encontrar para resolver os seus afazeres. Como sugere *everything*, a derivação inglesa dessa palavra, que significa "todas as coisas", *toda coisa é um parlamento de linhas*. O que espero estabelecer, neste livro, é que estudar tanto pessoas quanto coisas é estudar as linhas das quais elas são feitas.

1
Linguagem, música e notação

> Canções são pensamentos que são projetados pela voz com o sopro, quando as pessoas se deixam levar por uma grande força... Quando as palavras que precisamos sobem por si mesmas, temos uma nova canção.
>
> Orpingalik, um ancião dos Netsilingmiut (Esquimó Nesilik, apud Adams, 1997, p. 15).

Sobre a distinção entre fala e canção

O problema que busco resolver neste capítulo deriva de um mistério sobre a distinção, e a relação entre fala e canção. Aqueles de nós, como eu, criados na tradição ocidental "clássica", somos inclinados a contrastar esses usos da voz ao longo do eixo de distinção entre linguagem e música. Quando ouvimos música, quer vocal, quer instrumental, certamente é para o som em si que prestamos atenção. E se fôssemos perguntar depois o significado desse som, a resposta só poderia ser em termos dos sentimentos que ele evoca em nós. Conforme o som musical permeia a consciência dos ouvintes, ele dá contorno ou forma à própria percepção que eles têm do mundo. Mas a maioria de nós, acho, está convencida de que, quando ouvimos um discurso, a situação é bem diferente. Os significados das palavras ditas, dizemos, não devem ser encontrados nem nos seus sons, nem nos efeitos que estes têm sobre nós. Em vez disso, supõe-se que eles repousam *atrás* dos sons. Assim, a atenção dos ouvintes não é direcionada para os sons da fala em si, mas para os significados comunicados por eles e os quais os sons servem, em certo sentido, para transmitir. Parece que, ao ouvir um discurso, a consciência penetra através do som para alcançar um mundo de significado verbal que está além. E, da mesma forma, este mundo está absolutamente silencioso – tão silencioso, na verdade, como as páginas de um livro. Resumindo, enquanto o som é a essência da música, a linguagem é muda.

Como será que viemos a ter essa visão peculiar do silêncio da linguagem ou, por falar nisso, da natureza não verbal do som musical? Não é uma que teria feito sentido para os nossos predecessores na Idade Média ou na Antiguidade clássica. Em uma passagem muito citada da *República*, Platão fez Sócrates assertar que a música "é composta de três coisas: as palavras, a harmonia e o ritmo"[3]. As palavras, então, não são apenas uma parte integral da música; elas são a sua parte principal. "A harmonia e o ritmo", Sócrates continua, "devem seguir as palavras". Evidentemente, para Platão e os seus contemporâneos, música séria era essencialmente uma arte verbal. Tirar as palavras da música, eles pensavam, é reduzi-la a mero ornamento ou acompanhamento. Isso, por sua vez, explica o *status* inferior dado na época para a música instrumental. Contudo, da mesma forma, os sons das palavras, quer recitadas, quer cantadas, eram centrais para o seu significado.

Avançando um pouco no tempo até os clérigos do período medieval, encontramos a mesma ideia. Como Lydia Goehr observou, a maior parte da música da Igreja primitiva era cantada "em um estilo de declamação projetado para dar prioridade à palavra" (Goehr, 1992, p. 131). A voz humana, já que era a única capaz de articular a Palavra de Deus, era considerada o único aparelho propriamente musical. Porém era, por assim dizer, uma porta-voz da Palavra, e não a sua criadora. São Jerônimo, no século IV, aconselhou os adoradores a cantar "mais com o coração do que com a voz". Um indivíduo deveria cantar, ele explica, "não pela voz, mas pelas palavras que ele pronuncia" (Srunk, 1950, p. 72). O ponto de Jerônimo, que ecoa impressionantemente o aforismo do ancião Netsilingmiut, Orpingalik, que está no cabeçalho deste capítulo, era que a palavra é intrinsecamente sonora, e que o papel da voz não era tanto de produzir os sons das palavras, mas, na música, deixá-las fluir – "subir por si mesmas", como colocou Orpingalik.

Essa era uma visão que perdurou por toda, na verdade até além, a Idade Média. A regra de Platão, por exemplo, foi citada com aprovação pelo regente de coro veneziano Gioseffe Zarlino, de longe o teórico musical mais influente do Renascimento, na sua *Istituzioni armoniche* de 1558, bem como em um texto, datado de 1602, do florentino Giulio Caccini, compositor da primeira ópera que já foi impressa (Strunk, 1950, p. 255-256, 378). Entretanto, isso parece estranho para a sensibilidade moderna. Para exemplificar o entendimento moderno de linguagem e fala, volto-me à obra de um dos pais fundadores da linguística contemporânea, Ferdinand de Saussure, como apresentada nos seus célebres cursos de palestras proferidas na Universidade de Genebra entre 1906 e 1911 (Saussure, 1959).

À primeira vista, Saussure parece tão comprometido com o princípio da sonoridade da palavra quanto os seus ancestrais pré-modernos. "A única ligação

3. Apud Strunk (1950, p. 4). A insistência de Platão nesta regra pode, todavia, "indicar a frequência com a qual ela foi quebrada por compositores modernos [i. e., contemporâneos]" (Barker, 1984, p. 130, nota 19).

verdadeira", insiste, é "a ligação do som" (1959, p. 25). Por meio de um diagrama (fig. 1.1), ele explica que, na linguagem, o pensamento ou a consciência pairam sobre o som como o ar sobre a água.

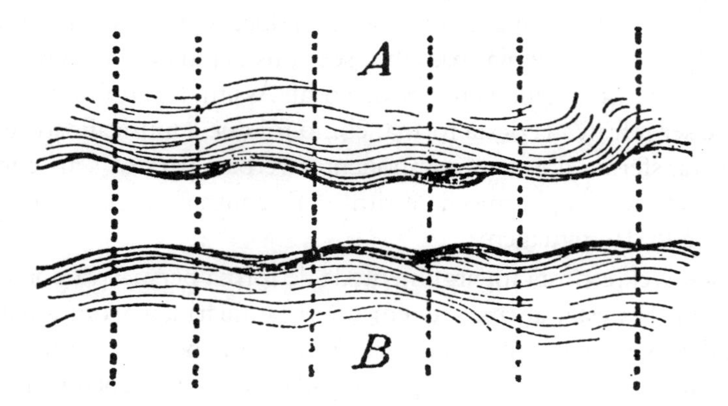

Figura 1.1 – A representação de Saussure da linguagem na interface entre um plano de pensamento (A) e um plano de imagens sonoras (B). O papel da linguagem é cortar a interface em divisões, indicada pelas linhas pontilhadas verticais, estabelecendo, deste modo, uma série de relações entre ideias particulares e imagens sonoras particulares (Saussure, 1959, p. 112).

Mas, em uma inspeção mais próxima, acaba que as palavras, para Saussure, não existem na sua sonoridade. Afinal de contas, ele observa, nós conseguimos falar conosco ou recitar versos sem fazer nenhum som, e até sem mover a língua ou os lábios. Portanto, entendido em um sentido puramente físico ou material, o som não pode pertencer à linguagem. Ele é, diz Saussure, "apenas algo secundário, uma substância a ser utilizada" (1959, p. 118). Assim, na linguagem, não há sons como tais; só há o que Saussure chama de *imagens* de som. Enquanto o som é físico, a imagem do som é um fenômeno da psicologia – existe como uma "impressão" do som na superfície da mente (1959, p. 66). A linguagem, de acordo com Saussure, mapeia uma configuração de diferenças, entre o plano das imagens sonoras, e o outro, no plano do pensamento, de tal forma que, a cada segmento de pensamento – ou conceito – , corresponde a uma imagem específica. Cada emparelhamento de um conceito e uma imagem de som é uma palavra. Disso segue-se que a linguagem, como sistema de relações entre palavras, é interna à mente, e é dada independentemente das suas expressões físicas nos atos da fala.

A implicação do argumento de Saussure é que, à medida que as palavras são incorporadas na música, como em uma canção, elas cessam completamente de serem palavras. Elas não pertencem mais à linguagem. "Quando palavras e música se unem em uma canção", escreve Susanne Langer, "a música engole as palavras"

(Langer, 1953, p. 152). Da mesma forma, enquanto os sons são subservientes à expressão verbal, eles permanecem estranhos à música. Como o compositor japonês contemporâneo Toru Takemitsu coloca: "Quando os sons são possuídos por ideias em vez de terem a sua própria identidade, a música sofre" (Takemitsu, 1997, p. 7). Em uma completa reversão das concepções clássicas e medievais, a música pura, na era moderna, passou a ser considerada como canção *sem* palavras, idealmente instrumental em vez de vocal. Assim, a pergunta que propus há pouco pode ser refraseada desta forma: como foi que a musicalidade essencial da canção foi transferida dos seus componentes verbais para os seus componentes não verbais de melodia, harmonia e ritmo? E, contrariamente, como foi que o som foi retirado da linguagem?

Uma possível resposta foi argumentada de forma persuasiva por Walter Ong (1982, p. 91). Ela está, afirma ele, em nossa familiaridade com a palavra escrita. Apreender as palavras como elas são vistas no papel, tanto sem movimento quanto abertas para uma inspeção prolongada, nós as percebemos prontamente como objetos com existência e significado bem à parte dos seus sons nos atos da fala. É como se ouvir um discurso fosse uma espécie de visão – uma forma de ver com o ouvido, ou "visão auditiva" – na qual ouvir palavras ditas é semelhante a olhar para elas. Pegue-se o exemplo de Saussure. Como um estudioso, imerso em um mundo de livros, é mais do que natural que ele modelasse a apreensão das palavras faladas a partir da sua experiência de examinar os seus equivalentes escritos. No entanto, será que possivelmente ele poderia ter surgido com a sua ideia de imagem sonora, como uma "impressão psicológica", se ele nunca tivesse encontrado uma página impressa?

Ong acha que não, e é precisamente nesse ponto que ele tem problemas com Saussure. Em conformidade com um exército de outros linguistas na sua esteira, Saussure considerava a escrita meramente como um meio alternativo de fala para a expressão externa das imagens sonoras. O que ele falhou em reconhecer, pensa Ong, é que a visão da palavra escrita é necessária para a formação da imagem em primeiro lugar (Ong, 1982, p. 17; Saussure, 1959, p. 119-120). Os efeitos da nossa familiaridade com a escrita, na realidade, vão tão fundo que é bem difícil para nós imaginarmos como a fala seria experimentada por pessoas entre as quais a escrita fosse completamente desconhecida. Tais pessoas, habitando em um mundo o qual Ong chama de "oralidade primária", não teriam nenhuma concepção que fosse de palavras como existindo separadamente dos seus sons reais. Para elas, as palavras *são* o seu som, e não coisas *transmitidas* por sons. Em vez de usar os seus ouvidos para ver, no método das pessoas das sociedades letradas, esses indivíduos os usam para ouvir. Escutando as palavras como nós escutaríamos músicas ou canções, eles se concentram nos sons em si, em vez de nos significados que se supõe que repousam por trás dos sons. E precisamente por essa razão, a distinção que *nós* – pessoas letradas – fazemos entre fala e canção, e que parece bem óbvia para nós, não significaria nada para eles. Tanto na fala quanto na canção, para as pessoas em um estágio de oralidade primária, é o som que conta.

A escritura e a partitura[4]

Ora, se Ong está certo em afirmar que o efeito da escrita é estabelecer a linguagem como um domínio separado de palavras e significados, destacados dos sons da fala, então a divisão entre linguagem e música teria sido implantada bem na origem da própria escrita. A partir disso, a história da escrita teria se desenvolvido pelo seu próprio percurso, de forma que poderia ser razoavelmente tratada – como geralmente tem sido – como um capítulo na história da linguagem. Todavia, a afirmação de Ong tem sido amplamente disputada. Realmente, há uma grande quantidade de evidências que sugerem que a distinção entre linguagem e música, pelo menos na forma que chegou até nós, tem a sua raiz não no nascimento da escrita, mas no seu falecimento. Eu explicarei depois o que quero dizer com o falecimento da escrita. O meu ponto imediato é este. Se, durante boa parte da história da escrita, música era uma arte verbal – se a essência musical de uma canção jazia na sonoridade das palavras das quais ela era composta – então, a palavra escrita também deve ter sido uma forma de música escrita. Hoje, para aqueles de nós educados na tradição ocidental, a escrita parece bem diferente da notação musical, não obstante, como veremos a seguir, não é algo fácil especificar exatamente onde está a diferença. Contudo, parece que essa diferença não foi dada desde o princípio. Em vez disso, emergiu no curso da história da própria escrita. Para colocar de outra forma, não pode haver uma história da escrita que também não seja uma história da notação musical, e uma parte importante dessa história deve versar sobre como essas duas passaram a ser tão distintas. O que não podemos fazer é projetar de volta ao passado uma distinção moderna entre linguagem e música, e supor que, ao entender como uma veio a ser escrita, não precisamos levar em conta a escrita da outra. Porém, de forma geral, é precisamente essa a suposição que tem sido feita. Na minha leitura da história da escrita, raramente encontrei mais do que uma referência marginal à notação musical. Normalmente não há nenhuma.

Por isso, a minha contenda é que qualquer história da escrita deve ser parte de uma história mais compreensiva da notação. Antes de voltar-me para considerar a forma que essa história deve ter, deixe-me primeiro pegar a pergunta de

---

4. O título original é *Script and score* e, apesar de "escritura" não ser a tradução mais comum para *script* (escrito), mesmo que possível, esta foi escolhida para manter a semelhança da pronúncia das palavras, já que elas serão usadas quase como termos técnicos [N.T.].

como – de acordo com as convenções ocidentais contemporâneas – o texto escrito é distinguido da composição de notação musical, ou a escritura e a partitura. Essa pergunta foi abordada pelo filósofo Nelson Goodman nas suas palestras sobre "Linguagens da arte" (Goodman, 1969). À primeira vista, a resposta pode parecer óbvia. Não é possível propor, assertar ou denotar, por meio de palavras escritas, de uma forma que seria impossível fazer em uma partitura? E, da mesma forma, decifrar uma escritura não exige um nível de entendimento além do que é necessário para reconhecer uma atuação emanando de uma partitura? No entanto, como Goodman demonstra, nenhum desses critérios de diferenciação resiste a um escrutínio mais próximo. Em vez disso, a questão para ele parece girar em torno de onde nós localizaríamos a essência de uma composição ou texto que nos permite considerá-la como uma "obra". Não vou me ater às complexidades do argumento de Goodman, mas meramente reafirmar a sua conclusão, a saber, que ao passo que "uma partitura musical é uma notação e define uma obra... um escrito literário tanto está em uma notação quanto é em si uma obra" (Goodman, 1969, p. 210). O escritor usa um sistema de notação, assim como o compositor, e o que ele escreve é uma obra literária.

	Notacional	**Não notacional**
A obra em si	Escritura	Desenho
A obra como uma classe de atuações correspondentes	Partitura	Gravação a água-forte

Figura 1.2 – As diferenças entre escritura, partitura, desenho e gravação a água-forte, de acordo com Nelson Goodman.

Mas o compositor não escreve uma obra musical. Ele escreve uma partitura, que por sua vez especifica uma classe de atuações em conformidade com ela. A obra musical é essa classe de atuações. Para completar a ilustração, Goodman considera os casos do desenho de esboço e da gravação a água-forte, que são contrastados da mesma forma: o desenho é uma obra; no caso da gravação a água-forte, a obra é uma classe de impressões que estão de acordo com a matriz original. Mas, diferentemente tanto da escritura quanto da partitura, nem o desenho, nem esse tipo de gravação empregam qualquer tipo de notação (cf. fig. 1.2). Deixando de lado a questão de o que é preciso para uma linha desenhada ser parte de uma notação (para qual eu me volto no cap. 5), por que deveria haver essa diferença entre as artes da música e da literatura na localização da obra?

A resposta, creio eu, tem as suas raízes na forma pela qual, na Era Moderna, a música foi purificada do seu componente verbal e a linguagem purificada do seu componente sonoro. Tanto o escritor, na produção de uma escritura, quanto o compositor, na produção de uma partitura, estão fazendo marcas gráficas de um tipo ou de outro na superfície de um papel. Em ambos os casos, essas marcas podem ser consideradas como representações de sons. Mas, quando encontramos essas marcas, elas nos levam em direções opostas. Na escritura, nós reconhecemos as marcas como letras e palavras – isto é, como projeções da imagem sonora de Saussure – impressas na superfície do papel, exatamente como supostamente estão impressas na superfície da mente. E elas nos direcionam imediatamente àquilo que se presume que elas representam, a saber, ideias ou conceitos. No entanto, ao reconhecer as marcas da partitura musical, como notas e frases musicais em vez de letras e palavras, elas são consideradas como representando não ideias ou conceitos, *mas os sons em si*.

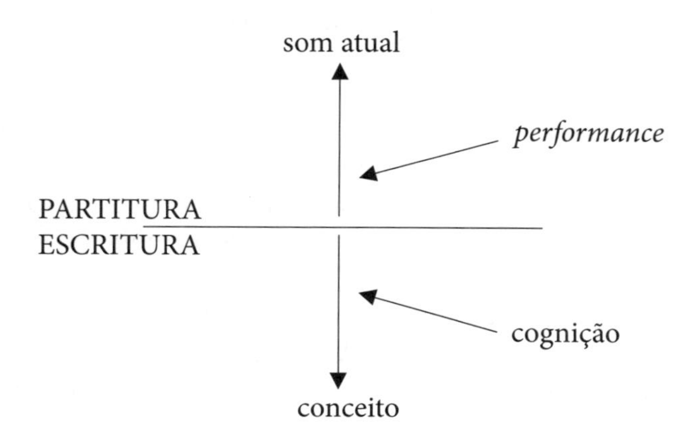

Figura 1.3 – Escritura e partitura como "assimilação" e "atuação".

Resumindo, ao comparar linguagem e música, vemos que a direção de significação é revertida. Ler uma escrita é um caso de cognição, de *assimilar* os significados inscritos no texto; ler música é um caso de atuação, de *atuar* as instruções inscritas na partitura. O primeiro, se me permite, nos leva para dentro, para a esfera do pensamento de reflexão; o último nos leva para fora, para o ambiente adjacente do som (fig. 1.3). Podemos ler um texto para descobrir os pensamentos e intenções do seu autor, mas lemos a intenção do compositor, como indicada na partitura, para experimentar a música como tal. É claro, nenhum sistema de notação musical pode ser completo: o sistema ortodoxo de notação para as músicas ocidentais, por exemplo, foca na altura da nota e no ritmo a ponto de excluir outras características de tom e timbre. Estas últimas características, se elas forem especificadas, devem ser adicionadas em um outro formato – como palavras escritas, abreviaturas ou como números, por exemplo. Apesar disso, o propósito da notação é descrever o som com uma precisão suficiente para permitir que um músico que a lê produza uma cópia fiel da obra original.

Uma vez que linguagem e a música são rigidamente divididas dessa forma, inevitavelmente surgem anomalias na interface entre elas. Até Goodman tem que admitir que, se a escritura é escrita para a atuação como em uma peça, ela está na metade do caminho para se tornar uma partitura. O ator lê as linhas da peça para ser capaz de recitá-las no palco, de forma que as considerações sobre a voz são de total importância. E a obra, no caso da produção teatral, certamente consiste não no escrito em si, mas no conjunto de atuações que condizem com ele (Goodman, 1969, p. 210-211). O mesmo serve para o tipo de poesia escrita expressamente para a leitura em voz alta. À medida que o poeta explora a sonoridade da palavra falada para atingir os seus efeitos, o poema fica mais perto da música do que da linguagem, mas à medida que ela permanece uma composição essencialmente verbal, permanece mais próxima à linguagem do que à música. O texto poético é, dessa forma, ao mesmo tempo, uma escritura e uma partitura, ou puramente nem um, nem o outro. Todavia, enquanto o estado anômalo das atuações dramáticas e poéticas pode ser um problema para nós, não era um problema para os nossos antepassados pré-modernos. Até onde se refere ao aspecto musical, como mostrou Lydia Goehr, a própria ideia da obra como um artefato construído – com as suas conotações de monumentalidade e forma arquitetônica – tem as suas raízes em uma concepção de composição, atuação e notação que emergiu, por volta do final do século XVIII, junto com a separação da música como uma bela arte autônoma (Goehr, 1992, p. 203). Antes desse tempo, a *obra* musical em si era entendida como se estivesse no labor da atuação, e não no da composição prévia. A ideia de que toda atuação deveria cumprir especificações detalhadas, estabelecidas com antecedência na notação, simplesmente não existia.

Escrita que fala

Uma mudança paralela ocorreu, por volta do mesmo período ou antes, no campo da produção literária. Michel de Certeau, em *The practice of everyday life* (1984), imagina o escritor moderno como o sujeito cartesiano isolado que se mantém acima do mundo. Um mestre de tudo o que ele pesquisa, o escritor confronta a superfície em branco do papel de uma forma muito parecida com a que o conquistador colonial confronta a superfície da terra, ou o planejador urbano confronta um terreno baldio, preparando-se para impor sobre este uma construção de sua própria criação. Desse modo, como uma sociedade é criada no espaço de um governo colonial, ou uma cidade erigida no espaço contido dentro do plano, assim o texto escrito é produzido no espaço da página (Certeau, 1984, p. 134-136). Assim o texto é um artefato – uma coisa fabricada ou feita – que é construído onde antes não havia nada (ou, se havia algo de antemão, isso é erradicado no processo). José Rabasa, comentando os diários de Cristóvão Colombo, compara a escrita em uma página em branco com a navegação em águas inexploradas:

> A proa do navio e a ponta da caneta desenham padrões em superfícies desprovidas de traços anteriores. Essa falta de precedentes, a ficção de uma "página em branco", capacita o escritor e o marinheiro, como no caso de Colombo, reivindicarem "propriedade" tanto do texto quanto do território (Rabasa, 1993, p. 56).

Mas nem sempre foi assim. Como Rabasa observa com reconhecimento a Michel de Certeau, a escrita pós-renascentista, que reivindica uma superfície e as construções impostas sobre elas, é fundamentalmente diferente da escritura dos tempos medievais, pois esta era entendida não como algo feito, mas como algo que *fala* (Certeau, 1984, p. 136-137).

Naquele tempo o caso exemplar de escrita era a Bíblia. Esperava-se que os leitores, de acordo com Michel de Certeau, ouvissem as vozes das Escrituras e, ao fazerem isso, aprendessem delas (1984, p. 136-137). Isso não era nada além do que seguir os precedentes descritos no próprio Antigo Testamento. Um célebre exemplo vem do Livro do Profeta Jeremias, que fez com que o seu escriba Baruc registrasse no "rolo de um livro" (i. e., um pergaminho) as palavras de Deus que lhe foram ditas a respeito da punição a ser infligida no povo da Judeia pelo seu mau comportamento. Com o pergaminho em mãos, Baruc foi até o povo, que prontamente lhe pediu para "lê-lo em seus ouvidos". Ele o fez para o grande desconforto deles. "Declara-nos agora", perguntou a audiência reunida, "como escreveste da sua boca todas estas palavras?" Quanto a isso, respondeu Baruc: "Da sua boca ele [Jeremias] me ditava todas estas palavras, e eu com tinta as escrevia no livro"[5]. As conexões aqui são diretas e imediatas: ao escrever, da boca do profeta para os traços de tinta do escriba; ao ler, destes para os ouvidos das pessoas.

5. [Jr 36,15.18, da versão Almeida Corrigida e Fiel. O autor usa a King James, e para a tradução foi escolhida a versão portuguesa correspondente a essa tradução inglesa, por conta das expressões pivotais na argumentação – N.T.]. Para comentários e análises adicionais sobre o tipo de leitura evidenciado aqui, como "declamação oral", cf. Boyarin (1992, p. 12-16) [N.A.].

Se a escrita *fala*, e se as pessoas *a leem com os seus ouvidos*, então a afirmação de Ong – que uma familiaridade com a palavra escrita necessariamente leva as pessoas a ouvir o discurso como se estivessem olhando para ele – não pode estar correta. De fato, as pessoas letradas nos tempos medievais, como os seus predecessores cujas histórias eles liam nas escrituras, faziam exatamente o oposto do que fazemos hoje. Em vez de usar os seus ouvidos para ver, eles usavam os seus olhos para ouvir, modelando a sua percepção da palavra escrita pela sua experiência com a falada, em vez de vice-versa. "Assim é", escreveu Santo Agostinho no século V d.C., "que, quando uma palavra é escrita, esta faz um sinal para os olhos, pelos quais aquilo que pertence aos ouvidos entra na mente" (apud Parkes, 1992, p. 9). Se o povo medieval percebia a palavra diferentemente de nós, não é porque eles viviam em um mundo de oralidade primária, tendo tido apenas uma exposição limitada às formas escritas, tanto do discurso quanto da canção. Era porque, pelo contrário, eles tinham um entendimento bem diferente das próprias atividades de leitura e escrita. Esse entendimento remonta pelo menos à Antiguidade grega. Eric Havelick mostrou o quanto as inscrições primitivas tinham a qualidade de pronunciamentos orais, endereçados a pessoas particulares em ocasiões particulares. Tendo inscrições impostas sobre eles, até os artefatos poderiam receber uma voz, permitindo-os proclamar a quem eles pertenciam, por quem eles foram dedicados, ou o que aconteceria com qualquer um que se apropriasse erradamente deles. "Qualquer um que me roubar", diz um vaso descoberto na costa italiana perto de Nápoles, e datando do século VII a.C., "ficará cego" (Havelock, 1982, p. 190-191, 195).

Agora, se a escrita fala, então ler é ouvir. Na sua investigação sobre a derivação etimológica do verbo "ler" em inglês, *read*, do anglo-saxão *rœd* e seus cognatos germânicos, o medievalista Nicholas Howe mostra que os seus significados primários centravam na ideia de "dar recomendação e conselho", da qual se estendeu subsequentemente através de "explicar algo obscuro" (tal como resolver um enigma) para "a interpretação da escrita ordinária" (Howe, 1992, p. 61-62). Assim, alguém que está pronto, no inglês *ready*, está preparado para uma situação em virtude de tê-la "lido" (*read*) apropriadamente ou, em outras palavras, de ter tomado os devidos conselhos. Aquele rei anglo-saxão notoriamente incompetente, Etelredo II o Despreparado (em inglês, *the Unready*), recebeu esse apelido porque não tomou conselho, falhando nessa obrigação real tão básica. Ele não ouviu. Resumindo, longe de ser a contemplação silenciosa e solitária da palavra escrita tão familiar para nós hoje, ler naquele tempo significava "um ato público, falado, dentro de uma comunidade" (Howe, 1992, p. 74). Era uma atuação, uma questão de ler *em voz alta*. Como esse sentido da leitura estava tão bem estabelecido no início da Idade Média é comprovado com exatidão pelo espanto que Agostinho registrou nas suas *Confissões* quando, chegando a Milão no século

IV, observou as práticas de leitura de Ambrósio, então bispo da cidade. Para a total consternação de Agostinho, Ambrósio lia sem fazer nenhum som. Embora os seus olhos seguissem o texto, "a sua voz e a sua língua estavam em silêncio". Agostinho não fazia ideia do motivo, mas especulou que poderia ter sido simplesmente "para preservar a sua voz, que costumava facilmente ficar rouca", para mais ocasiões públicas (Agostinho, 1991, p. 92-93; cf. tb. Howe, 1992, p. 60; Parkes, 1992, p. 10). Até Ambrósio, ademais, escreveu dos *sonus litterarum*, "os sons das letras" (Parkes, 1992, p. 116, nota 6).

Os leitores monásticos, de forma mais usual, seguiriam o texto com os seus lábios tanto quanto com os seus olhos, pronunciando ou murmurando os sons das palavras conforme avançavam. Os sons que saíam eram conhecidos como *voces paginarum* – as "vozes das páginas" (Leclerq, 1961, p. 19; Olson, 1994, p. 183-185). Quanto mais eles lessem, mais as suas cabeças seriam repletas com um coro de tais vozes. Os leitores dos dias atuais, acostumados a pensar no som como um fenômeno puramente físico, podem ser inclinados a descartar essas vozes como produtos da imaginação. É claro, nos tranquilizamos, eles não existem *realmente*. Tudo o que existe são imagens do som vocal, as suas impressões psicológicas sobre a superfície da mente. Essa divisão entre a materialidade do som – sua substância física – e a sua representação ideal é, contudo, um constructo moderno. Isso não teria feito o menor sentido nos termos de uma filosofia do ser de acordo com a qual, como veremos, a atuação corporal e a compreensão intelectual estavam tão visceralmente ligadas quanto comer e digerir. Um homem que se alimenta se sentirá tão satisfeito ao terminar a sua refeição quanto um que foi alimentado na boca por outro. Quem dirá, então, que conforme o clérigo medieval seguia os traços das inscrições escritas na página, seguindo-as com os seus olhos e talvez com os seus dedos também, e murmurando para si mesmo conforme fazia isso, a sua mente não estaria tão cheia de vozes quanto caso as palavras tivessem sido lidas em voz alta para ele?

Entretanto, é claro, ele só ouve as palavras porque ele as ouviu cantadas ou faladas antes, e porque, pela sua prática de repetição, elas deixaram a sua marca tanto na consciência auricular quanto na muscular. Ler, então, não é só ouvir, mas lembrar. Se a escrita fala, ela faz isso com as vozes do passado, as quais o leitor ouve como se ele estivesse presente entre elas. Como a historiadora Mary Carruthers (1990) mostrou com abundância de exemplos, desde o final da Antiguidade até o Renascimento, a escrita era valorizada, acima de tudo, como um instrumento de memória. O seu propósito não era encerrar o passado provendo um relato completo e objetivo do que foi dito e feito, mas, em vez disso, de proporcionar caminhos pelos quais as vozes do passado pudessem ser recuperadas e trazidas de volta em contato imediato com a experiência presente, permitindo que os leitores se engajassem diretamente em um diálogo com eles e conectassem o que tinham a dizer com as circunstâncias das suas próprias vidas. Resumindo, a escrita era lida não como um registro, mas como um meio de recuperação. Carruthers observa que a palavra usada na Antiguidade grega para leitura – *anagignosko* – significava literalmente "recordar-se", e que a palavra correspondente em latim – *lego* –, da mesma forma, se referia ao processo de reunir ou coletar. Um autor clássico após o outro descreveria esse processo por meio de alusões à caça e à pesca, e a rastrear uma presa (Carruthers, 1990, p. 30, 247). Como André Leroi-Gourhan colocou, no seu massivo tratado sobre *Gesture and speech* [Gesto e discurso], "cada parte da escrita era uma sequência compacta, ritmicamente interrompida por selos e notas de margem, pelos quais os leitores encontravam o seu caminho como caçadores primitivos – seguindo uma trilha em vez de estudando um plano" (Leroi-Gourhan, 1993, p. 261).

Essa distinção entre seguir por trilhas, ou andarilhar a pé[6], e uma navegação pré-planejada, é de significância crítica. Em suma, o navegador tem diante dele uma representação completa do território, na forma de um mapa cartográfico, sobre a qual ele pode traçar um percurso antes mesmo de partir. A jornada é, então, nada mais do que uma explicação do traçado planejado. O andarilho a pé que vasculha por trilhas, por contraste, segue um caminho no qual alguém viajou previamente na companhia de outros, ou nos passos deles, reconstruindo o itinerário conforme ele prossegue. Só ao alcançar o seu destino, neste caso, o viajante pode verdadeiramente dizer que encontrou o seu caminho. Uma elaboração adicional dessa distinção terá que aguardar o capítulo 3, onde ela será o meu tópico principal. É suficiente concluir, neste ponto, que os leitores da Antiguidade e da Idade Média eram andarilhos, e não navegadores. Eles não interpretavam a escrita na página como a especificação de um traçado, já composto e completo em si; mas, em vez disso, eles a viam como compreendendo um conjunto de placas, marcadores de direções ou alpondras que os permitiam encontrar o seu caminho dentro da paisagem da memória. Para esse encontro do caminho – esse movimento guiado e fluido de lugar para lugar – os leitores medievais tinham um termo especial: *ductus*. Como Carruthers explica: "*ductus* insiste em movimen-

---

6. O termo original usado pelo autor aqui é *wayfare*, e será um termo crucial para o desenvolvimento do seu argumento ao longo do livro, por isso é importante entender o que ele quer dizer e a escolha de tradução. A palavra *wayfare* significa "fazer uma jornada", e é combinação de duas outras palavras, *way* (caminho, trilha, percurso, trajeto) e *fare* (ir ao longo, viajar, partir). Sendo usada aqui quase como um termo técnico, a ideia é alguém que inicia uma jornada, mas sem a segurança de uma rota pré-estabelecida, ou a indiferença de alguém que está sendo transportado. Ao invés disso, ele encontrará a sua estrada "pondo o pé na estrada" realmente. A escolha da tradução usando "andarilhar" ou "andarilho" busca transmitir a ideia de um viajante cuja própria existência significa andar, cuja própria vida é uma caminhada que, por ele ainda não ter concluído a sua jornada, está impossibilitado de conhecer o percurso de antemão, mas que está livre para encontrar o seu caminho [N.T.].

to, na '*conducta*' de uma mente pensante no seu *caminho* por uma composição" (Carruthers, 1998, p. 77, ênfase no original).

Entretanto, seria errado pensar nessa "conducta" mnemônica como uma operação exclusivamente cognitiva, como se o texto, história ou rota já existisse como uma composição complexa que tivesse que primeiro ser acessada e recobrada na sua totalidade, antes da sua execução corporal na escrita, fala ou locomoção. Embora os pensadores medievais imaginassem que o trabalho da memória inscrevesse na superfície da mente da mesma forma que o escritor inscreve na superfície do papel com a sua caneta, e o viajante inscreve na superfície da terra com os seus pés, eles pensavam nessas superfícies não como espaços a serem explorados, mas como regiões a serem habitadas, e que se poderia conhecer não por um olhar único e total, mas pelo trabalhoso processo de se mover por elas. Na leitura, assim como na contagem de histórias e na viagem, a pessoa se lembra conforme ela prossegue. Assim, o ato de recordar *era em si mesmo concebido como uma atuação*: o texto é lembrado ao lê-lo, a história ao contá-la, a jornada ao realizá-la. Cada texto, história ou viagem é, resumindo, uma jornada feita, em vez de um objeto encontrado. E embora se possa estar cobrindo o mesmo solo com cada jornada, cada uma é, no entanto, um movimento original. Não há modelo ou especificação que garanta todas elas, nem cada atuação pode ser considerada como um símbolo compatível que é simplesmente "lido para fora" da escritura ou do mapa da rota (Ingold, 2001, p. 245).

A digestão do leitor

Com essa conclusão em mente, deixe-me voltar à distinção anterior entre a escritura e a partitura. Recorde-se que, em termos dessa distinção, as marcas gráficas na página se referem, em um caso, aos conceitos e, em outro, aos sons reais em si: assim a escritura é lida "internamente" em cognição, ao passo que a partitura é lida "externamente" em atuação. Até aqui deveria estar claro que, enquanto os escribas da Antiguidade e da Idade Média estavam indubitavelmente escrevendo letras e palavras, a literatura resultante dificilmente se qualificaria como escritural neste sentido. Por um lado, as marcações escritas direcionavam os leitores, em primeiro lugar, para os sons audíveis em vez de significados verbais abstratos que estavam por trás dos sons. Para o monge beneditino do século XI, Guido d'Arezzo, cujo esquema de notação musical eu abordarei adiante, era perfeitamente evidente que cada letra, assim como cada nota da notação, convocava uma *vox* ou som particular (Carruthers, 1990, p. 18). Por outro lado, o ato de ler, quer envolvesse as cordas vocais, quer apenas o movimento silencioso da língua e dos lábios, era uma atuação na qual o leitor ouviria e conversaria com as vozes dos seus interlocutores textuais. Não havia nenhuma ideia de que a leitura pudesse ser uma operação do intelecto solitário, cortado dos seus alicerces na imersão sensorial do leitor no mundo à sua volta (Howe, 1992, p. 74). A leitura, como Dom Leclerq observa, era entendida como "uma atividade que, como entoar cânticos ou escrever, requer a participação de todo o corpo e toda a mente". Foi por isso que Pedro o Venerável, sofrendo de um resfriado e tendo perdido a sua voz, não podia ler, pois "ele não podia mais executar a sua *lectio*" (Leclercq, 1961, p. 19-20). Tendo em vista, então, que a escrita era lida em atuação, e que por isso ela era experimentada como som, não seria melhor considerá-la como uma partitura?

Mais uma vez, a resposta tem que ser negativa. Não é nem escritura nem partitura, pela simples razão de que significado e som, e cognição e atuação, os quais o pensamento moderno alinha em cada lado de uma distinção entre linguagem e música, não são, na escrita dos escribas clássicos e medievais, de forma nenhuma opostos, mas, em vez disso, aspectos diferentes da mesma coisa. Esperava-se que alguém lesse o texto, continua Leclercq, "com todo o seu ser: com o corpo, já que a boca o pronunciava, com a memória que o fixa, com a inteligência que entende o seu significado e com a vontade que deseja colocá-lo em prática" (Leclercq, 1961, p. 22). Portanto, a leitura era, ao mesmo tempo, tanto um "atuar para fora" quanto um "tomar para dentro". Como eu já insinuei, atuação e cognição – ou declamação e meditação – eram tão intrinsecamente ligadas quanto comer e digerir. Na verdade, os eruditos medievais recorriam frequentemente à metáfora gástrica nos seus comentários sobre como a escrita deveria ser lida. Os leitores eram exortados a balbuciar as palavras em um murmúrio enquanto revolviam o texto na memória, assim como a vaca move a sua boca enquanto está ruminando. Resumindo, dever-se-ia ruminar (Carruthers, 1990, p. 164-165).

Sobre um monge muito dedicado à oração, Pedro o Venerável, exclamou que "sem descanso, a sua boca ruminava as palavras sagradas" (Leclercq, 1961, p. 90). Da mesma forma que o pastor de gado Caedmon, o herói de uma história contada por Beda o Venerável, tendo sido milagrosamente dotado com o dom de composição poética e recebido pelos monges do monastério, para os quais ele trabalhava, a fim de receber mais instrução, é dito por Beda como tendo "aprendido tudo o que podia ouvindo-os e, depois, memorizando-o e ruminando sobre isso, transformava tudo nos versos mais melódicos" (Colgrave e Mynors, 1969, p. 419). A memória, aqui, é como um estômago que se alimenta dos nutrientes das palavras mastigadas; e é saturada pela leitura assim como o estômago é cheio pela alimentação. E, assim como o estômago bem alimentado com comida rica em nutrientes se sente aliviado com o aroma doce de um arroto ou de uma flatulência, assim também – de acordo com uma declaração atribuída a São Jerônimo – "as cogitações do homem interior produzem palavras, e da abundância do coração a boca fala" (Carruthers, 1990, p. 166). Quanto mais palavras divinas, mas doce o som. Recorde-se de que foi Jerônimo que aconselhou o seu rebanho a cantar "mais com o coração do que com a voz". Como em um bom arroto, o trato vocal não produz o som, mas meramente o solta. O que é gravado no coração vem do coração.

As origens da notação musical

Nós estabelecemos que, pela maior parte da história da escrita, pelo menos no mundo ocidental, a fala e canção ainda não eram separadas em registros distintos. Havia somente um único registro, que era descrito por meio de letras e palavras. A Antiguidade grega tinha uma categoria de arte vocal conhecida como *mousike*; mas, como Eric Havelock explica e como já ouvimos Platão declarar, "música no sentido melódico é apenas uma parte da *mousike*, e a menor parte desta, pois a melodia permanecia como serva das palavras, e os seus ritmos eram estruturados para obedecer a pronunciação quantitativa da fala" (Havelock, 1982, p. 136). É por essa razão, Havelock supõe, que os gregos nunca alcançaram uma notação funcional da sua "música". Visto que eles eram incapazes de conceber a música separada das palavras, eles nunca tiveram motivo para isolar a notação musical da escrita (Havelock, 1982, p. 345). A possível existência e natureza de uma notação musical da Grécia Antiga é, entretanto, uma questão um pouco disputada entre os estudiosos clássicos. Martin West, por exemplo, afirma que, pelo menos a partir do século IV a.C., os gregos tinham não apenas um, mas dois sistemas paralelos de notação, um para a música vocal e outro para a instrumental (West, 1992, p. 7). No entanto, até essas notações, se eram notações, tinham funções muito limitadas, e o conhecimento delas parece ter sido restrito a uma pequena minoria de músicos profissionais. Não teria havido necessidade de uma notação separada para especificar os ritmos e os valores das notas, visto que estes já eram intrínsecos às métricas dos versos que eram cantados, com a sua alternância embutida entre sons de maior e menor duração (West, 1992, p. 129-130).

Até a melodia de uma canção, West admite, foi parcialmente baseada nas características da linguagem falada, especificamente naquelas variações de tom que os gregos chamavam *prosoidia*, ou "cantar junto". Eles descreviam a fala por meio do mesmo vocabulário de contrastes, tais como alto/baixo e tensão/relaxamento, que também eram aplicados à melodia (West, 1992, p. 198). Comentando sobre a similaridade, Aristóxeno de Tarento – um pupilo de Aristóteles muito conhecido pelo desprezo arrogante e inescrupuloso pelas obras dos seus predecessores – declarou que ninguém antes dele pensara sobre como as formas melódicas da fala e da canção deveriam ser distinguidas. A diferença, argumentou ele, é que, ao passo que tanto na fala quanto na canção a voz se move em tons como se estivesse indo de um lugar para o outro; na fala o movimento é contínuo enquanto na canção é intervalado:

> Nós dizemos que o movimento contínuo é o movimento da fala, pois, quando estamos conversando, a voz se move em relação ao espaço de tal forma que nunca parece permanecer parada. Na outra forma, que chamamos de intervalada, a sua natureza é se mover na direção oposta; pois dá sim a impressão de permanecer parada, e qualquer um diz que a pessoa que se apresenta fazendo isto não está mais falando, mas cantando (Aristóxeno, *Elementa harmonica*, livro I, apud Barker, 1989, p. 133).

O próprio Aristóxeno dedicou pouco tempo para a ideia de uma notação musical distinta, derramando escárnio sobre a própria ideia de que a escrita da melodia pudesse contribuir de qualquer forma que fosse para a sua compreensão, a qual só poderia vir, declarou ele, "de duas coisas, percepção e memória... Não há outra forma de seguir o conteúdo da música" (Barker, 1989, p. 155).

Entretanto, por volta do século III a.C., de acordo com West, um sistema convencionado de notação melódica para a música vocal estava em uso geral entre alguns cantores profissionais, composto de símbolos de letras para indicar a nota, colocados sobre as sílabas do texto (West, 1992, p. 254). Contudo, o seu propósito parece ter sido em grande parte mnemônico. Os cantores aprendiam as canções simplesmente por ouvi-las sendo cantadas, e não eram auxiliados pelos símbolos das notas (West, 1992, p. 270). E os textos das letras das músicas normalmente eram copiados sem tais símbolos, que só foram adicionados depois, de forma muito parecida com aquilo que um instrumentalista contemporâneo pode fazer ao adicionar marcas de dedilhado ou de arquejo sobre a partitura impressa. Todavia, essa prática de "aumentar a nota" do texto, assim como no canto, teve uma aplicação mais ampla no campo da oratória, com vários tipos de sinais, que eram adicionados acima das letras e das sílabas do texto para indicar a elevação ou diminuição da voz em pontos importantes da declamação. Nós já encontramos o termo grego *prosoidia* para essas variações de tom parecidas com as canções. O termo foi traduzido pelos romanos como *ad-cantus* que, subsequentemente, tornou-se *accentus* (West, 1992, p. 198). Um conjunto sistemático de marcas de acentuação para a literatura grega e romana foi desenvolvido por Aristófanes de Bizâncio, bibliotecário do Museu de Alexandria, por volta de 200 a.C. Essas marcas eram chamadas de *neuma*, da palavra grega para "aceno" ou "sinal". Havia dois acentos básicos, o agudo e o grave, indicando, respectivamente, uma elevação e uma diminuição; e estes poderiam ser combinados, por exemplo, num formato de um V ou um N, para representar inflexões vocálicas mais complexas (Parrish, 1957, p. 4). Foi dessa forma que os "neumas", como eles passaram a ser chamados, foram introduzidos como precursores mais antigos, na história da escrita ocidental, de uma notação musical distinta, a saber, aquela desenvolvida para o canto gregoriano.

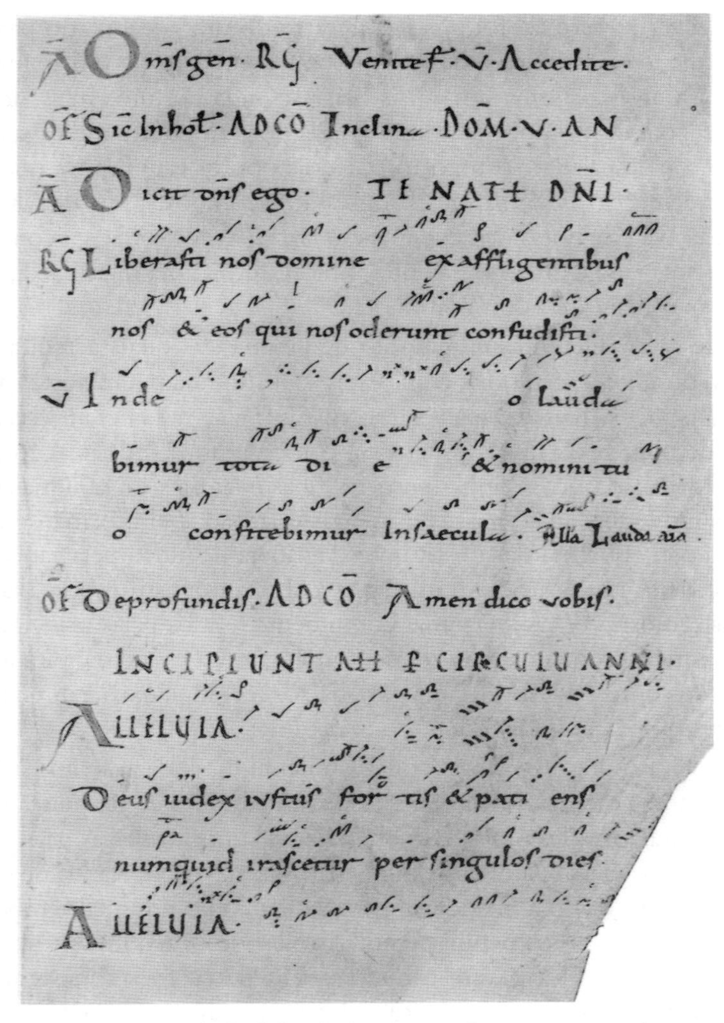
Liberasti nos domine ex affligentibus
nos & eos qui nos oderunt confudisti
Inde o Lauda
bimur tota di e & nomini tu
o confitebimur in saecula
Alleluia
Deus iudex iustus fortis & patiens
numquid irascetur per singulos dies
Alleluia

Figura 1.4 – Um manuscrito do final do século IX marcado com neumas, do Mosteiro de São Galo (Cantatorium, Cod. 359, fol. 125).

Em que momento, precisamente, os neumas começaram a ser usados pela primeira vez é algo desconhecido, pois, ao passo que os cantos estavam sendo escritos a partir do século V d.C., os manuscritos mais antigos que restaram foram marcados com neumas e datam do século IX (cf. fig. 1.4). Além disso, parece que essas marcas, colocadas sobre as letras e as sílabas, foram adições posteriores feitas sobre a página escrita. Na notação gregoriana, o acento agudo manteve o seu formato original, e foi chamado de *virga*, ou "vara", enquanto o grave foi reduzido a um *punctum*, ou "ponto". Combinando essas duas marcas básicas de diversas formas, foi possível gerar todo um vocabulário para os neumas subsequentes. Assim, o *podatus*, ou "pé", composto de um ponto seguido por uma vara, indicava uma nota mais baixa seguida por uma mais alta; o *clivis*, ou "declive", composto por uma vara seguida por um ponto, indicava o inverso; o *scandicus*, ou "escalada", composto por dois pontos e uma vara, indicava três notas ascendentes; o *climacus*, ou "progressão", composto por uma vara e dois pontos, indicava três notas descendentes; o *torculus*, ou "torcida", composto por um ponto, uma vara e um outro ponto, indicava uma nota mais baixa, uma mais alta e uma mais baixa, e assim por diante.

Havia escolas diferentes de notação de neumas, as quais acredita-se que se originaram durante o século IX, e que estas se distinguiam, em parte, pela forma na qual os neumas mais complexos e com múltiplas notas eram escritos, quer por meio de pontos ou traços, quer pela combinação dos dois. A formação de figuras quadriculadas, com linhas verticais finas e laterais ou oblíquas grossas, e com notas individuais distintas, com blocos quadrados em forma de diamante, foram uma consequência da substituição da caneta de junco pela caneta de pena no século XIII. A figura 1.5, retirada de uma obra autoritativa sobre o assunto de Carl Parrish, mostra os neumas mais comumente usados pelas principais escolas de notação, mais ou menos em ordem cronológica da esquerda para a direita, e em ordem de complexidade de cima para baixo. A coluna mais à direita mostra o equivalente na notação moderna.

As primeiras notações davam pouca ou nenhuma indicação aos seus leitores sobre quais notas cantar. Na verdade, essa era uma questão de pouca importância. A essência da música, como vimos, jazia na sonoridade das suas palavras, e pressupunha-se que os cantores já soubessem as palavras do canto de cabeça, ou de coração. Assim como a melodia era entendida como um mero embelezamento do som vocal, assim os neumas eram vistos como inteiramente acessórios às palavras escritas. Eles formavam o que Parrish chama de "um sistema de lembretes melódicos", auxiliando o cantor a lembrar as nuanças prosódicas a serem adotadas na pronúncia de cada sílaba (Parrish, 1957, p. 9). No entanto, algumas escolas de notação estavam se esforçando para indicar diferenças de tom colocando os neumas a várias distâncias acima de uma linha horizontal imaginária. Nos manuscritos de por volta do século X, a linha imaginária foi substituída por uma real, riscada de fato no pergaminho. O passo decisivo na direção do sistema moderno de notação foi dado no século XI por Guido d'Arezzo. Os neumas, recomendava Guido, deveriam ser escritos de tal maneira que cada som, independentemente da frequência com a qual ele se repetisse em uma melodia, deveria sempre estar na sua própria fileira. Para distinguir essas fileiras, devia-se traçar linhas bem próximas, para que algumas fileiras de sons estivessem nas próprias linhas e outras nos intervalos entre elas. Escrito assim, um homem poderia aprender a cantar um verso sem nunca tê-lo ouvido anteriormente, como Guido demonstrou numa visita ao Papa João XIX. Relata-se que o papa ficou tão entusiasmado com a invenção de Guido que ele insistiu em tentar sozinho, para a sua evidente satisfação (Strunk, 1950, p. 117-120).

SANGALLIAN | FRENCH | AQUITANIAN | BENEVENTAN | NORMAN | MESSINE | GOTHIC | SQUARE

SINGLE NOTES

VIRGA

PUNCTUM

TWO-NOTE NEUMES

PODATUS

CLIVIS

THREE-NOTE NEUMES

SCANDICUS

CLIMACUS

TORCULUS

PORRECTUS

COMPOUND NEUMES

PODATUS SUBBIPUNCTIS

TORCULUS RESUPINUS

PORRECTUS FLEXUS

LIQUESCENT NEUMES

EPIPHONUS

CEPHALICUS

STROPHIC NEUMES

DISTROPHA & TRISTROPHA

ORISCUS

PRESSUS

SPECIAL NEUMES

SALICUS

QUILISMA

Figura 1.5 – Os neumas da notação gregoriana (Parrish, 1957, p. 6).

Olhando para trás, podemos prontamente reconhecer esse sistema por anotar o aspecto melódico da música como o precursor da partitura em pentagrama que agora nos é familiar. Porém, seria errado precipitar a conclusão de que aquele sistema era uma notação musical totalmente qualificada. Por muito tempo, conforme mantinha-se que a musicalidade essencial da canção jazia na entonação das palavras, os neumas permaneceram acessórios à canção em si, que eram inscritos primariamente nas letras escritas. Assim como o dedilhado numa partitura instrumental moderna, eles serviam como anotações para auxiliar o apresentador, em vez de registrar e catalogar a música como tal. Assim como, em uma partitura, pode-se apagar todos os dedilhados sem perder nada da música, assim podia-se apagar todos os neumas do manuscrito medieval sem perder nada da canção. O que seria perdido, em cada caso, seria parte da habilidade de execução do tocador ou cantor, devido à remoção das indicações, sinais e lembretes necessários.

Assim como os símbolos de anotação baseados em letras da Grécia antiga, os neumas escritos serviam a um propósito totalmente mnemônico: eles estavam lá para ajudar os pupilos a decorarem as canções, e, especialmente, as canções que nunca tivessem ouvido. "Depois que eu comecei a ensinar este procedimento para os garotos", se gloriou Guido, "alguns deles foram capazes de cantar uma melodia desconhecida em menos de três dias, o que por outros métodos seria impossível mesmo com muitas semanas" (Strunk, 1950, p. 124). Mas isso não era apenas leitura visual. Ainda custava até três dias, e os pupilos não podiam reproduzir apropriadamente até que memorizassem a canção. Entretanto, com a ajuda da notação, eles podiam memorizá-la muito mais rapidamente.

Haveria muitos séculos antes que a escrita de notas e ligaduras sobre o pentagrama emergisse como uma notação musical por seus próprios méritos, pois isso poderia surgir, nas palavras de Goehr, "somente quando a música tivesse se libertado completamente do texto" (Goehr, 1992, p. 133). Na partitura moderna, os neumas sofreram uma grande elaboração para formar um sistema que se desvencilhou da sua conexão original com as palavras. Na escritura, em contraste, eles sobrevivem nos nossos tempos apenas nos seus interstícios, na forma de marcas de pontuação. A história estranha e obscura da pontuação jaz nas mesmas práticas, de marcar manuscritos já registrados para assistir o orador na formação das frases e na apresentação dos textos a serem entoados ou cantados, assim como a notação dos neumas (Parkes, 1992, p. 36). Na verdade, foi Aristófanes de Bizâncio quem primeiro introduziu a vírgula, os dois pontos e o ponto-final como parte do seu esquema geral para anotar textos gregos que também incluía os precursores dos neumas (Brown, 1992, p. 1.050). Muito depois, por volta do século IX d.C., esses foram unidos a marcações adicionais – o *punctus elevatus*, o *punctus interrogativus* (precursor do ponto de interrogação) e o *punctus flexus* – que serviam para indicar não só uma pausa, mas uma inflexão apropriada da voz, tal como no final de uma pergunta ou de uma oração subordinada em um período ainda incompleto. A fonte dessas novas marcas, de acordo com T. Julian Brown, não foi outra além do "sistema de notação musical, chamado neumas, que se sabe que foi usado pelo canto gregoriano desde pelo menos o início do século IX" (Brown, 1992, p. 1.051).

Figura 1.6 – O registro paralelo de palavras e músicas, de um livro moderno de cânticos de Natal: *While shepherds watched* (Dearmer et al., 1964, p. 66).

Uma vez que a música se libertou das palavras, o que antes fora uma unidade poética indivisível, a saber, a canção, passou a ser um composto de duas coisas, palavras e sons. Daí em diante, o registro único para a canção, escrito em letras e palavras, mas embelezado com acentos e inflexões indicados tanto por meio de neumas quanto de sinais de pontuação, foi dividido em dois registros distintos, um da linguagem e outro da música, anotados, respectivamente, por linhas separadas de escrituras e partituras, que deviam ser lidas em paralelo. Atualmente, as palavras de uma canção são escritas como uma escritura que acompanha a partitura. Remova a escritura e ainda há uma voz, mas é uma voz sem palavras. Remova a partitura, e não há som, nem voz, mas apenas uma cadeia de palavras, inertes e silenciosas. No exemplo familiar reproduzido na figura 1.6, os sinais de pontuação remanescentes – incluindo vírgulas, aspas, parênteses e um ponto e vírgula – servem meramente para indicar as junções na construção sintática do texto e não são nenhum auxílio para o cantor.

Na realidade, se fazem algo, eles interferem na atuação, não tendo nenhuma relação óbvia com a estrutura melódica ou na organização das frases da canção. Para ajudar o cantor a alinhar as palavras com a música, uma pontuação irregular tem de ser introduzida na forma de hífenes *dentro* das próprias palavras, a ponto de alongá-las além do sem comprimento impresso normal. Como Havelock coloca, nós "colocamos as palavras no cavalete" [um instrumento][7] da música: esticando-as, comprimindo-as e modificando a sua entonação para conformá-las às exigências rítmicas e melódicas da música (Havelock, 1982, p. 136). A música se tornou a mestra da dicção, e não mais a sua serva. Uma vez essenciais à musicalidade da canção, as palavras agora eram "adicionadas" à música, como acessórias. Mas como o som passou a ser expelido da palavra escrita? Como a página perdeu a sua voz?

Como a página perdeu a sua voz

Para ter a resposta, precisamos voltar à distinção que eu introduzi anteriormente, entre andarilhar e navegar. Lembre-se de que, para os leitores dos tempos medievais, o texto era como um mundo em que se habita, e a superfície da página como um campo pelo qual se encontra o seu caminho por ele, seguindo as letras e as palavras, assim como o viajante segue as pegadas ou placas no terreno. Para os leitores modernos, o texto aparece impresso sobre a página em branco muito como o mundo aparece impresso sobre a superfície de papel de um mapa cartográfico, pronto e completo. Seguir o enredo é como navegar com o mapa. Porém, o mapa apaga a memória. Se não fosse pelas jornadas dos viajantes, e o conhecimento que eles trouxeram de volta, ele não poderia ter sido feito. Todavia, o mapa em si não dá qualquer testemunho dessas jornadas. Elas foram extraídas, ou consignadas a um passado que agora está superado. Como Michel de Cer-

7. Cavalete: instrumento de tortura [N.T.].

teau mostrou, o mapa elimina todos os traços das práticas que os produziram, criando a impressão de que a estrutura do mapa flui diretamente da estrutura do mundo (Certeau, 1984, p. 120-121; Ingold, 2000, p. 234). Mas o mundo que é representado no mapa é um mundo sem habitantes: não há ninguém lá; nada se move ou faz algum som. Ora, justamente da mesma forma que as jornadas dos habitantes são eliminadas do mapa cartográfico, as vozes do passado são eliminadas do texto impresso. Ele não testemunha da atividade daqueles cujos labores o trouxeram à existência; em vez disso, ele aparece como um artefato composto de antemão, uma obra. A linguagem é silenciada.

Esse é o ponto no qual retornamos para a minha afirmativa anterior de que o silenciamento da linguagem, e a sua consequente separação da música, aconteceu não com o nascimento da escrita, mas com o seu falecimento. O fim da escrita, creio eu, foi proclamado por uma mudança radical na percepção da superfície, de algo semelhante a uma paisagem na qual se move por ela, para algo mais parecido com uma tela *sobre* a qual se olha, e sobre a qual estão imagens projetadas de outro mundo. Escrever, pelo menos no sentido que eu tenho usado aqui, é um artesanato manual, a arte dos escribas. As linhas inscritas na página, quer na forma de letras, neumas, sinais de pontuação ou figuras, eram os traços visíveis de movimentos habilidosos da mão. E os olhos do leitor, vagando pela página como um caçador na trilha, seguiriam esses traços como se estivesse seguindo as trajetórias das mãos que os fizeram. Por exemplo, os neumas *quironômicos*, encontrados em muitos dos manuscritos mais antigos, eram assim chamados porque correspondiam aos gestos manuais do regente do coral (Parrish, 1957, p. 8). Exatamente da mesma maneira que ocorre no canto de um coral, seguir com os olhos e seguir com a voz eram partes integrantes do mesmo processo – o de se encontrar o caminho, ativa e atentamente, pelo texto. Olhar e ouvir não eram então opostos, como passaram a ser na Modernidade, ao longo do eixo de uma divisão entre especulação visual e participação auditiva.

Foi a tecnologia da imprensa que quebrou esse elo íntimo entre o gesto manual e a inscrição gráfica. Eu hesitaria afirmar que a impressão foi a *causa* das mudanças de percepção que eu delineei, visto que os desenvolvimentos paralelos estavam ocorrendo em muitas outras áreas, por exemplo, na engenharia e arquitetura. Contudo, em todo caso, o resultado foi o mesmo: separar o trabalho manual habilidoso em componentes separados de projeto ou composição "imaginativos" e de "mera" execução técnica, incluindo a redução consequente do trabalho manual, quer do impressor, construtor ou mecânico, para a implementação de sequências operacionais predeterminadas que poderiam muito bem ser feitas da mesma maneira por uma máquina (Ingold 2000, p. 349-350). Eu retornarei a esse tema no capítulo 5. Por agora, precisamos só observar que, no campo da literatura, o trabalho de composição é atribuído ao autor. Embora digamos que o autor escreve, referindo arcaicamente ao resultado do seu trabalho como um manuscrito, isto, evidentemente, é a única coisa que ele não faz. É claro, ele pode usar caneta e papel para assisti-lo nas suas deliberações. Mas esses rabiscos são apenas uma das abundantes atividades envolvidas na composição, que vão desde falar consigo mesmo até andar de um lado para outro durante o estudo, todas as quais são antecedentes à transferência da obra completa para a página impressa. E se o autor não escreve, o impressor também não, pois, ao passo que escrever é um processo de inscrição, imprimir é um de *impressão* – de um texto pré-composto sobre uma superfície vazia que foi preparada para recebê-lo. Quaisquer gestos que possam estar envolvidos no processo, sejam manuais, sejam mecânicos, não têm relação com as formas das marcas gráficas que servem para realizar.

A palavra fixada e presa pela imprensa

Com isso, volto à tese de Walter Ong, a saber, que foi a escrita que sepultou a palavra, convertendo-a num objeto quiescente a ser assimilado pela visão. Ora, até Ong há de reconhecer que isso não é inteiramente verdadeiro, pois ele não pode negar que, para os leitores de manuscritos, as palavras eram qualquer coisa menos quiescente. Elas eram percebidas como latejando com som e movimento. Ong atribui essa percepção à "dominância auditiva remanescente" que persistiu nas margens da cultura dos manuscritos e que só foi finalmente expelida com o advento da imprensa. É como se as linhas escritas à mão tivessem continuado a se contorcer, recusando-se a serem contidas pela coação da vigilância visual que as objetificava. Somente com a imprensa, parece que a palavra finalmente foi fixada e presa. Como Ong admite, "imprimir sugere que as palavras são coisas a mais do que a escrita manual jamais tenha feito... foi a imprensa, e não a escrita, que reificou efetivamente a palavra" (1982, p. 119-121). De fato, é difícil evitar a impressão de que Ong está tentando ter as duas coisas ao mesmo tempo. Por um lado, ele quer que creiamos que "toda escritura representa palavras como, de alguma forma, coisas", e que neste ponto a imprensa só continuou um processo de reificação que fora iniciado milhares de anos antes com o advento da escrita (Ong, 1982, p. 82, 91). Porém, se ele está certo em reivindicar, por outro lado, que foi a imprensa e não a escrita que *efetivamente* transformou as palavras em coisas, então o que acontece com a sua tese inicial de que as palavras vieram a ser coisas no momento que elas foram traduzidas numa forma visual? Será que as palavras escritas à mão não são tão visíveis quanto as impressas?

Para resolver a contradição precisamos olhar novamente para a distinção entre escrita e discurso. Embora frequentemente debatidos em termos de um simples eixo de contraste entre oralidade e literalidade, sob uma inspeção mais próxima descobre-se que a fala e a escrita são realmente distinguidas ao longo de dois eixos de contrastes bem separados; o primeiro, entre modalidades sensoriais auditivas e visuais, e, o segundo, entre gesto corporal (que pode ser vocal ou manual, ou ambos) e a sua inscrição como um traço em alguma superfície material. Compondo esses eixos, temos não apenas duas alternativas, mas quatro: (1) auditivo-gestual, (2) visual-inscrito, (3) auditivo-inscrito e (4) visual-gestual (fig. 1.7).

	Gesto	**Inscrição**
Auditivo	discurso	ditado
Visual	gesto manual	escrita

Figura 1.7 – Discurso, escrita, dicção e gesto manual.

A primeira e a segunda alternativas correspondem, respectivamente, aos nossos entendimentos contemporâneos de discurso e escrita ordinários. Nós pensamos no discurso como composto por gestos vocais que são ouvidos, e na escrita como composta por traços inscritos que são vistos. Sem o equipamento moderno de gravação, a voz normalmente não deixa nenhum traço duradouro, de forma que a terceira alternativa, tomada literalmente, teria se tornado uma possibilidade prática só nos tempos recentes. Porém, não vamos nos esquecer das palavras do escriba do Profeta Jeremias, Baruc, que clamou que estava traduzindo para tinta os pronunciamentos verbalizados pelo seu mentor. Esse foi um exemplo de *ditado*, uma leitura oral, em voz alta, que se esperava verdadeiramente que produzisse uma inscrição duradoura, embora em uma forma visível.

O escriba, é claro, trabalha com as suas mãos. Se não fosse por esse movimento manual, nada jamais seria gravado pela escrita. Contudo, seguindo o precedente colocado por Ong, a maioria das discussões sobre discurso e escrita tem ignorado a mão e a sua obra. Focando exclusivamente no contraste entre modalidades auditivas e visuais, e as suas respectivas propriedades, elas têm falhado em prestar atenção na relação entre os gestos e as suas inscrições. Dessa forma, a escrita tem sido entendida simplesmente como uma representação visual do som verbal, em vez de como o traço duradouro de um movimento manual habilidoso. Esse ponto traz-me a quarta alternativa da figura 1.7, a saber, a apreensão visual do gesto manual. Tal apreensão é característica da maior parte da comunicação humana em situações face a face. Todos nós gesticulamos com as mãos conforme falamos, e esses gestos não teriam sentido se não pudessem ser vistos. Além disso, há formas de linguagem, tais como as linguagens de sinais usadas por surdos, que são inteiramente silenciosas e operam somente por gestos manuais. No entanto, como o exemplo da linguagem de sinais mostra, olhar para as palavras pode ser exatamente tão ativo, dinâmico e participativo quanto ouvi-las. "A ideia de que há um abismo metafísico dividindo a comunicação por gestos visuais da comunicação por palavras audíveis", reivindica Jonathan Rée, "é uma fantasia sem fundamento, uma alucinação ao invés de uma teoria" (Rée, 1999, p. 323-324).

Ele está certo. Palavras em sinais não são menos móveis e ativas, e não menos concretas, do que as faladas. Além disso, ao passo que o movimento da mão deixa um traço imediato na página, não há muita diferença entre olhar para palavras em sinais e olhar para palavras escritas. Essas observações deveriam dispersar de uma vez por todas a ilusão amplamente aceita de que há algo inerentemente reificante sobre a visão[8]. Não é a visão que reduz as palavras a coisas; ao contrário, é a desconexão do gesto tecnicamente efetivo do seu resultado gráfico, que ocorre quando as palavras são impressas em vez de escritas. Ler um manuscrito, como vimos, é seguir as trilhas determinadas por uma mão que se une à voz na *pronúncia* das palavras de um texto. Mas não há trilhas para seguir na página da imprensa. O olho do leitor inspeciona a página, como mostro no capítulo 3, mas não habita ali. E é precisamente porque estamos convencidos de que as palavras que se encontram lá são coisas que a visão é reduzida, no nosso entendimento, a uma faculdade de avaliação desinteressada, separada do sentido mais dinâmico e participativo da audição.

Entoar com (e sem) um instrumento

Eu comecei com um enigma sobre a distinção entre discurso e canção. Mostrei que não podemos resolver esse enigma sem considerar também a relação mutável entre escrita e notação musical. Ambas envolvem linhas e superfícies. Mas, na transição do manuscrito medieval para o texto impresso moderno, e dos neumas antigos para a notação musical moderna, não foram só as formas das linhas que mudaram; houve também mudanças fundamentais no entendimento do que é uma linha, e da sua relação com a superfície, o gesto e, especialmente, com a

---

8. David Levin, p. ex., insiste que a visão é "a mais reificante de todas as nossas modalidades de percepção" (Levin, 1988, p. 65).

visão e o som. Assim, partindo da questão sobre discurso e canção, chegamos a toda uma pauta de investigação sobre a natureza e a história da linha que nos ocupará pelo restante deste livro. Entretanto, antes de seguir em frente, eu gostaria de reafirmar a minha identidade disciplinar satisfazendo uma diversão predileta dos antropólogos sociais, a saber, a invocação de exemplos comparativos de sociedades não ocidentais. Faço isso com total reconhecimento dos perigos de traçar paralelos levianos e superficiais com tradições que têm, igualmente, conhecimentos e práticas tão complexas e profundas quanto a nossa. Todavia, o meu propósito é meramente indicar que as questões que confrontamos ao examinar a história da notação no mundo ocidental, da Antiguidade para a Era Moderna, não são de forma nenhuma confinadas a esta região, mas têm ressonâncias claras em outros lugares. Os meus dois exemplos vêm do Japão e da Amazônia Peruana.

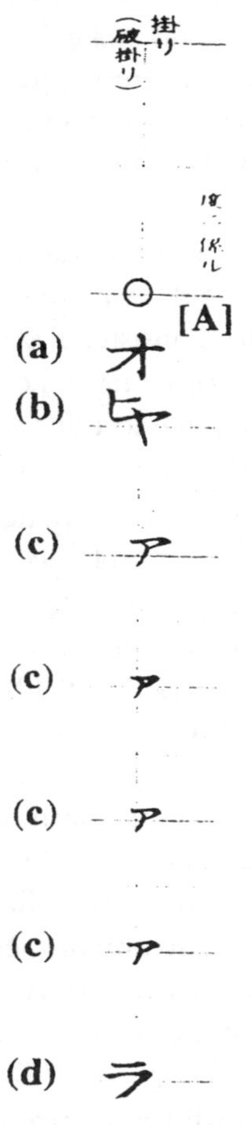

Figura 1.8 – Frase da seção *kakari* de *chu-no-mai*: (a) o, (b) hya, (c) a, (d) ra. (Iguchi, 1999, p. 90).

A música, que tradicionalmente acompanha as apresentações do teatro *noh* japonês, é chamada de *shōga*, que significa literalmente cantar ou entoar. Mas a mesma palavra pode referir-se aos sons de instrumentos musicais e às suas notações escritas. Enquanto todo instrumento tem a sua própria forma de *shōga*, o que é comum a todos eles, é que podem ser cantados ou recitados com a voz. No que se segue, tenho em mente apenas um instrumento: a *fue*, ou flauta. As minhas informações vêm da obra do antropólogo Kawori Iguchi, que estudou a flauta no decorrer da sua pesquisa etnográfica sobre o aprendizado e a prática da música tradicional na cidade japonesa de Kyoto (Iguchi, 1999). Para qualquer um familiarizado com o sistema de notação musical ocidental, o *shōga* para a *fue* parece realmente algo muito estranho, pois é escrito inteiramente com caracteres retirados do silabário katakana japonês. Esses caracteres podem ser lidos em voz alta, como sons de palavras, num tipo de murmúrio ou sussurro. Visto que toda sílaba no *shōga* é como uma vogal, uma sequência de caracteres lê-se como um fluxo ininterrupto de som que, não obstante, sofre uma modulação contínua com as mudanças nas posições da língua e dos lábios e, por sua vez, na forma da cavidade bucal, ligada à pronúncia de cada sílaba sucessiva.

Por exemplo, a seção de notação ilustrada na figura 1.8 lê (de cima para baixo) como *o-hya-a-a-a-a-ra*. É nesse fluxo de onomatopeias, de som verbal que se mantém que a essência da música consiste. Todavia, as sílabas katakana são pronunciadas exatamente da mesma forma na fala ordinária. É impossível, portanto, como Iguchi aponta, retirar uma divisão clara entre os sons da fala e os sons da música. Na entoação, falar e cantar são uma coisa só (Iguchi, 1999, p. 108).

Onde é, então, que entra a flauta? A flauta é um instrumento melódico, porém a melodia em si é acidental em relação à música. É um embelezamento decorativo. Desse modo, a música é a mesma, quer o tocador coloque a flauta nos seus lábios, quer não. Caso não, a música sai como um sussurro vocal; caso sim, sai como o som afinado da flauta. Quando um tocador inexperiente é convocado para realizar uma apresentação importante, um professor se senta atrás dele pronto para "entrar" sussurrando o *shōga* no momento em que o tocador se atrapalhar ou não conseguir continuar. Numa atuação *noh* é crucial que a música continue sem interrupção, independentemente dos acidentes que possam acometer os tocadores. Se um ator colidisse no palco com o tocador da *fue*, fazendo este derrubar o seu instrumento, ele continuaria a recitação vocal do *shōga* até que desse um jeito de pegá-lo. Até os membros da audiência poderiam cantarolar o *shōga* para si mesmos enquanto ouviam a *fue* sendo tocada (Iguchi, 1999, p. 88, 107).

Há aqui um paralelo extraordinário entre o *shōga* japonês e a *mousike* da Grécia antiga. Enquanto o canto do *shōga* era escrito por meio dos caracteres da katakana para sons vocálicos, o da *mousike* era escrito por meio das letras do alfabeto, que, por sua vez, eram produtos do esforço de escrever os sons vocálicos do grego por meio de caracteres tomados da escrita para uma língua semítica, na qual as vogais eram relativamente insignificantes (Olson, 1994, p. 84). Tanto no *shōga* quanto na *mousike*, a essência da música estava na sonoridade das sílabas verbais, ao passo que o aspecto melódico era ancilar ou até mesmo supérfluo. Seria tentador dar mais um passo no paralelo, observando que, em ambos os casos, também, o principal instrumento melódico era a flauta. Isso, entretanto, seria um erro. O instrumento grego, o *aulos*, embora descrito comumente como uma flauta, na realidade, não era nada disso. Era, na verdade, um instrumento de palheta dupla, mas parecido com a chamarela medieval ou com o oboé moderno (Barker, 1984, p. 14-15; West, 1992, p. 81). Era comum que dois instrumentos fossem tocados simultaneamente, cada um em uma mão. Contudo, como com a flauta, as diferentes notas eram obtidas interrompendo os orifícios com os dedos.

Tanto Havelock quanto West retratam um vaso ateniense de cerca de 480 a.C., descrevendo uma série de lições de música, poesia e recitação. A figura 1.9 reproduz as cenas retratadas no vaso como vistas de lado. As figuras sentadas são evidentemente os adultos, enquanto as figuras menores e em pé são os pupilos mais jovens. A figura sentada à direita poderia ser um pai orgulhoso (Havelock, 1982, p. 201-202) ou um escravo que levava os meninos para a escola (West, 1992, p. 37). Ao centro, a figura sentada segurando o que todo leitor moderno identificaria imediatamente como um computador laptop, está supostamente escrevendo algo enquanto o pupilo espera (ele não pode estar corrigindo a tarefa do pupilo, já que está usando a ponta afiada da caneta em vez de o final achatado que seria usado para apagar). Havelock (1982, p. 203) especula que ele está escrevendo um texto que o estudante terá então que recitar e, portanto, memorizar. O que está acontecendo, então, entre o par de figuras à esquerda? Essa parece uma lição musical. No entanto, note que é o professor, sentado, quem toca o *auloi*. O pupilo, em pé, não tem instrumento nenhum! Evidentemente, ele está recitando uma *mousike* para o seu professor.

Mude o instrumento, e isso poderia ser praticamente uma representação de uma aula de música tradicional japonesa. Aqui, também, o flautista iniciante teria que aprender a recitar o *shōga* antes mesmo de tocar no instrumento. Na realidade, é comum para os instrumentos melódicos do Japão tradicional, como Iguchi observa, "que as suas melodias possam ser cantadas ou recitadas com a boca" (Iguchi, 1999, p. 87).

Figura 1.9 – Aulas de recitação, de Kulix of Douris, cerca de 480 a.C. (bpk/ Acervo de antiguidades, Museus Estatais de Berlim). Foto: Johannes Laurentius.

Ora, a melodia, como normalmente a compreendemos, consiste em uma sequência de notas cada uma com uma altura determinada. Porém, o *shōga* não dá nenhuma indicação de altura da nota. Como, então, o flautista sabe qual nota tocar? A resposta jaz no dedilhado. Na *fue*, cada posição dos dedos, que obstrui uma combinação particular de orifícios, especifica uma nota. A figura 1.10 mostra uma página de *shōga* escrito para Kawori Iguchi pelo seu professor, Sugi Ichikazu, durante uma aula introdutória. Ela deve ser lida de cima para baixo, e da direita para a esquerda. O *shōga* em si foi escrito com uma caneta preta, e o dedilhado em vermelho. A esses, Ichikazu também adicionou diagramas dos orifícios da flauta, mostrados como círculos que foram preenchidos para os orifícios a serem interrompidos. Todavia, ele nunca desenhou esses diagramas novamente. Normalmente, o dedilhado era escrito, como aqui, em caracteres chineses, os quais cada um é o nome de uma posição particular para os dedos, um orifício particular na flauta e a nota particular que resulta. Como a *fue* é um instrumento de solo, não há uma tentativa de padronizar a sua afinação; assim, a mesma nota, tocada em instrumentos diferentes, pode ter um registro bem diferente em uma escala absoluta de altura de tom. Nem, entretanto, há qualquer tentativa de padronizar o dedilhado (Iguchi, 1999, p. 106). Um flautista experiente poderia mostrar a sua virtuosidade usando um dedilhado elaborado e decorativo. O efeito melódico seria bem distintivo; tão distintivo, de fato, que ouvintes não familiarizados com o *noh* provavelmente seriam incapazes de reconhecê-lo como uma execução da mesma peça que aquela efetuada pelo dedilhado convencional. Porém, independentemente do dedilhado adotado, o *shōga* fundamental permanece idêntico.

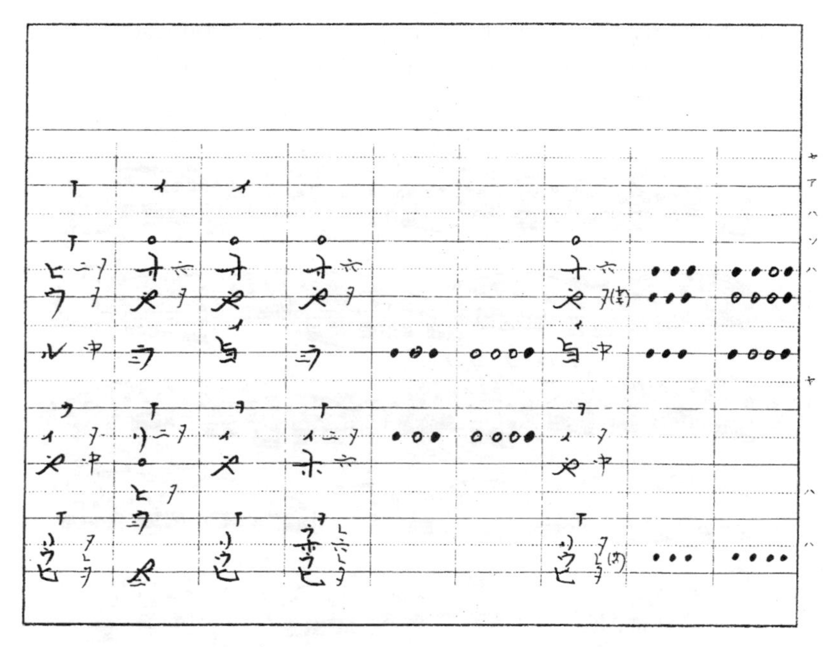

Figura 1.10 – O primeiro *shōga* escrito para Kawori Iguchi pelo seu professor de flauta (Iguchi, 1999, p. 94).

Resumindo, tanto no *shōga* quanto no canto gregoriano, as inflexões melódicas embelezam a música sem alterá-la fundamentalmente. E, outrossim, os dedilhados, com os seus orifícios e tons, são acessórios às sílabas katakana escritas da notação do *shōga*, assim como os neumas eram acessórios às palavras e letras do hinário medieval. Eles eram meramente anotações, e não faziam parte da música *como tal*. Como já observei, um pentagrama pode ser anotado com os dedilhados de uma forma muito semelhante. Como os tocadores de *fue* japoneses, os músicos instrumentais ocidentais, performando a partir de uma pauta, podem desenvolver as suas próprias técnicas idiossincráticas de dedilhado para tocar uma passagem idêntica (cf. fig. 1.11). Mas há uma diferença crítica. Na música tradicional japonesa, como vimos, tanto o dedilhado como a melodia produzida por ele são aspectos contingentes da atuação, enquanto a essência da música jaz no componente sonoro verbal. Na pauta, em contraste, cada nota é especificada sem referência a como ela é tocada. Desse modo, embora o dedilhado permaneça contingente, a melodia não é assim. É um aspecto do *que* é tocado, e não de *como* é tocado, pertencente à própria música, em vez da técnica usada para produzi-la. A diferença é muito similar àquela que divide a música ocidental da Era Moderna da sua precursora medieval. Assim como a musicalidade da canção foi transferida do seu aspecto verbal para o melódico, assim a melodia foi destacada dos gestos corporais, quer manuais, quer vocais, envolvidos na sua produção. E, do mesmo modo, a notação da melodia cessou de ser uma notação gestual.

Figura 1.11 – Parte de uma página da minha cópia da sexta suíte para solo de violoncelo, por Johann Sebastian Bach, mostrando os arquejos e dedilhados escritos a caneta.

Linhas de som

O meu segundo exemplo comparativo vem do leste do Peru, e começo com uma história relatada e analisada pelo antropólogo Peter Gow (1990), retirada do seu estudo de campo entre o povo Piro desta região. A história envolve um indivíduo, Sangama, reputado como o primeiro homem Piro que pôde ler. Contada por seu primo mais novo, Moran Zumaeta, e registrada pela missionária Esther Matteson na década de 1940, os eventos aos quais a história se refere podem ser datados por volta da segunda década do século XX. Naquele tempo, os Piro estavam vivendo junto dos seus senhores brancos coloniais, nas plantações das *haciendas*, numa condição de escravidão por dívida. De acordo com o relato de Zumaeta, Sangama pegava os jornais descartados pelos senhores e os lia. Conforme ele lia, os seus olhos seguiam as letras e a sua boca se movia. "Eu sei como ler o jornal", Sangama professou para o seu primo Zumaeta. "Ele fala comigo... O jornal tem um corpo; eu sempre a vejo, primo... Ela tem lábios vermelhos, com os quais ela fala." Zumaeta fala de como ele também encarava o jornal, mas não conseguia ver ninguém. Mas Sangama foi insistente, continuando a interpretar o comportamento dos seus senhores brancos nos mesmos termos. "Quando o branco, nosso patrão, vê um jornal, ele o segura o dia inteiro, e ela fala com ele... O branco faz isso todos os dias" (Gow, 1990, p. 92-93). Como Gow prossegue explicando, o entendimento de Sangama do que significa ler só pode ser compreendido se levarmos em conta dois aspectos particulares da cultura Piro. O primeiro concerne à significância das formas no controle das superfícies; o segundo tem a ver com a prática xamânica.

A palavra para "escrever" na língua Piro é *yona*. Esse termo, contudo, é usado também para as formas ou padrões intrincados e lineares que os Piro aplicam sobre certas superfícies, especialmente as associadas intimamente com as pessoas e, acima de tudo, aquelas da face e do corpo. Evidentemente, para Sangama, o padrão da impressão do jornal no papel constituía um desenho nesse sentido. Assim, ele percebia o papel como uma superfície semelhante à pele de um corpo. Ora, nos rituais de cura dos Piro, como entre os povos amazônicos vizinhos, o xamã, tendo tomado uma infusão do cipó alucinógeno conhecido como *ayahuasca*, se tornava consciente de desenhos serpenteados brilhantes que pareciam cobrir todo o seu campo de visão. Essas eram as manifestações iniciais e assustadoras do espírito do cipó. Mas, conforme eles alcançavam os seus lábios, eram convertidas em canções, pelas quais o espírito se revelava na sua verdadeira forma como uma bela mulher. São essas músicas, conforme eram sopradas pelo ar e penetravam o corpo do paciente, que efetuavam a cura. Sangama, aparentemente, estava lendo o jornal com o olho de um xamã. Conforme ele contemplava os padrões serpenteados formados pelas letras impressas, a superfície do papel derretia, e lá, em vez disso, estava a face de uma amável mulher com lábios vermelhos pintados. O próprio Zumaeta sugere que o seu primo mais velho pudesse ter possuído poderes xamânicos, visto que se alegava que ele nascera como um gêmeo, e supõe-se que os gêmeos são naturalmente dotados desses poderes.

Princípios de desenhos lineares e práticas xamânicas muito similares àqueles dos Piro também são encontrados entre os índios Shipibo e Conibo, que habitam uma região vizinha da Amazônia Peruana. As formas Shipibo-Conibo são compostas de linhas angulares contínuas, que se interligam vagamente para formar um padrão de filigrana que cobre todo o campo. Os desenhos são bordados em têxteis e pintados tanto sobre a superfície de potes de cerâmica quanto da face. No passado, eles também apareciam nos revestimentos de telhados de sapê, nos pilares e nas vigas das casas, em mosquiteiros, barcos e remos, e equipamentos de cozinha e de caça (Gebhart-Sayer, 1985, p. 143-144). Além disso, parece que por volta do final do século XVIII, sob a influência dos missionários franciscanos, os indígenas começaram a desenhar os seus padrões nas páginas de tecido de algodão unidas por cordões, formando "livros" com capas de folhas de palmeira.

Durante sua estada em Lima, em 1802, o explorador Alexander von Humboldt encontrou o missionário Narcissus Gilbar, que lhe contou sobre a existência desses livros. Um exemplar foi despachado de Lima e inspecionado por alguns dos conhecidos de Humboldt, mas subsequentemente se perdeu. No entanto, um relatório sobre o assunto, que Humboldt publicou no seu retorno, levou os estudiosos a especularem, desde então, sobre a possibilidade de que os indígenas (conhecidos então como Panos) possam ter tido alguma forma de escrita hieroglífica. Concluindo uma revisão dessas especulações cerca de cem anos depois, Karl von den Steinen chamou a atenção particularmente para o relato de Gilbar, que, "para 'ler', os Panos usam a expressão encantadora 'o papel está falando com ele'" (Gebhart-Sayer, 1985, p. 153-154). Infelizmente, nenhum dos livros originais sobreviveu até hoje. Todavia, durante o trabalho de campo na comunidade Shipibo-Conibo de Caimito, no início da década de 1980, a antropóloga Angelika Gebhart-Sayer ouviu que um homem idoso, de um vilarejo próximo, o genro de um xamã, guardara um livro de exercícios escolares cujas páginas estavam cheias de intrincados padrões vermelhos e pretos. Uma mulher se lembrou de como, quando criança, dera um jeito de pegar o livro secretamente e copiar quatro dos desenhos antes de ser pega e repreendida por sua avó. Ela afirmava que nunca os esquecera e que seria capaz de redesenhá-los da memória. Um dos seus desenhos está reproduzido na figura 1.12.

Como Gebhart-Sayer observa, Von den Steinen provavelmente estava certo ao ser cético quanto à afirmação de que um sistema indígena de escrita hieroglífica existiu na Amazônia Peruana. Mas será que poderia ter sido um sistema de notação musical? Na cerimônia de cura xamânica dos Shipibo-Conibo, assim como entre os Piros, os desenhos que flutuavam perante os olhos do xamã, conforme eles tocavam os seus lábios, imediatamente se convertiam numa canção melódica. Há, evidentemente, certos paralelos, em princípios de divisão e simetria, entre as formas e as canções. No passado, algumas vezes, as mulheres trabalhavam em pares para decorar grandes potes. Sentadas opostas umas às outras, com o pote entre elas, nenhuma podia ver o que a outra estava pintando. Contudo, ao cantar enquanto trabalhavam, elas supostamente eram capazes de harmonizar a sua atuação a tal ponto que, ao completarem as duas metades do desenho em cada lado do vaso, seriam perfeitamente combinadas e unidas. Esse grau de coordenação, Gebhart-Sayer supõe, deve ter envolvido "algum tipo de código musical" (1985, p. 170). Entretanto, ao usar a sua canção para harmonizar o desenho, as pintoras Shipibo-Conibo estavam fazendo exatamente o oposto dos coristas europeus que usariam a notação escrita para harmonizar a sua canção polifônica. De fato, a partir do argumento que desenvolvi neste capítulo, deveria ser claro que os desenhos Shipibo-Conibo não formam nem uma escritura, nem uma partitura. Eles não representam palavras ou conceitos mais do que representam sons musicais. Eles são, em vez disso, as formas fenomenais da voz conforme estão presentes para o olho que escuta. As canções dos Shipibo-Conibo, como a própria Gebhart-Sayer destaca, "podem ser ouvidas na sua forma visual... e os desenhos geométricos podem ser vistos acusticamente" (1985, p. 170). As linhas visíveis dos desenhos são, em si mesmas, linhas de som.

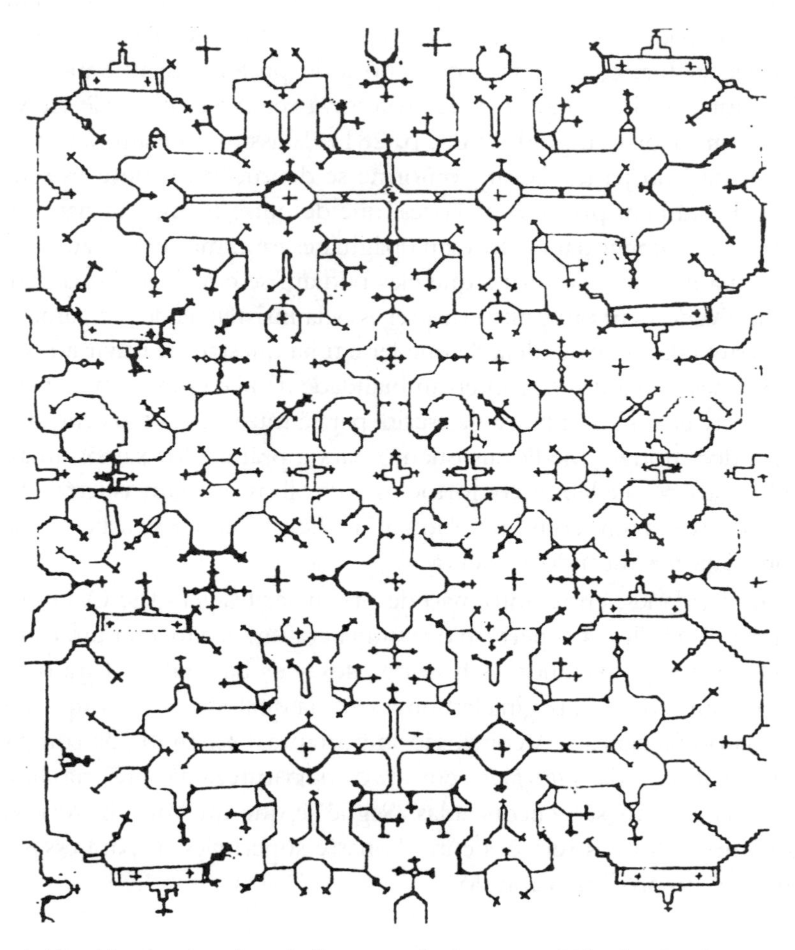

Figura 1.12 – Um dos desenhos do livro sagrado de um xamã Shipibo-Conibo, escrito de memória por uma mulher do vilarejo de Caimito, em 1981 (Gebhart-Sayer, 1985, p. 158).

Nós teremos mais considerações sobre os Shipibo-Conibo e os seus desenhos no capítulo 2. Deixe-me agora voltar para Sangama. Corroborando com o relatório de Gilbar sobre os Panos, Sangama acreditava que os papéis que estava lendo realmente falavam com ele. Ora, na sua análise da história de Sangama, Gow faz todo o possível para contrastar a percepção de Sangama da palavra escrita com os entendimentos ocidentais convencionais e a diferença claramente é grande. Para o leitor ocidental moderno, como vimos, o papel não é nada mais do que uma tela sobre a qual estão projetadas imagens gráficas de sons verbais. Sangama, no entanto, não via imagens de sons; ele via os próprios sons falados, como se eles fossem endereçados diretamente a ele. Ele estava ouvindo com os seus olhos, e os sons que ouvia eram tão reais como eles certamente eram para o escriba Baruc, conforme este registrava as palavras do profeta, seu mentor. Assim como Baruc seguia, com a sua pena, a boca do profeta, assim Sangama seguia os lábios pintados da mulher que ele professava ver. Na prática, ele estava fazendo uma leitura labial (Ingold, 2000, p. 281). E assim estavam, à sua maneira, os monges da Europa medieval, conforme se debruçavam sobre os seus textos litúrgicos. E também para eles as vozes, que de outra forma estariam distantes, não eram *representadas* para o leitor na página escrita, mas eram, ao invés disso, trazidas à sua *presença*, de forma que eles podiam se envolver diretamente. Eles não teriam ficado nem um pouco surpresos pela insistência de Sangama de que a página escrita fala, ou pela ideia de que ler é uma questão de ouvir ao que as vozes das páginas têm a dizer. A intercambialidade da percepção visual e aural, que permite a conversão instantânea da escrita para a música, era tão central à prática monástica dos monges medievais quanto para à prática dos xamãs amazônicos. Movendo a sua boca e lábios conforme os seus olhos seguiam as letras, Sangama ruminava o texto assim como um monge medieval, ou, nesse aspecto, o músico tradicional japonês tocando a sua *shōga*.

As similaridades, entretanto, não deveriam ser exageradas. Os monges não eram xamãs. Para eles, a superfície da página era um cenário ou um campo pelo qual podiam vagar, coletando as histórias dos seus habitantes. Para o xamã, ao contrário, a superfície da página era uma face da qual jorrava o som como acontece na fala ou na canção. A conclusão importante a ser tirada da comparação é que está na natureza das *superfícies*, em vez de na natureza das próprias linhas, que as diferenças cruciais são encontradas. Segue-se que qualquer história da linha precisa começar com as relações entre linhas e superfícies. É para essas relações que me volto no próximo capítulo.

2
Traços, fios e superfícies

> Pontos unidos continuamente em uma sequência constituem uma linha. Assim, para nós, uma linha será um sinal cujo comprimento pode ser dividido em partes, mas será tão fino que a sua espessura não possa ser repartida... Se muitas linhas são unidas intimamente juntas, como fios de um tecido, criarão uma superfície.
>
> Leon Battista Alberti, *De Pictura*, 1435 (Alberti, 1972, p. 37-38).

O que é uma linha?

No último capítulo argumentei que uma história da escrita deve ser englobada dentro de uma história mais inclusiva da notação. Pensando sobre a forma que tal história tomaria, o que imediatamente vem à mente é que qualquer notação é composta de linhas. Dessa forma, uma história da notação teria que ser incluída dentro de uma história geral da linha. Contudo, conforme mergulhei na história da escrita no mundo ocidental e, especialmente, da transição do manuscrito dos tempos medievais para o texto impresso moderno, ficou claro que o que estava em jogo não era meramente a natureza das linhas em si e da produção destas. A maioria das linhas em questão estava inscrita em pergaminhos ou papel. Porém, as maneiras pelas quais elas eram entendidas dependiam criticamente se a superfície plana era comparada com uma paisagem a ser percorrida ou com um espaço para ser colonizado, com a pele do corpo ou com o espelho da mente. Evidentemente, não é suficiente considerar a superfície como um pano de fundo comum, certo e invariável, para as linhas que são inscritas sobre ela. Pois exatamente como a história da escrita pertence e está dentro da história da notação, e a história da notação dentro da história da linha, assim não pode haver uma história da linha que também não trate das relações mutáveis entre linhas e superfícies. Este capítulo trata dessas relações e das suas transformações.

Antes de continuar, todavia, algumas questões fundamentais devem ser abordadas. O que é uma linha? Pois, para haver linhas, *tem* que haver superfícies, ou as linhas podem existir sem quaisquer superfícies que sejam? Num poema maravilhoso, chamado simplesmente *Linha*, Matt Donovan captura perfeitamente a profusão, bem com a confusão, das associações que vêm à mente logo que se começa a pensar sobre o que as linhas podem ser.

> *Linha*
> Superfície gravada por uma pincelada estreita, um caminho
> imaginado entre dois pontos. De espessura singular,
> uma marca suave, um fragmento, uma frase inacabada.
> É qualquer margem de uma forma e os seus contornos
> na totalidade. Arranjo melódico, uma recitação,
> as maneiras que os horizontes são formados. Pense em nivelar,
> capturar, a disposição do corpo (tanto em movimento
> quanto em repouso). Tem a ver com palmas e rugas,
> com corda bem enrolada na mão de alguém, coisas
> lembrando marcas de desenho: uma sutura ou um cume de uma
> montanha,
> uma incisão, esta amplitude de luz. Uma lâmina de navalha
> em um espelho, preparando uma dose, ou a batida
> das correias transportadoras, as máquinas polidas e paradas.
> Um conduíte, uma fronteira, um exigente
> curso de pensamento. E, aqui, a firmeza
> das estacas da tenda, terra cavada, a profundidade de uma trincheira
> (Donovan, 2003, p. 333).

Uns 250 anos antes, o Dr. Samuel Johnson compilou uma lista de 17 diferentes significados da palavra "*line*" [linha] para o seu *Dictionary of the English Language* [Dicionário da Língua Inglesa], de 1755. Aqui estão:

1) Extensão longitudinal;
2) Um traço fino;
3) Um fio estendido para direcionar quaisquer operações;
4) O fio que sustenta o anzol do pescador;
5) Lineamentos ou marcas nas mãos ou face;
6) Delineação, esboço;
7) Contorno, perfil;
8) O tanto que é escrito de uma margem à outra; um verso;
9) Fileira;
10) Trabalho escavado; trincheira;
11) Método, disposição;
12) Extensão, limite;
13) Equador, círculo equinocial;
14) Progênie, família, ascendente ou descendente;
15) Uma linha é um décimo de uma polegada;
16) Uma carta, como em: "Eu li as suas linhas";
17) Fiapo ou linho.

Embora talvez expressado de uma forma menos poética, há muito em comum entre a lista de Johnson e a de Donovan, apesar dos longos séculos que as separam. Exceto pelos vários elementos que ocorrem em ambas, elas parecem igualmente misturadas e heterogêneas. Postas juntas, no entanto, elas oferecem um ponto de partida para a nossa investigação. Mas como deveríamos proceder? Para começarmos, eu descobri que é útil esboçar uma taxonomia improvisada dos diferentes tipos de linha que podemos encontrar na vida cotidiana, e considerar alguns exemplos de cada. É com isso que eu começo.

Uma taxonomia das linhas

O fio

A primeira distinção que eu gostaria de fazer é entre as duas maiores classes de linhas, as quais chamarei de *fios* e *traços*. De forma nenhuma, todas as linhas caem em uma das duas categorias, mas talvez a maioria sim, e elas serão as mais importantes para o meu argumento. Um fio é um filamento de algum tipo, que pode estar ligado a outros fios ou suspenso entre pontos no espaço tridimensional. Em um nível relativamente microscópico, fios têm superfícies; entretanto, não são escritos *sobre* superfícies. Aqui estão alguns exemplos comuns: um novelo de lã, um carretel de linha, um colar, o jogo cama de gato, uma rede de dormir, uma rede de pesca, os cordames de um barco, um varal, um fio de prumo, um circuito elétrico, linhas telefônicas, cordas de um violino, uma cerca de arame farpado, uma corda bamba, a ponte suspensa. Esses são todos, de uma forma ou de outra, fabricados por mãos humanas. Nem todos os fios, todavia, são artificiais. Uma caminhada atenta pelo campo revelará inúmeras linhas do tipo fio, embora muito da ordem linear da natureza esteja escondido debaixo da terra na forma de raízes, rizomas e micélio fúngico (fig. 2.1). Acima do solo, das plantas nascem caules e brotos. A folha de toda árvore caducifólia tem a sua rede linear de veias, ao passo que as agulhas das coníferas são um fio em si mesmas (Kandinsky, 1982, p. 627-628).

Os corpos dos animais, também, com os seus pelos e penas externos, antenas e bigodes, e os seus sistemas vasculares e nervosos internos, podem ser entendidos como feixes de fios complexamente conectados. No seu livro *Matter and memory* [Matéria e memória], datado de 1896, o filósofo Henri Bergson descreveu o sistema nervoso como "composto de um número enorme de fios que se esticam da periferia ao centro, e do centro à periferia" (Bergson, 1991, p. 45). Se animais são feitos de fios, alguns também os fazem: mais notoriamente a aranha, mas também o bicho-da-seda. Contudo, o material para esses fios é exsudado do corpo. Majoritariamente, a *fabricação* de fios é uma especialidade humana, depende de movimentos habilidosos das mãos, algumas vezes em trabalho conjunto com os dentes, como na preparação de nervos animais para a costura. Na maioria dos usos, também, os fios dependem da empunhadura de precisão distintiva da mão humana, que permite que eles sejam segurados e manipulados entre o polegar e o indicador[9].

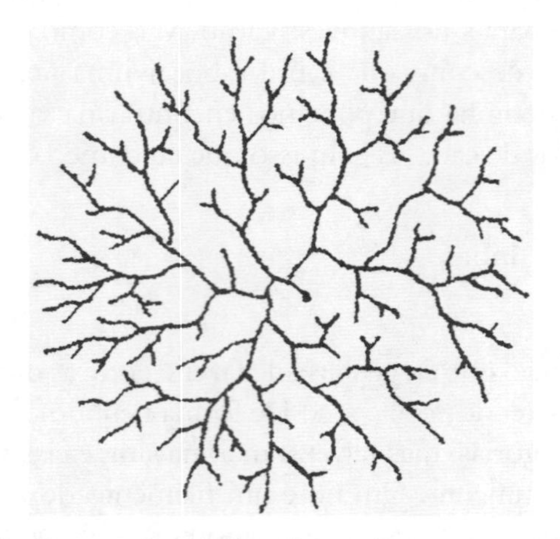

Figura 2.1 – Micélio fúngico, desenhado pelo pai do autor, o micologista C.T. Ingold.

Num ensaio publicado primeiramente em 1860, o grande historiador da arte e da arquitetura, Gotttfried Semper, argumentou que a fiação, torção e união das fibras estiveram entre as artes humanas mais antigas, das quais todas as demais derivaram, incluindo tanto as construções quanto os têxteis (Semper, 1989, p. 254). Mesmo antes de construírem casas com paredes, Semper defendia, os seres humanos teciam cercados (cercas e currais) a partir de varas e galhos; e, mesmo antes de tecerem roupas, costuravam e cosiam redes e cintas (Semper, 1989, p. 218-219, 231). Embora subsequentemente tenham sido insultados pelo estabelecimento da história da arte, os argumentos de Semper têm muitos pontos louváveis. De fato, estou inclinado a concordar que a fabricação e o uso dos fios poderia ser um bom indício da emergência das formas de vida caracteristicamente humanas, as quais teriam trazido, no seu surgimento, tais inovações críticas como as vestes, a rede e a tenda. Elizabeth Barber (1994, p. 45) chega a chamar isso de a "Revolução do Cordão". Se os fios não receberam a atenção que merecem dos historiadores e arqueólogos, isso foi, indubitavelmente, em parte porque eles são tipicamente feitos de materiais orgânicos que não se preservam bem. Mas, como

9. Num trabalho recente, os etólogos Chris Herzfeld e Dominique Lestel (2005) apontam que os nossos primos primatas mais próximos, os grandes primatas, são predominantemente usuários de fibras em vez de usuários de ferramentas. Os símios são conhecidos até por fazerem nós usando as suas mãos, pés e boca. "O primata que ata os nós", no entanto, "é sempre um primata que vive em associação íntima com os humanos" (2005, p. 647).

Barber sugere, também pode ter algo a ver com a associação da manipulação dos fios, pelo menos nas mentes de muitos pré-historiadores homens, com os trabalhos femininos.

O oponente mais feroz de Semper foi o historiador de arte austríaco Alois Reigl. No seu livro *Problems of style* [Problemas de estilo], de 1893, Riegl rejeitou de antemão a ideia de que a linha da arte se originou com o fio. Os povos pré-históricos, argumentou ele, estavam desenhando linhas muito antes de se tornarem familiarizados com a tecelagem e os têxteis (Riegl, 1992, p. 32, nota 9). A linha foi inventada, insistiu Riegl, não a partir de materiais e técnica, mas no "curso natural de um processo essencialmente artístico". Essa disputa é do interesse dos nossos presentes propósitos não por qual lado possa ter ganhado o argumento, mas porque ela girava em torno de noções alternativas de linha. Para Semper, a linha protótipa era um fio; para Riegl, era um *traço*, "o componente básico de todo desenho bidimensional e da decoração de superfícies" (1992, p. 32). E isso nos traz à segunda principal classe da nossa taxonomia.

O traço

Nos nossos termos, o traço é qualquer marca permanente deixada dentro ou sobre uma superfície sólida por um movimento contínuo. A maioria dos traços é de um ou de outros dois tipos: aditivos ou redutivos. Uma linha desenhada com carvão sobre o papel, ou com giz num quadro-negro, é aditiva, já que o material do carvão ou do giz forma uma camada extra superposta sobre o substrato. Linhas que são raspadas, talhadas ou gravadas numa superfície são redutivas, visto que, neste caso, elas são formadas pela remoção de material da própria superfície. Como os fios, os traços abundam no mundo não humano. Eles resultam, mais comumente, dos movimentos dos animais, aparecendo como caminhos ou trilhas. O caracol deixa um traço aditivo de visco, mas as trilhas animais normalmente são redutivas, causadas pelo desgaste na madeira ou na casca da árvore, pela impressão na superfície mole do barro, da areia ou da neve, ou, em solos mais duros, o ir e vir de várias patas. Algumas vezes, esses traços são fossilizados na rocha, permitindo que os geólogos reconstruam os movimentos de criaturas há muito extintas. Os seres humanos também deixam traços redutíveis na paisagem, pelo movimento frequente ao longo da mesma rota a pé, a cavalo ou, mais recentemente, por veículos sobre rodas. Alguns traços, contudo, não envolvem nem a adição nem a subtração de material. Na sua celebrada obra *A line made by walking* [Uma linha feita por andar] (1967), o artista Richard Long andou para cima e para baixo num campo até que uma linha apareceu na grama (fig. 2.2). Embora quase nenhum material tenha sido removido por essa atividade, e nenhum adicionado, a linha aparece no padrão a partir da luz refletida de incontáveis talos de grama curvados por terem sido pisados (Fuchs, 1986, p. 43-47).

Figura 2.2 – "A line made by walking", Inglaterra, 1967, por Richard Long.

Entretanto, assim como os humanos são, por excelência, fabricantes e usuários de fios, assim também se tornaram, por si mesmos, produtores de traços com as mãos. É revelador que, no inglês, usamos o mesmo verbo, *to draw*[10], para nos referirmos à atividade da mão tanto na manipulação de fios quanto na inscrição de traços. Como veremos, os dois estão mais intimamente ligados do que poderíamos ter suposto. Sem o auxílio de qualquer ferramenta ou material, os humanos podem fazer traços redutivos (p. ex., na areia) com os dedos. Com um implemento de inscrição, tal como um buril ou um cinzel, eles podem produzir traços em materiais muito mais duros, como a madeira, o osso ou a pedra. A pa-

10. *To draw*: desenhar, esboçar, puxar, arrastar [N.T.].

lavra inglesa para escrever, *writting*, se referia originalmente à confecção de traços incisivos desse tipo. No inglês arcaico, o termo *writan* carregava o significado específico de "entalhar letras rúnicas na pedra" (Howe, 1992, p. 61). Assim, uma pessoa *escreveria* (*write*) uma linha arrastando (*drawing*) uma ponta afiada sobre uma superfície: a relação entre *drawing* e *writing* aqui está entre o gesto, de puxar ou arrastar o implemento, e a linha traçada por ele, em vez de, como é convencionalmente entendido hoje, entre linhas de sentidos e significados fundamentalmente diferentes (cf. cap. 5). Os traços aditivos podem ser produzidos por meio de uma gama de implementos manuais que soltam um pigmento material na superfície, incluindo canetas e pincéis. No caso de pinturas com areia, não há a necessidade de ferramentas, já que o material é deixado escorrer entre os dedos. No entanto, com os exemplos mencionados anteriormente do giz e do carvão, bem como com os lápis e os gizes de cera, a ferramenta se duplica sendo também uma fonte de pigmento. O material do traço, e o implemento com o qual ele é colocado, são um e o mesmo.

O corte, a rachadura e o vinco

No que se segue, eu me concentrarei nos fios e nos traços, e nas relações entre eles. Há, entretanto, uma terceira grande classe de linha, criada não por adicionar materiais a superfícies, ou por remover parte dela raspando-a, mas por rupturas nas próprias superfícies. Essas são os cortes, as rachaduras e os vincos. No seu ensaio de 1926 sobre *Point and line to plane* [Do ponto e linha ao plano], Vasily Kandinsky notou que "uma capacidade particular da linha [é] sua capacidade de *criar* superfície" (Kandinsky, 1982, p. 576, ênfase minha). Voltaremos, no capítulo 6, à capacidade da linha reta de criar um plano bidimensional reto, por meio do deslocamento lateral daquela. O exemplo que Kandinsky usa é o de como o gume linear da pá em movimento corta a superfície do solo, como num sítio arqueológico, criando uma superfície nova vertical no processo. Depois disso, há, é claro, as linhas sulcadas do campo do agricultor, cortadas na terra com um arado que não apenas cria uma superfície nova, mas vira a sua face para cima. Cortar uma folha de material, em vez do solo em si, não cria uma superfície, mas divide o material: deste modo, uma costureira corta linhas no seu material com a tesoura, assim como um fabricante de quebra-cabeças de madeira faz com a sua serra tico-tico. Um tipo de corte, que é familiar para mim por conta do meu próprio trabalho de campo na Lapônia, é o feito com uma faca nas orelhas de uma rena, criando um padrão de incisões de vários formatos que servem para identificar o dono de cada animal. O povo Saami tradicionalmente descreveria cada padrão como uma palavra, e o corte da marca como um ato de escrita (fig. 2.3).

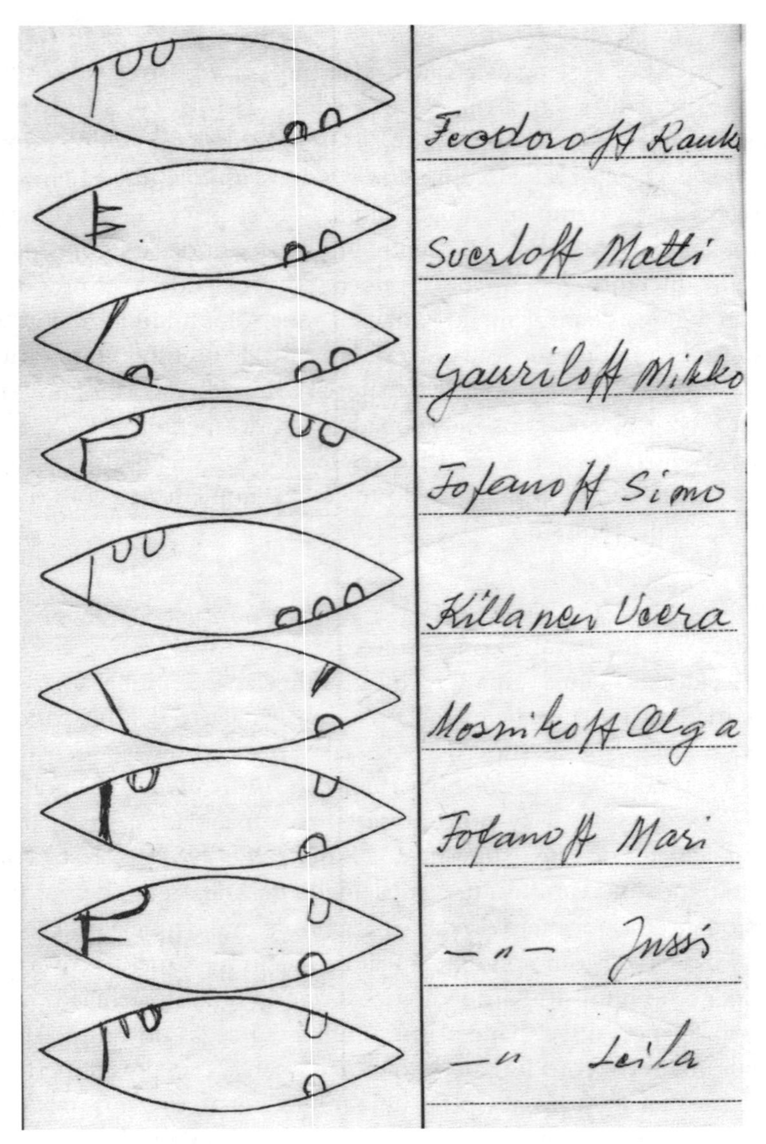

Figura 2.3 – Uma página de um livro de marcas das orelhas das renas, coletado pelo autor durante o trabalho de campo na Lapônia finlandesa, 1971-1972. O padrão a ser cortado nas orelhas direita e esquerda é desenhado no livro num modelo padrão de duas pontas, ao lado de cada um dos quais é registrado o nome do dono.

Enquanto os cortes ocasionalmente são acidentais, como no caso óbvio de um dedo machucado, as rachaduras normalmente são assim. Elas resultam da fratura de superfícies quebradiças causadas pelo esforço, pela colisão ou pelo uso e pelo desgaste. Porque as forças que criam as rachaduras são geralmente irregulares e transversais às linhas da ruptura, em vez de correrem ao longo destas, essas linhas são tipicamente zigue-zagues em vez de curvas (Kandinsky, 1982, p. 603-602). As rachaduras podem ser comumente observadas na natureza: na quebra do gelo, no barro cozido pelo sol, na rocha desgastada, na madeira morta e nas cascas de árvores antigas (fig. 2.4). Mas, é claro, elas são comuns em artefatos também, sejam feitos de argila, madeira, vidro ou concreto. A menos que marcas riscadas sejam a causa última da fratura, as rachaduras não respeitam os traços que possam ter sido desenhados sobre a superfície. Dessa forma, as fendas interrompem os rastros, assim como, na paisagem, um caminho de viagem pode ser interrompido por um desfiladeiro escarpado em um planalto que, de outra maneira, seria nivelado. Para cruzá-lo, é preciso construir uma ponte, sobre a qual o traço se torna um fio. O caso mais extremo disso seria caminhar em uma corda bamba.

Figura 2.4 – Casca de árvore madura de castanha doce, mostrando as rachaduras diagonais retorcidas. Gunnersburry Park, Londres. Fotografia: Ian Alexander.

Se a superfície é flexível, então pode ser dobrada sem se quebrar, criando vincos em vez de rachaduras. As linhas numa carta que foi desdobrada depois de ter sido removida do envelope são vincos, assim como as linhas de tecidos plissados nas cortinas, tapeçaria ou roupas. Assim, também, são as linhas na face e nas mãos, causadas pelas dobras da pele. Linhas de vinco nas palmas das mãos têm sido tradicionalmente lidas por clarividentes na interpretação e antecipação das histórias de vida (fig. 2.5). Para o leitor de mãos, como explica Elizabeth Hallam, "a mão carrega um mapa visual da vida, representando o tempo como uma série de caminhos, rotas e jornadas interligadas" (Hallam, 2002, p. 181). Esse exemplo é de particular interesse para nós por duas razões. A primeira jaz na observação que o sentido no qual o clarividente "lê" essas linhas se conforma, de uma maneira um tanto precisa, à concepção medieval, já explorada no último capítulo, de acordo com a qual ler era, em primeiro lugar, proclamar, aconselhar e explicar questões que, de outra forma, permaneceriam obscuras. A segunda razão repousa na relação íntima entre o padrão das linhas de vinco e os gestos habituais da mão. Esse é um outro meio, à parte da escrita ou do desenho, pelo qual os gestos deixam os seus traços, dobrando *para dentro* da mão os próprios caminhos da vida que direciona ou carrega *para fora* nas manobras da pessoa pelo mundo.

Linhas fantasmas

Até aqui, estivemos falando das linhas que têm uma presença fenomenal real no ambiente, ou nos corpos daqueles organismos que neste habitam, incluindo nós, seres humanos. Esses são, de fato, o nosso foco principal. No entanto, também é possível pensar sobre uma linha num sentido que é mais visionário ou metafísico. Assim, a linha da geometria euclidiana, nas palavras de Jean-François Billeter, "não tem nem corpo, nem cor, nem textura, nem qualquer outra qualidade tangível: a sua natureza é abstrata, conceitual, racional" (Billeter, 1990, p. 47). Infinitamente fina, desenhada sobre um plano que é tanto transparente quanto sem substância, ela é, como James Gibson põe no seu estudo da ecologia da percepção visual, um tipo de "fantasma" das linhas, incluindo *fissuras*, *varetas* e *fibras* na classificação de Gibson, que nós realmente percebemos no mundo que habitamos (Gibson, 1979, p. 34-35).

Olhando para o céu noturno, nós imaginamos as estrelas como invisivelmente conectadas por linhas fantasmas formando constelações (fig. 2.6). Só fazendo isso é que podemos contar histórias sobre elas (Berger, 1982, p. 284). Linhas de reconhecimento, tais como aquelas que ligam pontos de triangulação, são de uma natureza igualmente fantasma, como são as linhas geodésias tais como a grade de latitude e longitude, e as linhas do Equador, os trópicos e os círculos polares. É *como se* nós tivéssemos esticado um cordão firme entre pontos, ou traçado um arco sobre a terra entre eles, como de fato foi feito nas tentativas práticas mais primitivas de medir a terra. Linhas desse tipo podem, é claro, aparecer em mapas e cartas como traços desenhados com caneta e tinta, usando uma régua e um compasso. Mas elas não têm uma contraparte física no mundo, que é representado por esses mapas. Todavia, alguns tipos de linhas fantasmas podem ter consequências muito reais para os movimentos das pessoas. Eu cruzei uma dessas linhas enquanto pastoreava renas ao longo da fronteira entre a Finlândia e a Rússia, uns 25 anos atrás. A fronteira era marcada por uma faixa de floresta bem cortada, pelo meio da qual a real fronteira supostamente passava. Ela não tinha limites, salvos aqueles ocasionais. Se eu tivesse tentado cruzá-la, no entanto, teria recebido um tiro de uma das muitas torres de observação do lado soviético. Igualmente imaginárias, mas com suas consequências, essas linhas dividem espaços aéreos e águas de pesca, e demarcam fusos horários.

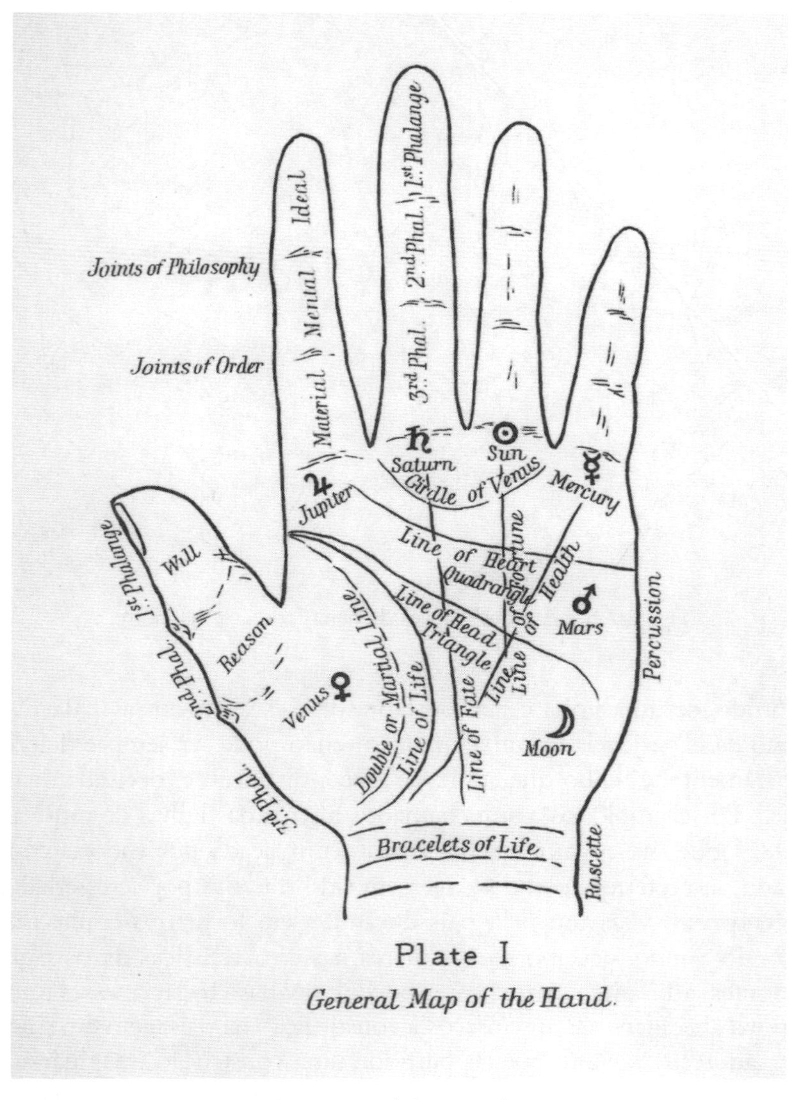

Figura 2.5 – "Mapa geral da mão" (Cotton, 1896).

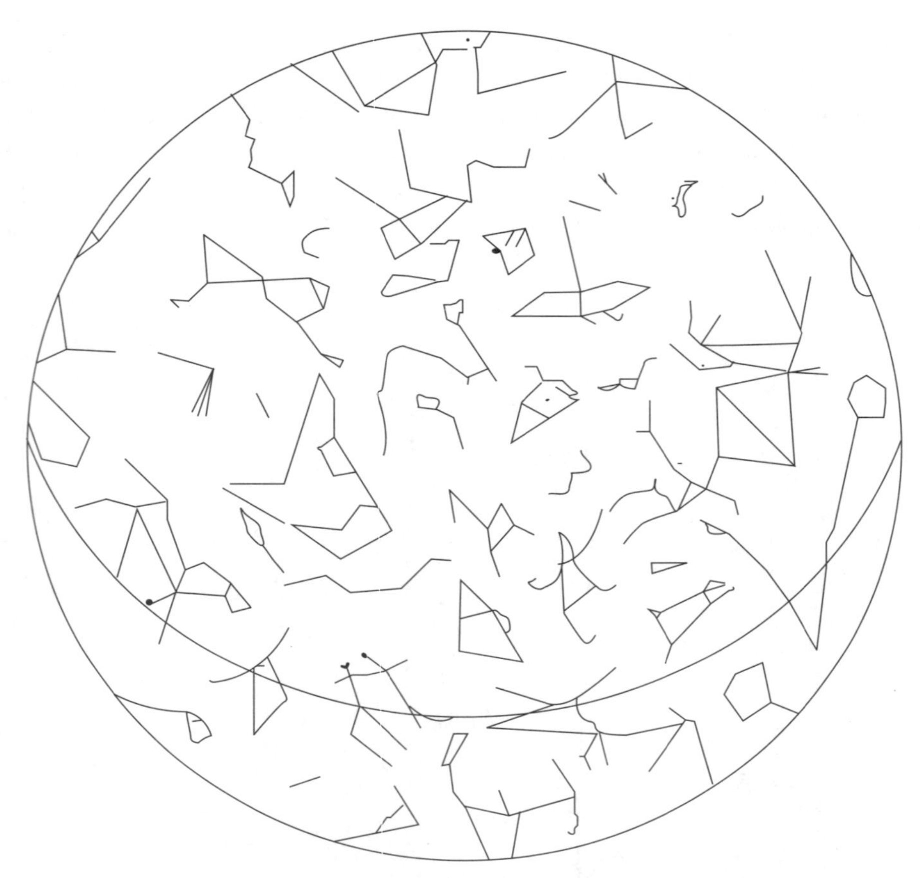

Figura 2.6 – As constelações do hemisfério celestial norte.

Contudo, se uma linha é real ou fantasma – se, em outras palavras, é um fenômeno da experiência ou uma aparição – não pode ser sempre determinado inequivocamente, e tenho que confessar que a distinção é, decididamente, problemática. Por exemplo, os assim chamados rastros das linhas de música (Chatwin, 1987) que, na cosmologia aborígene entrelaçada por todo o continente australiano, são referidas como se tivessem sido traçadas por seres criadores ancestrais enquanto vagavam pelo país durante a era formativa conhecida como o Tempo do Sonho, deixando a sua marca nas características da paisagem, tais como montes, afloramentos rochosos, poços e ravinas. Todavia, esses traços, que para o povo aborígene são intrínsecos à constituição da paisagem em si, são para os observadores ocidentais apenas parte de uma construção imaginária que foi "afixada" sobre ela (Wilson, 1988, p. 50). Semelhantemente, pelo menos para o médico ocidental, os meridianos, que, de acordo com os princípios da acupuntura, correm como veias pelo corpo, conduzindo as suas forças vitais e emergindo nas suas superfícies, são totalmente fictícios. Entretanto, para o praticante da medicina tradicional chinesa, eles são fios reais. Nas mãos dos calígrafos, de acordo com os praticantes, a energia conduzida ao longo desses fios é transmitida pela dança do pincel para o papel absorvente, onde ela é manifestada nos traços igualmente energéticos da escrita à mão (Yen, 2005, p. 78).

Linhas que não se encaixam

Admito que essa taxonomia de linhas está longe de ser satisfatória. O mundo que habitamos é de uma linearidade tão profusa que é virtualmente impossível acomodar tudo dentro de um sistema perfeitamente ordenado. Na verdade, está na própria natureza das linhas que elas sempre parecem se desvencilhar de qualquer classificação que se busque impor sobre elas, perseguindo as pontas soltas em todas as direções. Não é difícil pensar em exemplos que não se encaixem nas categorias que sugeri. Onde colocaríamos o rastro de vapor deixado por um avião em voo, ou por uma partícula subatômica numa câmara de nuvens? Ou o relâmpago forcado? Ou um rastro de odor? Esses certamente são traços de algum tipo, porém, visto que não são inscritos em superfícies sólidas, têm a aparência de fios. O povo aborígene Yarralin, no território norte-australiano, de acordo com a sua etnógrafa Deborah Bird Rose, descrevem tanto o relâmpago quanto as listras que algumas vezes aparecem cruzando o céu ao pôr do sol como "cordões", pelos quais os temidos seres *kaya*, mediadores entre a terra e o céu e entre a vida e a morte, descem para a terra ou puxam as pessoas para cima. Porém, os cordões do cosmos aborígene também incluem trilhas dos sonhos ancestrais sobre a superfície da terra (Rose, 2000, p. 52-56, 92-95). Assim, o cordão, para o povo Yarralin, é tanto um fio quanto um traço, ou nem um nem outro. Assim também é para os caçadores Khoisan do Calaári, de acordo com o antropólogo Chris Low. Para rastrear um animal, segue-se não apenas os seus traços no chão, mas também o fio do seu odor, carregado pelo vento. É como se o caçador e a caça estivessem ligados por um cordão, trilhando ao mesmo tempo sobre a terra e pelo ar (Low, 2007). Tom Brown, um caçador americano ensinado por um antigo explorador apache, ecoa esse entendimento Khoisan. "O primeiro rastro", escreve ele, "é a ponta de um cordão" (Brown, 1978, p. 1).

De forma bastante similar, como vimos, as linhas energéticas da medicina tradicional chinesa podem, ao mesmo tempo, ser tanto fios como veias, percorrendo pelo corpo, quanto traços de tinta na superfície da página. Será que as linhas, então, podem ser, como as veias, *tubos* pelos quais flui um material – como nos encanamentos para óleo, gás e água, ou as probóscides dos insetos e dos elefantes? Será que talvez precisemos de uma categoria separada de *varas*, para denotar linhas no espaço tridimensional cuja rigidez permite a engenharia de estruturas estáveis? À parte do caso óbvio da pescaria, a combinação de vara e linha é básica para a construção da tenda. Kandinsky escolhe a Torre Eiffel como uma "tentativa inicial de criar prédios particularmente altos com linhas – linhas despojadas de superfície" (1982, p. 621). O domo geodésico de Buckminster Fuller é uma aplicação mais recente do mesmo princípio arquitetônico, conhecido como tensegridade, pelo qual a estabilidade da estrutura é engendrada distribuindo e balanceando forças contrárias de compressão e tensão ao longo das suas linhas componentes. A tensegridade é comum tanto para artefatos quanto para organismos vivos, e é encontrada nestes em todos os níveis: da arquitetura do citoesqueleto das células até os ossos, músculos, tendões e ligamentos de todo o corpo (Ingber, 1998). Verdadeiramente, as linhas estão em todos os lugares, e elas levantam mais perguntas do que posso responder aqui.

De traços a fios e voltando novamente

Todavia, o meu interesse presente é mais limitado, e este é desenvolver um argumento concernindo a relação entre linhas e superfícies. Talvez eu pudesse introduzi-lo com uma pequena ilustração. Numa travessia de balsa recente, da Noruega para a Suécia, observei três moças sentadas em volta de uma mesa no saguão da embarcação. Uma estava escrevendo uma carta com uma caneta tinteiro, a segunda estava tricotando, e a terceira estava usando agulha e linha para bordar um desenho de um livro de modelos sobre um tecido liso branco. Conforme trabalhavam, conversavam entre si. O que me impressionou sobre essa cena foi que, enquanto as histórias de vida das três mulheres estavam momentaneamente entrelaçadas na sua conversa, a atividade na qual cada uma estava ocupada envolvia um uso diferente da linha, e uma relação diferente entre linha e superfície. Na sua escrita, a primeira estava inscrevendo um traço aditivo sobre a superfície da página. A segunda tinha um novelo de lã do seu lado; mas, conforme trabalhava, enfiando a lã pelos seus dedos e pegando as alças com as suas agulhas de tricô, ela estava transformando o fio numa superfície com textura uniforme. Para a terceira, a bordadeira, a superfície já estava preparada, como de fato estava para a sua amiga, a escritora de cartas. Porém, como a que tricotava, ela estava fiando as suas linhas, e não traçando-as.

Vendo essas mulheres trabalharem, comecei a refletir nas similaridades e diferenças entre escrever, tricotar e bordar. Ocorreu-me que, enquanto, forma de composição de traços, a escrita é igualmente oposta ao bordado e ao tricô, os quais ambos trabalham com fios, estes últimos também são opostos um ao outro. Quem tricota une as suas linhas formando uma superfície, sobre a qual os fios originais agora figuram como traços, a saber, no padrão regular formado pelo seu entrelaçado. A bordadeira, pelo contrário, começa com traços sobre uma superfície, como na página do livro-modelo; mas, na sua atividade com a agulha, ela traduz aqueles traços em fios. Ao fazê-lo, ademais, ela manipula para que a superfície do tecido desapareça. Pois quando olhamos para o pano bordado, nós vemos as linhas como fios, não como traços, quase como que se a pano tivesse, ele mesmo, ficado transparente. "Bordado", como Semper declarou, "é, de fato, *um tipo de mosaico em fios*" (1989, p. 228).

Nesse sentido, o bordado imita a fabricação de renda, e não é de se admirar que o bordado e a renda apareçam tão frequentemente juntos, o primeiro no campo central e o segundo em volta, no entorno de uma echarpe, de um lenço ou de uma toalha de mesa bem trabalhados. Na forma mais antiga de trabalho de renda de ponta de agulha, com maior fama na cidade de Veneza, o padrão era traçado primeiro numa folha de pergaminho, no qual os fios eram costurados. Quando o trabalho estava completo, o pergaminho era removido e descartado, deixando somente o padrão dos fios (Semper, 1989, p. 222-223). No seu estudo de fabricação de renda tradicional na ilha veneziana de Burano, Lidia Sciama explica como o padrão é atualmente pontuado com a agulha e o fio sobre um revestimento de algodão, seguindo um contorno traçado no papel, antes da remoção tanto do revestimento quanto do papel, para deixar o que é chamado de *puncto in aria*, "ponto no ar" (Sciama, 2003, p. 156). Contrárias à história oficial, que afirma que a renda derivou do bordado, as mulheres de Burano insistem que aquela é modelada a partir das técnicas utilizadas pelos seus companheiros homens na fabricação de redes de pesca. As posturas corporais e técnicas envolvidas em ambos os casos são impressionantemente semelhantes (Sciama, 2003, p. 188).

Embora eu tenha começado apresentando fios e traços como se fossem diferenciados categoricamente, esses exemplos de tricô, bordado e renda sugerem que, na realidade, cada um deles permanece como uma transformação do outro. Os fios podem ser transformados em traços, e traços em fios. É pela transformação de fios em traços, argumento eu, que as superfícies são trazidas à existência. E, reciprocamente, é pela transformação de traços em fios que as superfícies são dissolvidas. No que se segue, apresento exemplos para ilustrar ambas as direções de transformação. Considerarei primeiro a última e, depois, procederei para a primeira.

De traços para fios: labirintos, voltas e desenhos

Cadeias de corredores e labirintos

Começo com o que talvez seja o uso mais arquetípico dos fios a ser encontrado não só na história da civilização ocidental, mas por todo o mundo. Somos familiarizados com a história de como o herói ateniense Teseu, lançado pelo rei cretense Mino no Labirinto de Cnossos, encontrou a saída novamente depois de ter matado o terrível Minotauro no seu centro. Ele conseguiu sair, é claro, por meio de um fio que lhe foi presenteado pela filha de Mino, Ariadne.

Ora, alega-se que o grande artífice Dédalo, que planejou o labirinto, o modelou baseado no labirinto que leva ao Submundo. Muitos autores clássicos passaram a identificar o labirinto original com um ou outro dos muitos complexos de cavernas naturais que permeiam as encostas das montanhas de Creta (fig. 2.7; cf. Matthews, 1992, p. 23-28). Seja o que for, o labirinto ou a cadeia de corredores permaneceu como uma imagem poderosa do movimento e da peregrinação num mundo dos mortos que se crê que jaz abaixo da superfície do mundo da experiência cotidiana.

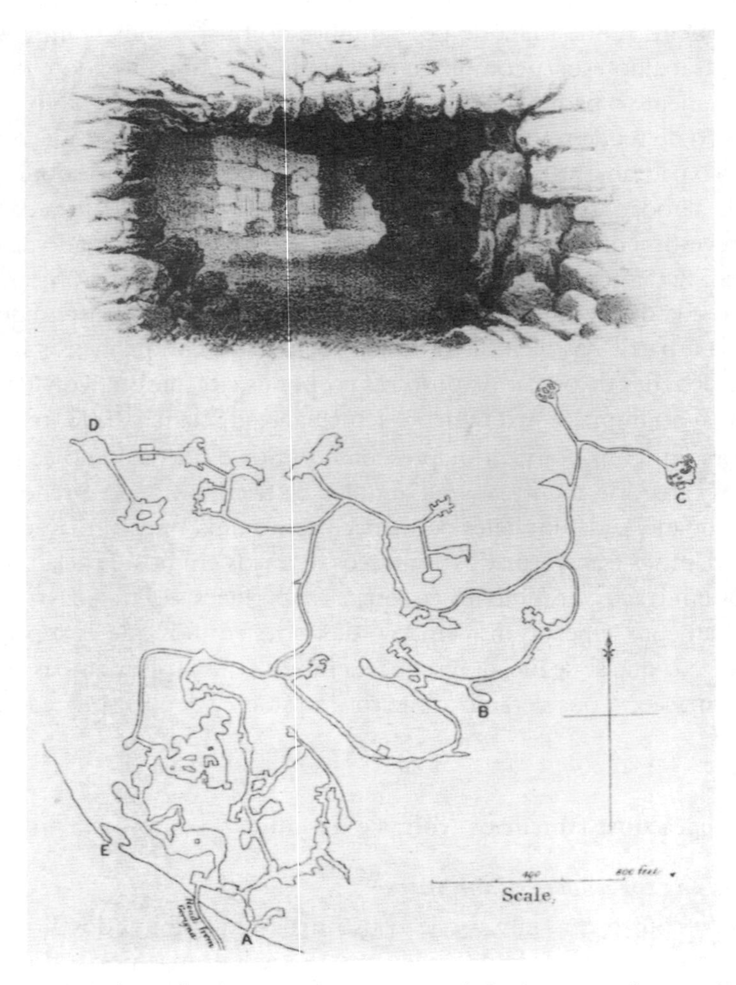

Figura 2.7 – Um esboço das Cavernas de Gortyna, ao lado do Monte Ida, no sul de Creta, consideradas por alguns como tendo sido o labirinto original do Minotauro. O esboço foi feito pelo artista itinerante F.W. Sieber em 1817, e reputa-se que lhe custou três dias para confeccioná-lo (Matthews, 1922, p. 28).

Figura 2.8 – Esboço Chukchi representando os caminhos no mundo dos mortos (Bogoras, 1904-1909, p. 335).

Apenas para dar uma indicação da generalidade dessa imagem, reproduzo um esboço (fig. 2.8) de uma monografia clássica de Waldemar Bogoras sobre os Chukchi do nordeste da Sibéria. Ele retrata os caminhos no mundo subsolo dos mortos como afirma-se que estes foram vistos, num desfalecimento profundo, pelo homem que os desenhou. Esse mundo, diz-se, é cheio de passagens intrincadas que se supõe confundirem os recém-chegados. Os círculos representam os buracos pelos quais eles entram. Parece que esses caminhos são imaginados não como trilhas sobre uma paisagem, mas, em vez disso, como canais estreitos que correm bem fundo, debaixo da superfície. Os mortos, como os exploradores de cavernas, estão condenados a vagar por esses canais, e os que acabaram de chegar estão sujeitos a perderem o seu caminho neles, assim como os viajantes em um labirinto. O viajante fantasma, diferentemente do seu correspondente vivo, não tem a percepção de caminhar sobre um chão sólido, com a terra debaixo dos seus pés e o céu em cima, nem tem a vantagem de visão e audição panorâmicas. Ele não está, como diríamos, "ao ar livre". Pelo contrário, está totalmente fechado dentro da terra, encerrado num meio que proporciona o movimento somente ao longo das suas fendas e rachaduras, e que o isola do contato sensorial com o seu ambiente. Incapaz de ver aonde está indo, ele não faz ideia, quando os caminhos divergem, de qual escolher. Resumindo, enquanto os vivos, ao fazer o seu caminho pelo mundo, seguem os traços deixados por seus predecessores *sobre* a superfície da terra, os mortos têm que se "enfiar" nos seus caminhos *pelos* interstícios desta.

Por muitas décadas, e apesar da sua ressonância intercultural, o labirinto tem sido um tópico negligenciado na Antropologia. Contudo, ele foi revivido recentemente na obra de Alfred Gell. No seu livro influenciador *Art and agency* [Arte e agência], Gell trata o labirinto como um exemplo primordial do que ele chama de "o uso apotropaico dos padrões" (Gell, 1998, p. 83-90). Por isso, ele significa a prática de inscrever desenhos complexos e confusos de serem vistos sobre superfícies, para proteger os que estão abrigados atrás delas do ataque de espíritos maus e demônios. A ideia é que os demônios são seduzidos à superfície pela sua fascinação pelo padrão, mas acabam sendo tão atormentados por ele que não conseguem passar sem primeiro tê-lo desvendado, ou solucionado o enigma que ele representa. Nisso, estão fadados a ficarem presos, sem nunca conseguirem chegar a uma solução que os permitiria passar para o outro lado. Os padrões apotropaicos, Gell sugere, funcionam como um "papel mata-moscas para demônios" (Gell, 1998, p. 84). A ideia é atrativa, e é, com certeza, possível que certos tipos de padrões sejam ou fossem usados dessa forma. Um dos exemplos que Gell cita é o dos padrões célticos de nós, nos quais uma linha contínua, embora traçada sobre uma superfície, é feita para parecer como se ela desse voltas por cima e por baixo, formando uma trança concisa que cobre todo o espaço. Um outro exemplo é o dos desenhos conhecidos como *kōlam*, desenhados pelas mulheres em Tamil Nadu, no sul da Índia, nos limiares das casas e dos templos. Esses, semelhantemente, consistem em uma ou várias linhas que meandram em volta de uma grade de pontos (sem, contudo, jamais os unirem), cruzando a si mesmas e umas às outras, mas nunca retornando para onde começaram, de forma que cada uma forma uma volta fechada (fig. 2.9). Em ambos os casos, a evidência etnográfica aponta para a significância dos padrões em prover proteção contra ataques demoníacos (Gell, 1998, p. 84-86).

Mas, como uma explicação do labirinto, a sugestão de Gell erra feio o alvo. Isso é porque ela assume, de início, um tipo de "vista demonérea"[11] – uma pers-

11. O original diz "*demon's eye view*", e é um artifício que o autor usa a partir da expressão *bird's eye view*, que quer dizer, literalmente, "a vista do olho do passáro". Normalmente, no inglês, quando se fala sobre uma vista de cima, uma vista aérea, usa-se essa expressão que se refere à visão do pássaro no alto enquanto está voando. O autor quer se referir a essa vista privilegiada, do alto, que supos-

pectiva aérea da qual o traçado completo do labirinto pode ser consultado e representado no formato de um padrão. Tal perspectiva, no entanto, não está disponível para o viajante terrestre que já embarcou numa jornada pela superfície da terra; uma jornada que é equivalente à própria vida. A entrada no labirinto marca não o ponto em que ele desce e toca a superfície, mas em que ele *vai para o subsolo*. Ora, enquanto interface entre a terra e o ar, o chão é um tipo de superfície visível de cima, mas não de baixo. Ele não tem um outro lado. Assim, no exato momento em que se entra no subsolo, em que se entra no labirinto, a própria superfície desaparece de vista. Parece que ela se dissolve. Esse momento marca a transição da vida para a morte. Daí em diante – e bem diferente do demônio de Gell que, preso na contemplação de um padrão apotropaico, é colado na superfície – o viajante fantasma se encontra num mundo sem qualquer superfície que seja. Cada caminho é, agora, um fio em vez de um traço. E o labirinto de passagens, nunca visível em sua totalidade, só pode ser reconstruído por aqueles poucos, tais como o herói Teseu ou o xamã Chukchi que desenhou o esboço para Bogoras, que visitaram o mundo dos mortos e voltaram.

Figura 2.9 – Acima: desenhos kōlam de Tamil Nadu, sul da Índia, desenhados de uma fotografia de Amar Mall. O da esquerda é um kampi kōlam (Mall, 2007). Abaixo: nó espiral céltico da cabeça do alfinete do broche Tara Brooch, desenhado seguindo as instruções em Meehan (1991, p. 111).

---

tamente o demônio teria, semelhantemente ao pássaro, ou, em outras palavras, "a vista do olho do demônio". A tentativa foi expressar isso mesclando o termo "demônio" com a nossa expressão portuguesa "vista aérea" [N.T.].

De fato, essa conversão de traços em fios, e a dissolução consequente da superfície, pode ter a chave para as funções protetivas dos nós célticos e do *kōlam* do sul da Índia. Num estudo recente, Amar Mall (2007) mostrou que o *kōlam*, na prática, vem em duas formas. Numa, as linhas do padrão, na verdade, unem os pontos da grade na qual estas são desenhadas; na outra, elas dão voltas em torno deles (fig. 2.9). As linhas dessa última forma, conhecidas como *kampi*, são claramente distintas daquelas da primeira, e é especificamente ao *kampi kōlam* que as funções protetivas são atribuídas. As linhas que unem os pontos marcam os contornos de um mosaico de formas. Tais linhas não são apenas desenhadas sobre uma superfície; elas verdadeiramente *definem* essa superfície como um plano geométrico: um ponto que o pintor Paul Klee fez nos seus cadernos (Klee, 1961, p. 109). Mas a linha *kampi*, Mall argumenta, "tem precisamente o efeito oposto, dissolvendo a própria superfície sobre a qual ela é desenhada, parecendo uma bagunça labiríntica de fios, ao longo dos quais toda a vida e a existência são forçadas a percorrer" (Mall, 2007, p. 76). Em vez de emboscar os demônios com os seus enigmas especulativos não solucionáveis, como Gell sugere, e fazendo-os se deter nas suas tentativas de descobrir, a partir do padrão completo, os princípios da sua construção, o *kampi kōlam*, mais provavelmente, exerce as suas funções protetivas prendendo-os no labirinto, do qual eles não conseguem escapar mais do que os fantasmas no mundo dos mortos. Pois, no exato momento em que o demônio pousa na superfície, ela cessa de ser superfície alguma, e as linhas, aparentemente desenhadas nela, se tornam fios que armadilham o demônio como se fosse uma teia de aranha. Quiçá os padrões de nós célticos funcionassem da mesma maneira para repelir o diabo.

Voltas e trabalhos vazados

O meu segundo exemplo da forma pela qual as superfícies são dissolvidas pela transformação de traços em fios vem de um estudo de Brigitta Hauser-Schäublin da arte decorativa do povo Abelam, da Província Sepik Oriental, na Papua-Nova Guiné (Hauser-Schäublin, 1996). As decorações Abelam são compostas de cordões, fitas e frondes, principalmente de materiais de plantas, reunidos para formar uma malha vazada de linhas que fluem e se cruzam. Essa abordagem à decoração, que os Abelam têm em comum com a maioria dos outros povos melaneses, é radicalmente diferente daquela das "culturas de tecido" da Polinésia e da Indonésia, que usam têxteis trançados, esteiras entrelaçadas ou tecidos de casca de árvore para embrulhar as coisas para que elas possam ser alternadamente escondidas e reveladas. O foco estético dos Abelam não está na superfície, mas na linha. "Todos os padrões", de acordo com Hauser-Schäublin, "são percebidos da perspectiva da linha, ou 'trabalho vazado visual', ao invés daquela do plano homogêneo tão abundantemente mostrado e representado nos tecidos" (1996,

p. 82). Entretanto, além de fazer coisas a partir de tiras de folhas ou comprimentos de cordões, os Abelam também pintam. Essas pinturas são feitas em espatas de palmeira de sagu que são cobertas com barro cinza ou preto. Primeiro se pinta uma linha na espata, usando uma pena mergulhada em um pigmento branco; essa é a linha mais importante, que age como um modelo para o restante do padrão. Uma vez que ela é feita, linhas adicionais são acrescentadas em vermelho, amarelo e preto. Numa pintura grande e complexa, tais como aquelas para uma fachada de uma casa de cerimônias, o pintor começa do topo e trabalha em fileiras. Contudo, ele sempre deixa uma linha branca pendurada como um cordão no final dos desenhos de cada fileira, para que possa retomá-la e continuá-la ao iniciar a próxima (fig. 2.10). Como resultado, todas as fileiras do trabalho completo são unidas por linhas brancas contínuas (chamadas *maindshe*). As linhas de outras cores, por contraste, são descontinuadas e servem apenas para destacar a *maindshe* branca (Hauser-Schäublin, 1996, p. 89).

Figura 2.10 – Homens Abelam trabalhando numa pintura. Na fileira na qual estão presentemente trabalhando, os pintores estão retomando e continuando as linhas brancas deixadas penduradas da fileira anterior. Fotografia: Jörg Hauser.

Ora, o que é impressionante é que exatamente o mesmo princípio está envolvido na fabricação da bolsa de rede, ou *bilum*, um dos acessórios mais ubíquos e multifuncionais da vida cotidiana entre os povos das Ilhas da Melanésia. O cordão do *bilum*, feito da entrecasca de várias árvores e arbustos, é, naturalmente, de uma cor bege, mas é tido como branco. Assim como na pintura, na qual o artista pega a "ponta solta" da *maindshe* da fileira prévia ao proceder para a próxima, assim na fabricação das bolsas de rede cada comprimento adicional de cordão é ligado ao anterior, entrelaçando as fibras e rolando-as sobre a coxa, para formar uma única linha contínua da qual toda a bolsa é feita. Essa linha é conhecida pelo mesmo termo, *maindshe*. Os padrões são formados pela adição de cordões tingidos de vermelho e preto. Embora possamos estar inclinados a ver os desenhos coloridos em contraste com o fundo branco, para os Abelam é exatamente o contrário, assim como nas suas pinturas. Na verdade, os homens Abelam dizem que os desenhos pintados nas fachadas das casas cerimoniais têm a sua origem nos padrões das bolsas de rede que as mulheres fazem. Evidentemente, a *maindshe* da pintura, embora formada por um traço adicional sobre uma superfície opaca, é tratada como um fio do mesmo tipo que a *maindshe* da bolsa. E, na transformação da linha pintada em um fio enrolado, a superfície propositalmente desaparece, de forma que a pintura tem a mesma textura do "trabalho vazado", que é tão característico de toda a arte Abelam. Outra maneira de dissolver uma superfície, é claro, é cortá-la em pedaços. Isso foi exatamente o que aconteceu quando, a pedido de algumas mulheres Abelam, Hauser-Schäublin trouxe um pouco de tecido preto e vermelho, ao voltar de uma viagem de compras a uma cidade vizinha. Ao invés de usá-los como tecidos, elas primeiro os cortaram em tiras e depois desfiaram o tecido retalhado até os seus fios individuais. Esses foram então combinados e enrolados para formar cordões, dos quais elas fizeram bolsas de rede de padrões coloridos (Hauser-Schäublin, 1996, p. 96).

Desenhos para o corpo

Como um terceiro exemplo da transformação de traços em fios, volto para o estudo feito por Angelika Gebhart-Sayer (1985) sobre os índios Shipibo-Conibo da Amazônia Peruana, já introduzido no último capítulo. Até cerca de dois séculos atrás, de acordo com Gebhart-Sayer, as vilas Shipibo e Conibo eram cobertas por linhas contínuas em zigue-zague. Elas se espalhavam pelas superfícies interiores das casas, sobre as superfícies externas dos potes de cerâmica, sobre as canoas, equipamentos de caça e utensílios de cozinha, sobre vestes de algodão muito bem tecidas e sobre as faces, mãos e pernas dos que as vestiam. Hoje, essa preocupação com a linha continua nos bordados têxteis, na pintura de cerâmica, miçangas trançadas e, ocasionalmente, em pinturas faciais (Gebhart-Sayer, 1985, p. 143-144). A confecção de linhas é um território exclusivamente feminino, e é percebido por elas como uma questão de traçar linhas visíveis pelas superfícies opacas. A pintora ou bordadeira começa desenhando as formas básicas de linha. Essas são relativamente grossas, mas se enrolam e viram como cobras, de modo que elas não têm uma direção clara. Qualquer espaço vago é preenchido com linhas terciárias, para garantir que a superfície fique inteiramente coberta (Gebhart-Sayer, 1985, p. 147). A repetição regular das formas de linhas dá ao padrão uma certa simetria (fig. 2.11).

Figura 2.11 – Manto feminino Shipibo-Conibo (racoti) (Tessmann, 1928, lâmina II, face a p. 40).

Entretanto, esses padrões de superfície são apenas manifestações visíveis de desenhos. Além disso, o povo Shipibo-Conibo defende que cada indivíduo é marcado com desenhos que são conferidos, desde a mais tenra infância, no decorrer das sessões de cura xamânicas. Esses desenhos, permanentes no entendimento desses povos, permeiam, saturam o corpo vivo inteiro, e permanecem depois da morte com o espírito da pessoa (Gebhart-Sayer, 1985, p. 144-145). Na cerimônia de cura, o xamã, que, geralmente, mas não invariavelmente, é um homem, "canta" o desenho; contudo, à medida que o som vocal meandra pelo ar, ele o vê transformado em um padrão que *afunda para dentro* do corpo do paciente. É uma transformação que, todavia, só é visível para o próprio xamã. Nessa visão, as linhas são vistas sendo fiadas pelo espírito do beija-flor, Pino. Pairando sobre o paciente, o espírito sibila e assobia ativamente com o seu bico em movimentos rápidos e pequenos. Embora Pino seja descrito como um "escritor" ou "secretário" entre os espíritos, fica claro que as linhas que saem do seu bico inquieto são fios e não traços. Quanto aos padrões que ele escreve, longe de serem inscritos sobre a superfície do corpo do paciente, diz-se que eles pousam sobre este e o penetram (Gebhart-Sayer, 1985, p. 162-164). Dessa maneira, conforme os traços são transformados em fios na visão do xamã, é a própria superfície do corpo que é dissolvida, permitindo que as linhas penetrem no seu interior, onde a cura se torna efetiva.

De fios para traços: nó, tecelagem, brocado, texto

Nos exemplos que apresentei – do submundo labiríntico dos Chukchi siberianos, da pintura das fachadas de casas cerimoniais entre os Abelam da Nova Guiné, e da cura xamânica dos índios Shipibo-Conibo do Peru oriental – vimos como a transformação de traços em fios dissolve as superfícies da terra, da casa e do corpo, respectivamente. Agora é hora de voltarmos para a transformação reversa: a de fios em traços na construção de superfícies. A própria etimologia da "linha" oferece um caso exemplar dessa transformação. Conforme Samuel Johnson nos lembra no seu *Dicionário da Língua Inglesa*, um dos significados da palavra (o décimo sétimo e último da sua lista) é "fiapo ou linho". Linha é derivada do latim *linea*, que originalmente significava um fio feito das fibras da planta chamada linho, *linum*. Esses fios eram tecidos nos panos que agora chamamos de *linho*, e que poderiam ser usados para, como se diz no inglês, *line garments*, "linhar roupas", provendo mais uma camada de tecido de linho como uma camada extra para reter o calor. E se a "linha" começou como um fio em vez de um traço, assim também o "texto" começou como uma malha de fios entrelaçados em vez de traços inscritos. O verbo "tecer", em latim, era *texere*, do qual são derivadas as palavras "têxtil" e "tecido", que significam um pano delicadamente trançado composto por uma miríade de fios entrelaçados.

Os anatomistas, posteriormente, adotariam essa metáfora de composição para descrever os órgãos do corpo, ditos como composto por tecidos epiteliais, conectivos, musculares e nervosos. Eles escreveriam sobre como as superfícies desses órgãos, iluminados pela visão anatomista habilidosa, ficam transparentes, revelando a sua estrutura linear fundamental. Na sua *Introduction to science* [Introdução à ciência], de 1911, J. Arthur Thomson escreveu:

> Quando trabalhamos com algo por muito tempo, e passamos a conhecê-lo de cima a baixo, de dentro para fora, de um lado ao outro, ele se torna, de uma maneira bem impressionante, translúcido. O botânico pode ver através da sua árvore; ver a madeira e a entrecasca... O zoólogo pode, da mesma forma, ver através do caracol no arbusto, vendo como num modelo de vidro tudo no seu lugar, os centros nervosos, os músculos,

> o estômago, o coração batendo, o sangue corrente e os rins filtrantes. Assim, o corpo humano se torna translúcido para o anatomista habilidoso... (Thomson, 1991, p. 27-28)[12].

Desse modo, o olhar anatômico, não diferente daquele do xamã, desmembra as superfícies corporais nos seus fios constituintes. No entanto, enquanto o xamã cura impondo linhas para dentro do corpo, o cirurgião ocidental procede na direção oposta, suturando as linhas que ele já encontra dentro do corpo e cujas rupturas são a causa do mal-estar, de forma a reconstituir as superfícies do todo.

Nó e tecelagem

Como a nossa pequena excursão pela derivação etimológica da linha e do tecido sugere, talvez seja na costura e na tecelagem que encontramos os exemplos mais óbvios de como as superfícies são constituídas de fios, e de como os traços são gerados no processo. Em essência, como Semper observou (1989, p. 219), o ponto é um nó por cuja iteração, como no tricô e no crochê, uma superfície única pode ser formada por uma linha contínua de fio. A superfície atada é, em um sentido, o anverso do trabalho vazado em voltas dos povos como os Abelam, descritos acima. Ao passo que as voltas destroem a superfície, o nó cria a superfície. Contudo, a superfície que percebemos não é o nó, mas o espaço ocupado por ele. Ela é, como Susanne Küchler explica, "tudo menos o nó, tendo o nó repousando dentro ou abaixo das superfícies que o fazem visível ao olho" (Küchler, 2001, p. 65). Quanto mais seguros os nós são atados, mais impenetrável a superfície parece ser. No Taiti, por exemplo, postes especiais de madeira, conhecidos como *to'o* e tidos como incorporações de poder divino, eram envoltos de forma bem-ajustada com cordame de fibra de coco seco tecida, para protegê-los de serem vistos. Os *to'o* só seriam revelados em rituais periódicos de "embrulhar os deuses", e nessas ocasiões apenas por personalidades da elite. O poder deles era tal que se qualquer outra pessoa os visse certamente morreria (Küchler, 2001, p. 66-67; Gell, 1998, p. 111). A superfície, então, é absolutamente selada; no entanto, a sua constituição natural a partir dos fios permanece evidente no seu tracejado texturizado (fig. 2.12). A textura, resumindo, proclama que a superfície não é meramente uma contensão passiva para o poder divino, mas que ela ativamente *o amarra*.

12. Sou muito grato a Elizabeth Hallam por trazer esta passagem maravilhosa à minha atenção.

Figura 2.12 – To'o taitiano, com a ligadura de amarras.

Mudando dos nós para a tecelagem, o tecelão não começa com uma única linha de fio contínua, mas com um conjunto de linhas paralelas, a urdidura, esticadas longitudinalmente, através das quais uma outra linha, a trama, é fiada perpendicularmente, alternadamente por cima e por baixo dos urdumes. Se a trama é toda de uma cor, então o pano terminado aparecerá como uma superfície contínua e homogênea. Entretanto, ao introduzir tramas de cores diferentes, é fácil produzir listras retas transversais de qualquer espessura desejada. De longe, essas parecem linhas desenhadas cruzando o material. Assim, conforme o têxtil é construído pelo processo de tecelagem, os fios coloridos da trama gradualmente dão origem à aparência de um traço sobre a sua superfície. A produção de linhas diagonais e longitudinais é mais complexa. No seu clássico relato de como tecer um cobertor Navajo, Gladys Reichard mostra como as linhas diagonais podem ser feitas, com inclinações de 40 ou 52,5 graus em relação à direção transversa, levando a trama na cor de base uma casa de urdume a mais, ou a cada carreira de trama ou a cada duas, enquanto a cor contrastante, vinda do outro lado, correspondentemente perde um urdume (Reichard, 1936, p. 89-94) (fig. 2.13). Por conseguinte, o ponto no qual as duas cores se encontram, conhecido como enlace, é deslocado de carreira a carreira em intervalos regulares. Para produzir listras longitudinais, as duas cores de trama, vindas de lados opostos, sempre fazem a volta pelos mesmos urdumes, de forma que a posição transversal do enlace permanece constante.

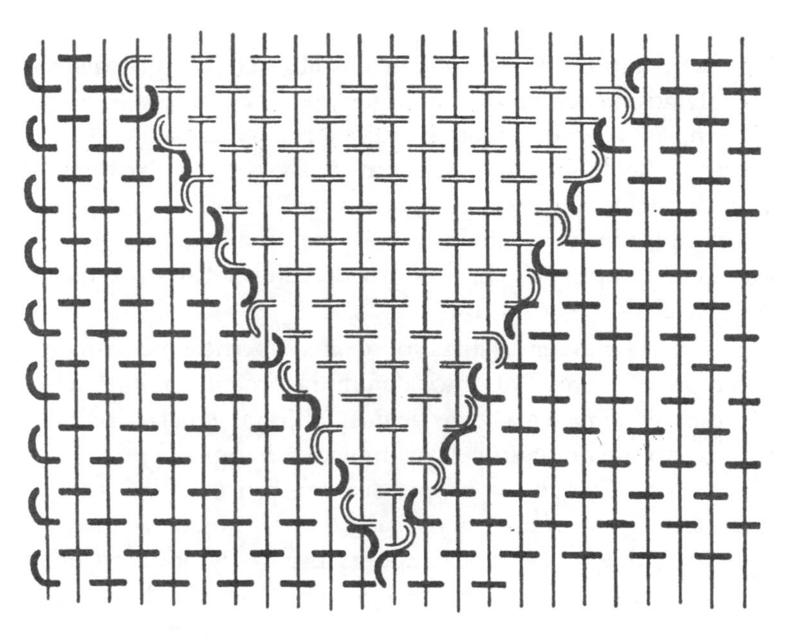

Figura 2.13 – Formando os lados de um triângulo num cobertor navajo com duas cores, com a primeira (preta), avançando um urdume a mais a cada carreira e a segunda (branca) perdendo um urdume. O efeito é produzir uma linha suave com uma inclinação de 40 graus (Reichard, 1936, p. 90).

O que é mais impressionante sobre o cobertor *navajo*, no entanto, é que, enquanto os desenhos coloridos na sua superfície são fortemente lineares, essas linhas não são em si fios. Nem são realmente traços. De fato, quando olhamos para a linha no cobertor, o mais próximo que seja, só encontramos diferenças, a saber, variações nas cores dos fios, e, fileira a fileira, deslocamentos na posição do enlace das tramas de cada cor. Poderíamos dizer que a linha no cobertor existe não como um composto dos fios dos quais ele é feito, mas como um sistema ordenado de diferenças entre eles. Tomadas juntas, todavia, essas diferenças somam-se a algo positivo, a saber, a percepção de uma linha contínua sobre uma superfície coerente. Ademais, é essa percepção que dá à linha a aparência de um traço. Contudo, a linha formada sobre uma superfície tecida, conforme esta é construída dos fios, é, na realidade, diferente da linha que é traçada numa superfície que já existe. A diferença pode ser destacada contrastando o cobertor com um outro grande foco da prática artística dos Navajo: a pintura com areia. Essa é feita deixando escorrer um fluxo fino de areia tingida, primeiro de uma cor e depois de outra, para formar um desenho linear sobre a areia, com a cor natural de terra, de um chão liso pré-preparado. A areia é escorrida entre o indicador e o dedo médio, enquanto o fluxo é controlado com o polegar. Nesse caso, a linha é, claramente, um traço aditivo, uma cristalização dos movimentos e gestos precisos envolvidos na sua produção. Alguns tecelões Navajo, sob pressão para produzir desenhos "autenticamente Navajo" para o mercado turístico, começaram a copiar os desenhos das pinturas com areia nos seus cobertores. Mas os resultados, Reichard nos conta, são geralmente insatisfatórios, não apenas porque é virtualmente impossível conseguir as cores certas, mas também porque a técnica da tecelagem é inapropriada para produzir desenhos desse tipo. Eles são muito intrincados (Reichard, 1936, p. 156).

De forma breve, enquanto a linha sobre uma superfície preexistente, tal como aquela da pintura com areia, é o traço de um movimento, a linha sobre uma superfície que está sendo tecida a partir de fios, tal como aquela do cobertor, cresce organicamente em uma direção pela acumulação de movimentos transversos de vai e vem em outra. Essa distinção, por sua vez, provê a chave para entender a relação entre tecer e escrever. A derivação comum, notada acima, das palavras "texto" e "têxtil", de *texere*, "tecer", aponta para a significância dessa relação. Como foi que escrever, que geralmente envolve a inscrição de traços sobre uma superfície, veio a ser modelado a partir da tecelagem, que envolve a manipulação de fios? O filósofo chinês Liu Hsieh, que viveu no século V d.C., propôs essa pergunta, exatamente no nascimento da escrita, na sua observação intrigante, mas enigmática, de que, "quando as marcas de pássaro substituíram as cordas com nós, a escrita emergiu pela primeira vez"[13]. O que ele tinha em mente, aparentemente, era a substituição de um sistema notacional baseado em nós e laços de fios ou cordões por um baseado em traços inscritos análogos às pegadas de pássaros e animais.

---

13. Eu encontrei pela primeira vez esta declaração de Liu Hsieh num texto recente de Florian Coulmas (2003, p. 4), no qual ela é colocada como se segue: "A escrita originou quando desenhar traços de pássaros substituiu os nós nos cordões". Achei mais prudente, entretanto, permanecer com a redação da tradução original a qual ele se refere (Liu Hsieh, 1983, p. 17).

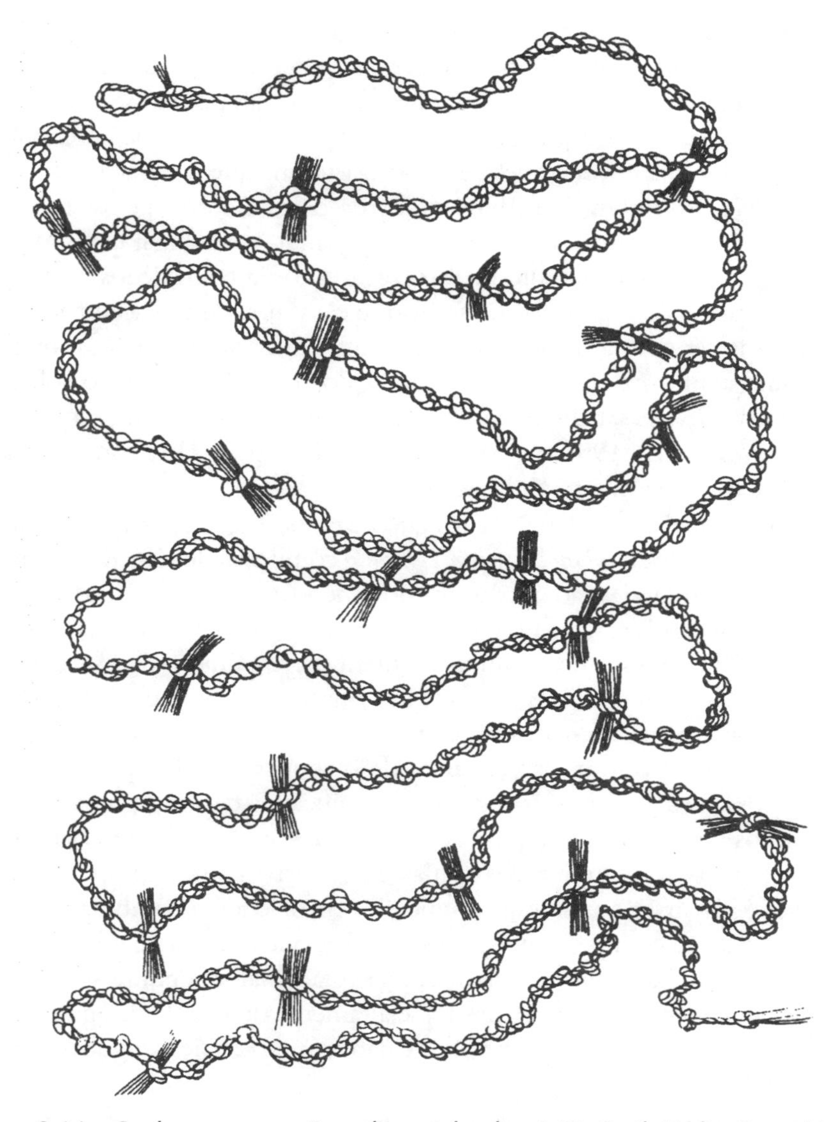

Figura 2.14 – Corda com amarrações palingawi, kandingei, Rio Sepik Médio, Papua-Nova Guiné (Wassmann, 1991, p. 71).

De cordas com nós a letras brocadas

Nem tudo o que é feito numa notação, afinal de contas, precisa consistir em traços. Por exemplo, entre o povo Kandingei, no Rio Sepik Médio, na Papua-Nova Guiné, os homens mais importantes em cada grupo guardam uma corda com amarrações (com uns seis ou oito metros de comprimento e três centímetros de diâmetro), a qual se diz representar a migração primária em que o fundador do clã, seguindo o caminho do crocodilo, viajou de lugar para lugar (fig. 2.14). Cada grande nó na corda, no qual é trançado um pedaço seco de casca de noz de bétel, representa um lugar primitivo, ao passo que os nós menores que o precedem significam os nomes secretos do totem que habita naquele lugar. Em cerimônias importantes, o dono da corda deixa-a correr pelos seus dedos, como se estivesse manuseando um rosário, "cantando" cada lugar e os seus totens associados. Assim, o movimento de escorregar a corda pelos dedos corresponde ao movimento do fundador do clã, conforme ele viajou de um acampamento ao próximo. Nas cerimônias mortuárias, isso também corresponde ao movimento do fantasma conforme ele viaja para a terra dos mortos, carregado sobre uma ilha gramada que, apesar disso, encalha em um lugar após o outro ao longo do caminho (Wassmann, 1991, p. 51-60, 70-71, 103-105, 114; sobre os Iatmul vizinhos, cf. tb. Silvermann, 1998, p. 429).

O exemplo mais famoso de um artefato de notação que consiste inteiramente em fios é, com certeza, o *khipu* Inca. O *khipu* é composto de uma corda trançada à qual cordas secundárias são ligadas por nós. Depois, cordas terciárias podem ser amarradas às secundárias, quaternárias às terciárias, quinárias às quaternárias, e assim por diante. Os estudiosos ainda discutem sobre a função do *khipu*: se servia para incitar a memória ou para registrar informações, e, neste caso, se essa informação era meramente numérica ou envolvia elementos de narrativa (Quilter & Urton, 2002). Entretanto, parece, além de qualquer dúvida, que quase todos os elementos da sua construção carregam significados de um tipo ou outro, incluindo tipos de nós e as suas posições na corda, a maneira que as cordas eram trançadas, e a cor das combinações usadas. Além disso, como um tipo de estrutura, o *khipu* é construído no mesmo princípio, envolvendo a combinação de uma linha de suspensão com pendentes, como muitos outros tipos de estruturas Inca, incluindo colares, bandanas e, é claro, numa escala maior, a ponte suspensa. Todavia, embora a tecelagem de têxteis fosse altamente desenvolvida entre os incas, o *khipu* não é tecido, e não é um têxtil. Ele não tem superfície além das superfícies das cordas das quais ele é feito.

Para um exemplo de escrita realmente tecida em têxteis, podemos ir dos Andes para a Mesoamérica, e para os povos maias da Guatemala. No *Popol Vuh*, uma crônica da criação do homem, as ações dos deuses, as origens e história do povo Quiché e da cronologia dos seus reis, escrito (em letras hispânicas, mas na língua indígena Quiché) no século XVI, se diz sobre os deuses macacos que "eles são flautistas, são cantores e são escritores; e também são gravuristas, são joalheiros, são metalúrgicos" (Tedlock & Tedlock, 1985, p. 123). Nessa passagem, o escritor é chamado de *ajtz'ib*, da palavra que significa caracteres escritos, *tz'ib*. Mas, de acordo com Barbara e Dennis Tedlock, de cujo trabalho autoritativo retiro para esta discussão, *tz'ib* podia se referir também a "figuras, desenhos e diagramas

Figura 2.15 – Khipukamayua, ou "guardador do khipu", desenhado por Felipe Guaman Poma de Ayala por volta da virada do século XVII. Ele está segurando o khipu, enquanto no canto inferior esquerdo está desenhado um taptana, um artefato para cálculos feito de pedra (Ayala, 1987, p. 365).

em geral, quer fossem desenhados, pintados, gravados, bordados, quer tecidos" (Tedlock & Tedlock, 1985, p. 124). Echarpes tecidas em tempos recentes pelos maias Quiché incluem figuras zoomórficas brocadas, junto com desenhos adicionais que indicam a identidade do tecelão. Esses são todos *tz'ib* (ao passo que as faixas de cor que correm pelos têxteis não são). Um exemplo é mostrado na figura 2.16. Essa echarpe particular também tem o nome do seu dono, bordada com letras maiúsculas. Embora a justaposição de letras e desenhos pareça incongruente para nós, para os Quiché contemporâneos é uma diferença inteiramente imperceptível, visto que ambos são exemplos de *tz'ib*. Entretanto, sob um olhar mais crítico, enquanto as letras bordadas foram adicionadas depois que a tecelagem estava completa, os desenhos brocados foram incorporados, durante o próprio processo de tecelagem, pela adição de tramas suplementares. Assim, embora pareçam traços na superfície da echarpe, esses *tz'ib*, na verdade, são construídos, juntamente com a própria superfície, de fios, pela sua substituição cumulativa. Na técnica do brocado, tecer e escrever se tornam uma coisa só.

Figura 2.16 – Echarpe maia quiché tecida. Fotografia: Barbara e Dennis Tedlock.

Texto que tece

Finalmente, volto-me para os tipos de textos que chegaram até nós dentro da tradição ocidental. A ideia do texto como uma tapeçaria tecida pode parecer estranha para os leitores modernos, acostumados a ver letras e palavras impressas. Por razões que ficarão aparentes no próximo capítulo, é mais provável que eles tratem a metáfora num sentido mais vago, como referindo a "tecer" a narrativa que o texto relata, em vez de se referir às próprias linhas de escrita na página. Entretanto, isso pareceria perfeitamente natural para os cidadãos da Grécia e Roma antigas quando, graças à introdução do papiro do Egito e da caneta de caniço cheia de tinta como um instrumento de escrita, eles começaram, pela primeira vez, a usar a escrita cursiva. Até então, as letras só poderiam ser raspadas ou entalhadas em superfícies duras com talhos curtos e separados (recorde-se de que a palavra *writan*, do inglês arcaico, referia-se especificamente a entalhes desse tipo). Com a caneta e o papiro, entretanto, foi possível produzir uma linha contínua. A introdução subsequente de pergaminhos e velinos, mais duráveis e com uma superfície mais lisa, nos séculos IV e V d.C., permitiu que essa linha, agora feita com uma caneta de pena, fluísse ainda mais livremente. A figura 2.17 mostra um exemplo de um manuscrito do século IX; ele vem de uma escritura de um homem chamado Walto, notário do pai do imperador franco Carlos o Gordo.

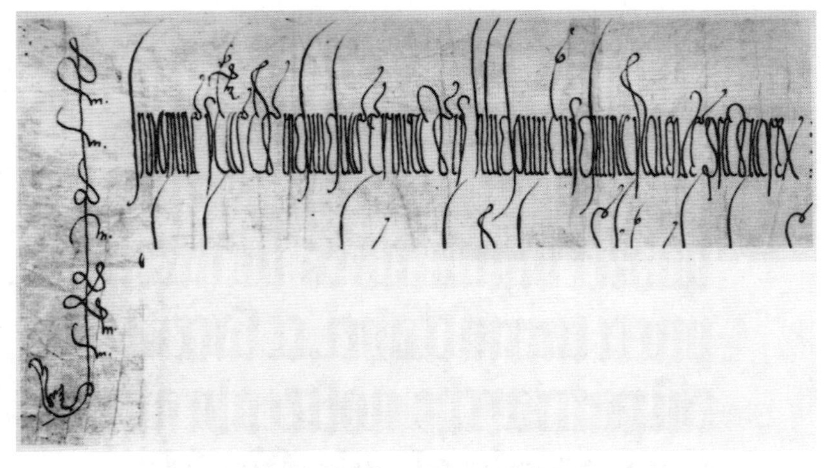

Figura 2.17 – Manuscrito de uma escritura do século IX (Gray, 1971, p. 19).

Uma pessoa só precisa de um relance nesse exemplo para apreciar a força da analogia entre escrever e tecer. Assim como a lançadeira do tecelão se move de um lado para o outro conforme posiciona a trama, assim a caneta do escritor se mexe para cima e para baixo, deixando um rastro de tinta atrás dela. Mas esse rastro, a linha da letra, não é mais equivalente do que a linha do texto mais que a linha em uma tapeçaria é a mesma que as linhas dos seus fios constituintes. Assim como com a tapeçaria tecida, quando procuramos a linha do texto, não a encontramos. Ela não existe nem como um traço visível, nem como um fio. Em vez disso, emerge pelo deslocamento longitudinal progressivo da linha da letra, conforme esta oscila para cima e para baixo dentro de uma "largura de faixa" determinada (embora haja muitas pontas que a ultrapassam), de uma forma muito parecida com a listra tecida sendo construída pelo deslocamento longitudinal da trama, conforme ela oscila transversalmente entre urdiduras selecionadas. No livro manuscrito gótico do século XV, conhecido como "textura", esse paralelo é esboçado de forma bem explícita: a mão era assim chamada por conta da semelhança entre a página escrita e a textura do cobertor tecido. Assim como a linha da letra tinha a sua fonte figurativa no fio do tecelão, assim, como veremos no capítulo 6, o protótipo para as linhas retas e reguladas do manuscrito, entre as quais as letras eram organizadas, jazia na urdidura esticadas tensamente no tear. Originalmente, essas linhas reguladas eram marcadas e, assim como na urdidura, eram fracas ou invisíveis. Quando Gutemberg adotou a textura para o seu primeiro estilo de impressão, essas linhas desapareceram totalmente. O que começara com a tecelagem entre a urdidura e a trama, acabou com a impressão de formas de letras pré-formadas, pré-arranjadas em fileiras, sobre uma superfície pré-preparada (fig. 2.18). Desse ponto em diante, o texto não era mais tecido, mas montado, posicionado junto a partir de elementos gráficos discretos. A transformação estava completa. No próximo capítulo exploraremos algumas das suas consequências.

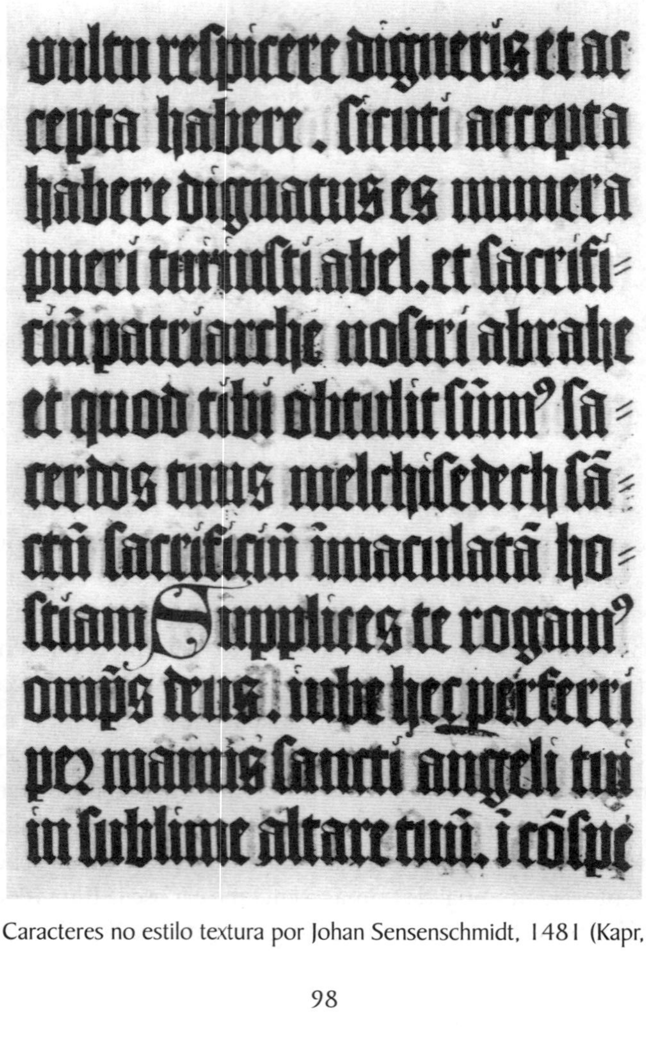
vultu respicere digneris et ac
cepta habere. sicuti accepta
habere dignatus es munera
pueri tui iusti abel. et sacrificiũ patriarche nostri abrahe
et quod tibi obtulit summ⁹ sa-
cerdos tuus melchisedech sã-
ctũ sacrificiũ imaculatã ho-
stiam Supplices te rogam⁹
omnipõs deus: iube hec perferri
per manus sancti angeli tui
in sublime altare tuũ. i cõspe

Figura 2.18 – Caracteres no estilo textura por Johan Sensenschmidt, 1481 (Kapr, 1983, p. 80).

3
Acima, através e ao longo

O traço e o conector

> Enquanto um homem é livre – clamou o cabo, fazendo um floreio com o seu bastão assim.

Aqui está a linha traçada no ar pelo Cabo Trim, como descrito na narrativa de Laurence Sterne, de 1762, *A vida e as opiniões do cavalheiro Tristram Shandy*:

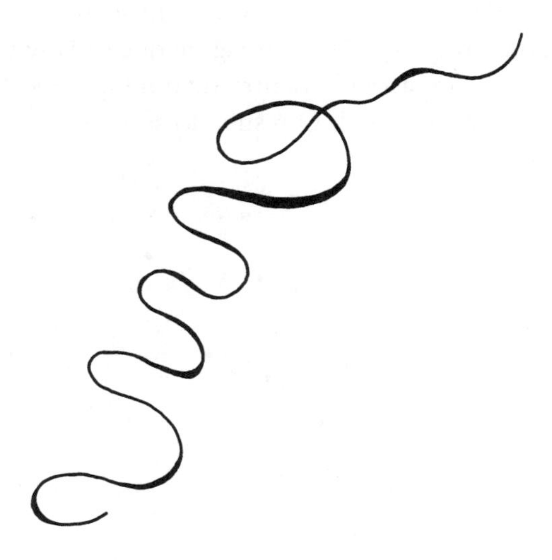

Como qualquer outro gesto, o floreio do cabo incorpora uma certa duração. A linha à qual ele dá origem é, portanto, intrinsecamente dinâmica e temporal. Quando, com a caneta na mão, Sterne recriou o floreio na página, o seu gesto deixou um traço permanente que ainda podemos ler (Sterne, 1978, p. 743). O artista Paul Klee descreveu esse tipo de linha como a mais ativa e autêntica. Quer traçada no ar, quer no papel, seja com a ponta de um bastão, seja com uma caneta, ela surge do movimento de um ponto que, assim como o cabo pretendia, é livre para ir aonde quer, pelo próprio movimento em si. Como Klee memoravelmente colocou, a linha se desenvolve livremente e, no seu próprio tempo, "sai para dar uma volta" (1961, p. 105). E, ao lê-la, os olhos seguem o mesmo caminho como a mão fez ao desenhá-la.

Um outro tipo de linha, entretanto, está com pressa. Ela quer ir de um local para outro e, depois, para outro, mas tem pouco tempo para fazer isso. A aparência dessa linha, diz Klee, é "mais como uma série de compromissos do que uma caminhada". Ela vai de um ponto ao outro em sequência, o mais rápido possível e, em princípio, sem nenhum intervalo de tempo, pois todo destino subsequente já está fixado antes da partida, e cada segmento da linha está predeterminado pelos pontos que o conectam. Ao passo que a linha ativa em uma caminhada é dinâmica, a linha que conecta pontos adjacentes em série é, de acordo com Klee, "a quintessência do estático" (Klee, 1961, p. 109). Se a primeira nos leva numa jornada que não tem um início nem um fim óbvios, a última nos apresenta um arranjo de destinos interconectados que podem, como um mapa de rota, ser vistos todos de uma vez.

Ao retraçar o gesto do movimento do bastão do cabo, Sterne, evidentemente, pegou a sua linha para dar uma volta. Contudo, deixe-me agora sugerir um experimento simples. Pegue essa linha e corte-a em segmentos curtos com comprimentos mais ou menos iguais. Agora imagine que cada segmento pudesse ser enrolado como um fio e empacotado dentro de um lugar localizado em volta do ponto médio do segmento original. O resultado seria uma dispersão de pontos, como mostrado abaixo:

Na verdade, desenhei cada ponto à mão. Para fazer isso, tive que colocar a ponta do meu lápis em contato com o papel num ponto predeterminado e, então, mexê-la em volta deste ponto para formar um sinal. Toda a energia e todo o movimento foram centralizados aqui, quase como se eu estivesse furando um buraco. Nos espaços entre os pontos, contudo, não fica nenhum traço de movimento. Embora os pontos estejam localizados sobre o caminho do gesto original, eles não estão conectados pelo seu traço, visto que o que sobrou do traço, e do movimento que lhe deu origem, está enrolado nos pontos. Cada um aparece como um momento isolado e compacto, separado do precedente e do subsequente. Para ter certeza, para prosseguir da execução de um ponto ao próximo, tive que levantar o meu lápis e deslocar um pouco a minha mão, antes de voltar a ponta para a superfície do papel. No entanto, esse movimento transverso não tem nenhuma função no processo de inscrição em si, o qual, como vimos, está totalmente confinado no desenho dos pontos. Se eu quisesse, poderia ter retirado a minha mão totalmente do trabalho e colocado o lápis de lado, para retomar a minha tarefa apenas posteriormente.

Onde, então, nessa dispersão de pontos, está a linha? Ela só pode existir como uma corrente de conexões entre os pontos fixos. Para recuperar a trajetória original do bastão do Cabo, temos que *ligar os pontos*. Isso eu fiz abaixo:

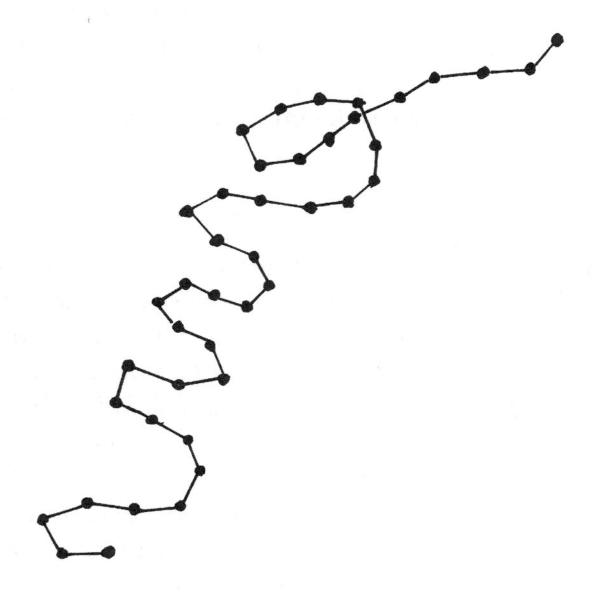

Embora as linhas conectoras tenham sido executadas numa determinada sequência, o padrão que elas acabam formando, muito parecido com o passatempo infantil de ligar os pontos, já fora dado de antemão como um objeto virtual. Completar o padrão não é pegar uma linha para passear, mas, pelo contrário, é se engajar num processo de construção ou montagem no qual todo segmento linear serve como uma junta, soldando conjuntamente os elementos do padrão para formar uma totalidade de uma ordem superior. Uma vez que a construção está completa, não há mais aonde a linha possa ir. O que vemos não é mais o *traço de um gesto*, mas uma montagem de *conectores ponto a ponto*. A composição permanece como um objeto finalizado, um artefato. As suas linhas constituintes ligam as coisas, mas elas não crescem ou se desenvolvem.

A distinção entre a *caminhada* e a *montagem* é a chave para o meu argumento neste capítulo. O meu objetivo é mostrar como a linha, no decorrer da história, foi gradativamente privada do movimento que a originou. Uma vez o traço de um gesto contínuo, a linha foi fragmentada, sob a influência da Modernidade, em uma sucessão de pontos ou sinais. Essa fragmentação, como explicarei, aconteceu nos campos relacionados da *viagem*, onde andarilhar é substituído por um transporte orientado pelo destino, do *mapeamento*, onde o esboço desenhado é substituído por um plano de rota, e da *textualidade*, onde contar histórias é substituído por uma trama pré-composta. Isso também transformou o nosso entendimento de *lugar*: uma vez um nó que amarrava cordões de movimento e crescimento múltiplos e entrelaçados, agora ele figura como um nódulo numa rede estática de conectores. Cada vez mais as pessoas, nas sociedades metropolitanas modernas, se encontram em ambientes construídos pela montagem de elementos conectados. Porém, na prática, elas continuam a trilhar os seus próprios caminhos por esses ambientes, trançando caminhos à medida que caminham. Sugiro que para entender como as pessoas não somente ocupam, mas *habitam* os ambientes onde moram, é melhor revertermos do paradigma da montagem para o da caminhada.

Trilhas e rotas

Na sua contemplação do Ártico, *Playing dead* [Fingindo-se de morto] (1989), o escritor canadense Rudy Wiebe compara os entendimentos Inuit, nativos de movimento e viagem pela terra e pelo mar congelado, com os da Marinha Real Britânica na sua busca pela elusiva passagem noroeste para o Oriente. Para os Inuit, *assim que uma pessoa se move ela se torna uma linha*. Para caçar um animal, ou encontrar um outro ser humano que possa estar perdido, você posiciona uma linha de rastros pelo ermo, procurando sinais de uma outra linha que possa levá-lo à sua caça. Desse modo, toda paisagem é percebida como uma malha de linhas entrelaçadas, em vez de uma superfície contínua[14]. Os britânicos, todavia, "acostumados com os mares fluidos e sem caminhos, se moviam em termos de áreas" (Wiebe, 1989, p. 16). O navio, suprido para a viagem antes de zarpar, era concebido pelos seus comandantes navais como uma embarcação móvel que carregaria a sua tripulação através do mar, num percurso determinado pela latitude e longitude de pontos sucessivos *en route*, para a destinação pretendida. Resumin-

14. Esta observação é confirmada por Beatrice Collignon (1996, p. 98), que observa que os povos Inuinnait percebem o seu território como um conjunto de itinerários, e "como organizado por uma rede de linhas pelas quais as pessoas e as caças se movimentam" (apud Aporta, 2004, p. 12).

do, enquanto os Inuit se movimentavam pelo mundo *ao longo* de caminhos de viagem, os britânicos navegavam *através* do que eles viam como a superfície do globo. Ambos os tipos de movimentos, ao longo e através, podem ser descritos por linhas, mas eles são linhas de tipos fundamentalmente diferentes. A linha que vai ao longo, nos termos de Klee, saiu para dar uma volta. A linha que vai através, em contraste, é uma conectora, ligando uma série de pontos organizados em um espaço bidimensional. No que se segue, eu ligarei essa diferença a outra entre duas modalidades de viagem, as quais chamarei, respectivamente, de *andarilhar* e *transportar*.

O andarilho está continuamente em movimento. De forma mais estrita, ele é o seu movimento. Assim como os Inuit, no exemplo apresentado acima, o andarilho é representado no mundo como uma linha de viagem. Claudio Aporta, que conduziu o trabalho de campo etnográfico na comunidade de Igloolik, relata que, para os seus habitantes Inuit, "viajar... não era uma viagem transicional entre um lugar e outro, mas um modo de ser... O ato de viajar de ou para uma localização particular contribui para definir quem o viajante é" (Aporta, 2004, p. 13). O viajante e a sua linha são, neste caso, um e os mesmos. É uma linha que avança da ponta à medida que ele persevera num processo contínuo de crescimento e desenvolvimento, ou de autorrenovação. Um exemplo do outro lado do mundo ajudará a reforçar o ponto. As mulheres Batek de Pahang, na Malásia, de acordo com Tuck Po Lye (1997, p. 159), dizem que as raízes dos tubérculos silvestres que elas pegam para comer "andam" como fazem os seres humanos e outros animais. Se essa ideia parece estranha para nós, é apenas porque somos inclinados a reduzir a atividade de andar à mecânica da locomoção, como se o caminhante fosse um passageiro no seu próprio corpo e carregado pelas suas pernas de um ponto ao outro. Para os Batek, entretanto, caminhar é uma questão de deixar uma trilha conforme se passa. E isso é exatamente o que as raízes fazem conforme estas brotam ao longo de linhas de crescimento, trilhando os seus caminhos pelo solo. A trilha do andarilho e a raiz que abre uma trilha são fenômenos do mesmo tipo. Ambos exemplificam o dito de Klee, que é a própria linha que "vai dar uma volta".

Contudo, conforme ele prossegue, o andarilho tem que se sustentar, tanto perceptivamente quanto materialmente, por um engajamento ativo com o campo que se abre ao longo do seu caminho. "Caminhando numa trilha", como Lye observa, "os Batek estão ativamente monitorando-a", procurando materiais vegetais úteis para serem coletados, e pistas e rastros de animais (Lye, 2004, p. 64). Semelhantemente, entre os Foi de Papua-Nova Guiné, de acordo com James Weiner, fazer uma jornada a pé "nunca é meramente uma questão de ir de um lugar para o outro". Sempre à procura de árvores frutíferas, palmeiras ratã de qualidade ou larvas de inseto comestíveis, os Foi *fabricam* os seus caminhos, transformando-os em "canais de atividades inscritas" (Weiner, 1991, p. 38). Para quem vê de fora, esses caminhos, a menos que estejam bem desgastados, podem ser quase imperceptíveis. Na densa floresta tropical, a vegetação pode se fechar atrás do viajante como se ele nunca tivesse existido anteriormente. Na tundra aberta ou no mar congelado do Ártico, os traços podem ser rapidamente sepultados debaixo da neve que cai ou que é carregada pelo vento. Quando o gelo derrete e os Inuit pegam os seus caiaques ou barcos baleeiros, as trilhas que eles deixam são instantaneamente apagadas no meio aquático. Porém, independentemente de quão fracos ou efêmeros sejam os seus traços na terra ou na água, essas trilhas permanecem gravadas nas memórias daqueles que as seguem (Aporta, 2004, p. 15). Para os Inuit, como Aporta observa, "a vida acontece enquanto se viaja. Encontra-se outros viajantes, filhos nascem, e a caça, a pesca, além de outras atividades de subsistência são realizadas" (Aporta, 2004, p. 13).

Mesmo os que "andarilham"[15] pelo mar percorrem o seu caminho ao longo de linhas invisíveis. Sempre atentos ao vento e ao clima, à maré e às correntezas, ao voo de pássaros e a uma multidão de outros sinais, o marinheiro experiente pode guiar o seu navio pelas águas mais profundas sem ter que recorrer a cartas ou a instrumentos de qualquer tipo. Samuel Johnson ilustrou o terceiro dos seus dezessete sentidos da palavra "linha" ("um fio estendido para direcionar quaisquer operações"), aos quais me referi no último capítulo, com um verso do poema histórico "*Annus Mirabilis*" (1666), de John Dryden, no qual o poeta interrompe uma descrição viva de uma batalha entre as frotas britânicas e holandesas com uma seção sobre a história das embarcações e da navegação:

> A vazante das marés, e o seu fluxo misterioso,
> nós a compreenderemos como elementos de arte:
> e como por uma linha sobre o oceano vai,
> cujos caminhos serão tão familiares quanto os da terra
> (Dryden, 1958, p. 81)[16].

O que Dryden está celebrando aqui é a capacidade sem par que os marinheiros britânicos tinham de achar o seu caminho pelo mar aberto, ao invés de ter que se apegar à terra, como os seus predecessores fizeram.

No entanto, enquanto há um certo paralelo, nesse aspecto, entre andarilhar na terra e vagar no mar, há um abismo de diferença entre a experiência do marinheiro, para quem navegar é um modo de vida, e a perspectiva de um alto-comando naval, no meu exemplo anterior, cujo objetivo era ligar portos natais a domínios ultramarinos, facilitando a expansão global do comércio, da coloni-

15. O termo aqui é *seafare* (cf. nota 8) [N.T.].

16. No seu *Dictionary*, Johnson reproduziu somente os dois últimos versos desta estrofe, e os citou de uma forma um pouco errada: "Nós como por uma linha sobre o oceano vamos, / Cujos caminhos serão tão familiares quanto os da terra".

zação e do imperialismo. A distinção-chave, se preferir, está entre as linhas de andarilhar pelo mar e as da navegação, ou entre a vida *no* mar e as rotas *através* dele. Movidos pela ambição imperial, a Marinha Real Britânica buscou lançar os seus navios para destinos fixos dentro de um sistema global de coordenadas, marginalizando as habilidades de navegação tradicionais em favor de um cálculo instrumental de navegação ponto a ponto. Da perspectiva do comando, o navio era visto não como um órgão de andarilhar pelo mar, mas como um veículo de transporte.

Diferente de andarilhar pela terra ou pelo mar, o transporte é orientado pelo destino. Não é tanto um desenvolvimento *ao longo* do caminho da vida quanto um carregamento *através*, de localização a localização, de pessoas e bens, de tal forma a deixar as suas naturezas básicas não afetadas. Mesmo o andarilho, é claro, vai de um lugar a outro, assim como o marinheiro de porto a porto. Ele deve, periodicamente, parar para descansar, e pode até voltar repetidamente para o mesmo abrigo ou cais para fazer isso. Entretanto, cada pausa é um momento de tensão que, assim como prender o fôlego, se torna cada vez mais intenso e menos sustentável o quanto mais se demora. Na verdade, o andarilho, quer na terra, quer no mar, não tem um destino final, pois onde quer que esteja, e enquanto a vida durar, há algum lugar adiante para onde ele pode ir. Para o viajante transportado e a sua bagagem, em contraste, cada destinação é um término, cada porto, um ponto para entrar novamente num mundo do qual esteve temporariamente exilado enquanto estava em trânsito. Esse ponto marca um momento não de tensão, mas de conclusão. Aqui está mais um exemplo para ilustrar o contraste, que também mostra como as duas modalidades de viagem podem operar lado a lado em um equilíbrio delicado.

O povo Orochon, do centro-norte da Ilha Sacalina, no extremo oriente da Rússia, consegue o seu meio de vida caçando renas selvagens. Porém, eles vão montados até a caça nos dorsos selados de animais domésticos da mesma espécie, e carregam as suas presas por meio de trenós puxados por renas. O caminho de quem está montado na sela, de acordo com o antropólogo Heonik Kwon, é "visceral no seu contorno, cheio de curvas acentuadas e desvios". Conforme percorrem o seu caminho, os caçadores estão sempre atentos à paisagem que se desdobra ao longo do caminho, e aos seus habitantes animais vivos. Aqui e ali, os animais podem ser mortos. Mas cada caça é deixada onde está, para ser recuperada depois, ao passo que o caminho em si meandra, serpenteando até eventualmente chegar ao acampamento. Quando ocorre de o caçador coletar subsequentemente a sua caça, ele anda com o seu trenó diretamente para o lugar em que a carcaça foi escondida. O caminho do trenó, Kwon relata, "é aproximadamente uma linha reta, a menor distância entre o acampamento e o destino" (1998, p. 118). O caminho do trenó não é apenas claramente distinto do caminho montado: os dois caminhos partem de lados opostos do acampamento e nunca se cruzam. É ao longo do caminho montado que a vida é vivida: não tem começo nem fim, mas prossegue indefinidamente. Esse caminho é uma linha de andarilhar; o caminho do trenó, por contraste, é uma linha de transporte. Ela tem um ponto de partida e ponto de chegada, e conecta os dois. No trenó o corpo do animal morto é carregado de um local, onde este foi morto, a outro, onde será distribuído e consumido. Eventualmente, também, o trenó carregará o corpo do caçador, quando ele morre, para o seu local de sepultamento final na floresta.

Como esse exemplo sugere, não é meramente o aproveitamento de fontes de energia além do corpo humano que transforma andarilhar em transportar. O caçador Orochon não cessa de ser um andarilho quando monta na sua rena, nem o marinheiro europeu deixa de andarilhar pelo mar quando iça uma vela. Embora o primeiro se fie no poder animal e o último no vento, em ambos os casos o movimento do viajante, a sua orientação e o seu passo são continuamente responsivos ao seu monitoramento perceptivo do ambiente que se revela ao longo do caminho. Ele observa, ouve e sente conforme prossegue, com todo o seu ser atento às incontáveis pistas que, a cada momento, incitam os ajustes mais finos no seu rumo. Hoje, o andarilho pode até dirigir uma máquina, tal como uma motocicleta, um quadriciclo ou um veículo de neve, como os pastores Saami fazem para reunir as suas renas. No deserto oeste da Austrália, os povos aborígenes transformaram o carro num órgão para andarilhar. No mato, como Diana Young explica, os carros são dirigidos *gestualmente*. O motorista manobra habilidosamente por volta das pedras, tocos de árvores e buracos de lebres, deixando rastros de pneus que são entendidos e interpretados exatamente da mesma forma que os rastros daqueles que viajam a pé. Assim, "as marcas que a passagem de um veículo deixa na terra são concebidos como os gestos do motorista" (Young, 2001, p. 45).

O transporte, então, é distinguido não pelo emprego de meios mecânicos, mas pela dissolução do elo íntimo que, ao andarilhar, une a locomoção e a percepção. O viajante transportado se torna um passageiro, que não move por si mesmo, mas, em vez disso, é *movido* de lugar a lugar. As visões, sons e sensações que o abordam durante a passagem não têm impacto nenhum no movimento que o leva adiante. Para o soldado num desfile, com os olhos voltados para direita enquanto as suas pernas batem com uma regularidade de oscilação metronômica, marchar é um transporte. Comparando marchar com a caminhada peripatética, o geógrafo historiador Kenneth Olwig argumenta que marchar pressupõe um espaço "aberto", que não é um lugar definido – uma *utopia*. Marchar oblitera os lugares e os deixa para trás. A caminhada peripatética, por contraste, refere-se a uma *topia*. Ela não "nos desfila linearmente à batida firme do bumbo, mas, como a espiral da progressão harmônica, nos permite voltar aos lugares que nos dão sustento e nos regeneram" (Olwig, 2002, p. 23). Como uma forma de transporte a pé, marchar implica um senso de progresso que vai não por aí, de lugar em lugar, mas adiante *de estágio a estágio* (Olwig, 2002, p. 41-42). Esse mesmo senso de progresso, que se tornou o uso comum no decurso do século XVII, também foi aplicado à viagem em diligências. Enquanto estava na estrada, o viajante, no casulo da sua carruagem, retiraria a sua subsistência dos seus próprios suprimentos e faria tudo o que podia para se defender do contato direto daqueles que passavam ou dos seus lugares de habitação. Pois ele empreenderia a jornada não por si mesmo, ou pela experiência que ela poderia proporcionar, mas pelo único propósito de testemunhar as paisagens a serem vistas na sua destinação (Wallace, 1993, p. 39). Uma viagem consistiria em uma série de tais destinos. Só ao chegar em cada parada, e quando o seu meio de transporte fizesse um alto, é que o turista começaria a se mover.

Dessa forma, os próprios lugares nos quais o andarilho pausa para descansar são, para o passageiro transportado, locais de atividade. Mas essa atividade, confinada dentro de um lugar, está totalmente concentrada num único ponto. Entre os lugares, ele mal toca na superfície do mundo, quando não a pula totalmente, sem deixar nenhum traço de ter passado por lá ou qualquer recordação da jornada. De fato, o turista pode ser aconselhado a expurgar da memória a experiência de chegar até lá, independentemente de quão árduo ou agitado tenha sido o percurso, a menos que isso o desvie ou distraia da apreciação do que ele veio para ver. Efetivamente, a prática do transporte converte cada trilha ao equivalente de uma linha pontilhada. Exatamente como, ao desenhar a linha pontilhada, eu abaixo o meu lápis sobre o papel e mexo a sua ponta no local, assim o turista pousa em cada destino do seu itinerário e se lança ao redor de onde ele fica, antes de partir para o próximo. As linhas que ligam destinos sucessivos, assim como as que unem os pontos, não são traços de movimento, mas conectores ponto a ponto. Essas são linhas de transporte; elas se diferenciam das linhas do andarilho precisamente da mesma forma que o conector se diferencia do traço gestual. Elas não são trilhas, mas rotas.

Desenhando à mão livre, pego a minha linha para dar uma volta, da mesma forma que o andarilho, nas suas perambulações, deixa uma trilha no chão na forma de pegadas, caminhos e trajetos. Escrevendo sobre os Walbiri, um povo aborígene do deserto central da Austrália, Roy Wagner nota que "a vida de uma pessoa é a soma dos seus trajetos, a inscrição total dos seus movimentos, algo que pode ser traçado ao longo do chão" (Wagner, 1986, p. 21). Isso não é diferente quando se viaja de carro, como Young descobriu entre o povo vizinho Pitjantjatjara. Os caçadores são conhecidos e identificados pelas suas estradas, e a história de uma estrada seria contada somente enquanto as pessoas "*iam junto*" (Young, 2001, p. 46, ênfase original). Ir junto, entretanto, é trilhar o seu caminho *pelo* mundo, em vez de rotear de ponto a ponto *através* da sua superfície. Verdadeiramente, para o andarilho, o mundo, como tal, não tem superfície. É claro que ele encontra superfícies de diversos tipos: chão sólido, água, vegetação e assim por diante. De fato, é majoritariamente graças à maneira pela qual essas superfícies respondem à luz, som e pressão do toque que ele percebe o mundo da forma que faz. Elas são superfícies, contudo, *no* mundo, não *do* mundo (Ingold, 2000, p. 241). E, tecidas na sua própria textura e, portanto, na própria paisagem em si, são linhas de crescimento e movimento dos seus habitantes; cada linha dessas é equivalente a um caminho de vida.

Os povos australianos aborígenes, escreve Bruce Chatwin, imaginam o seu campo não como a área de uma superfície que pode ser dividida em blocos, mas uma "rede interligada" de linhas ou "caminhos através". "Todas as nossas palavras para 'campo'", o interlocutor aborígene de Chatwin lhe disse, "são as mesmas palavras para 'linha'" (Chatwin, 1987, p. 62). Essas são linhas ao longo das quais os seres ancestrais cantaram o mundo em existência no Tempo do Sonho, e são retraçadas nas idas e vindas, bem como ao cantar e contar histórias das suas reencarnações contemporâneas. Tomadas juntas, formam um emaranhado de cordões entrelaçados e complexamente amarrados. Mas será que esse emaranhado realmente é uma *rede*, uma *network*, como Chatwin afirma? Verdadeiramente é algo como uma rede no seu sentido original de uma estrutura de trabalho vazado de fios e cordões torcidos. Foi nesse sentido, por exemplo, que Gottfried Semper, no seu ensaio de 1860, ao qual me referi no último capítulo, escreveu sobre a "invenção da rede" entre os povos primitivos, os quais a fizeram e usaram para pescar e caçar (Semper, 1989, p. 218). Todavia, através da sua extensão metafórica para as esferas dos transportes e das comunicações modernas, e especialmente das tecnologias da informação, o significado de "rede" mudou. Agora somos inclinados a pensar nela mais como um complexo de pontos interconectados do que como linhas entretecidas. Por essa razão, acho a caracterização do espaço aborígene de Chatwin um pouco errônea. Esse espaço é mais uma *meshwork* do que uma *network*[17].

Eu empresto o termo "*meshwork*" do filósofo Henri Lefebvre, que fala dos "padrões reticulares deixados pelos animais, tanto selvagens quanto domésticos, e pelas pessoas (dentro e em volta das casas das vilas ou pequenas cidades, bem como nos arredores imediatos da cidade)", cujos movimentos tecem um ambien-

17. O autor faz aqui um jogo de palavras e introduz um termo que ele usará no desenvolvimento seguinte. A palavra inglesa *net* significa "rede", principalmente referindo-se a coisas físicas, como rede de pesca, armadilha, rede de tênis etc. Já a palavra *network*, apesar de ter as suas raízes nas palavras *net* (rede) e *work* (trabalho), e de ter sido usada inicialmente para significar redes tecidas usadas como ferramentas de trabalho, passou a significar "qualquer sistema complexo e interligado", especialmente quando se trata de rede de comunicação, de transporte, de contatos profissionais etc. Essa mudança semântica é essencial para o argumento do autor, que busca mostrar evidências dessa transformação de linhas livres em segmentos de reta conectores entre pontos. A palavra *meshwork*, que combina *mesh* (tela, malha) com *work* (trabalho), transmite melhor a ideia de linhas emaranhadas, formando uma textura do significado contemporâneo da palavra *network* [N.T.].

te que é mais "arquitextural" do que arquitetural (Lefebvre, 1991, p. 117-118). Benjamin Orlove, no seu estudo da vida e da terra em volta do Lago Titicaca, nos Andes Peruanos, oferece uma descrição viva de tal "*meshwork* arquitextural", uma "teia de linhas na terra" que cobre o altiplano. A maioria dessas linhas, Orlove relata,

> mal têm um metro de largura, pisadas e trilhadas pelas patas de animais e pés de homens e mulheres, e também de crianças que, com três ou quatro anos, trotam sem reclamar para acompanhar os adultos, quer para uma caminhada curta para a casa ou o campo de um parente, quer para andar meia jornada para um pasto ou mercado distantes. Algumas das linhas são, de forma bem literal, desenhadas na terra pelos habitantes trabalhando com picaretas e pás. Poucas delas são mais largas, até cinco metros de largura, e recebem a passagem ocasional de um carro ou caminhão (Orlove, 2002, p. 210).

As linhas de uma *network*, no sentido contemporâneo, ligam os pontos. Elas são conectoras. Entretanto, as linhas que Orlove descreve nessa passagem formam uma *meshwork* de trilhas entretecidas em vez de uma *network* de rotas que se cruzam. As linhas da *meshwork* são as trilhas *ao longo* das quais a vida é vivida. E, como mostrarei esquematicamente na figura 3.1, é no entrelaçamento das linhas, e não na conexão de pontos, que a malha é constituída.

Andarilhar, creio eu, é a modalidade mais fundamental pela qual os seres vivos, tanto humanos quanto não humanos, habitam na terra. Por habitação não quero dizer tomar o seu lugar em um mundo que foi preparado de antemão para que as populações chegassem e residissem aqui. O habitante é mais um que participa internamente do próprio processo pelo qual o mundo vem à existência continuamente e que, ao deixar uma trilha de vida, contribui para a sua tecelagem e textura. Essas linhas são tipicamente enroladas e irregulares, mas ainda assim compreensivelmente emaranhadas formando um tecido coeso. "Ao descrever as suas vidas passadas", escreve o antropólogo Renato Rosaldo sobre o povo Ilongot das Filipinas, "os Ilongots falam sobre andar por caminhos que meandram, como cursos de rios que fluem, de formas que não podem ser previstas" (Rosaldo, 1993, p. 257). Eles não têm um destino último, nem um ponto-final com o qual estão buscando se ligar. Isso não é para negar que os habitantes também se engajam em práticas de transporte, como mostra o exemplo dos caçadores de rena Orochon. Mas as linhas de transporte, nesse e em outros casos semelhantes, liga pontos num mundo constituído por movimentos de andarilhar. O rastro do trenó Orochon é mantido dentro da malha, e nunca cruza os caminhos da vida traçados pelo caçador na sela.

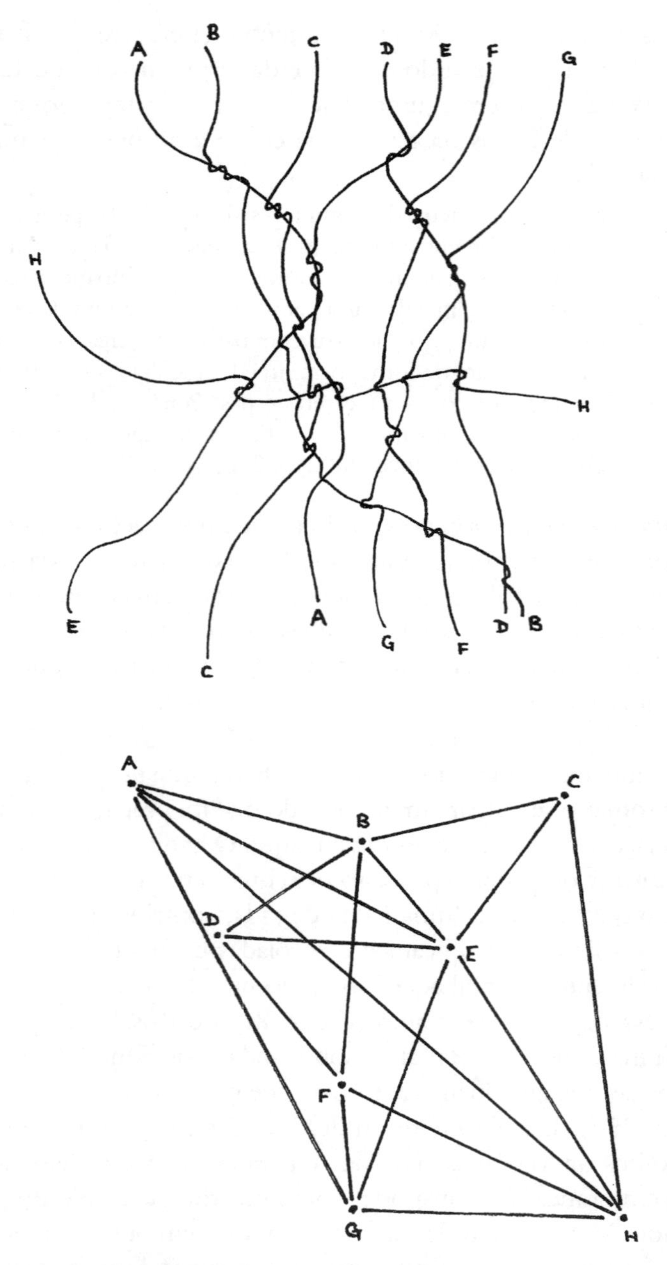

Figura 3.1 – A *meshwork* de linhas emaranhadas (acima) e a *network* de pontos conectados (abaixo).

Entretanto, de tempos em tempos no curso da história, poderes imperiais procuraram ocupar o mundo habitado, lançando uma *network* de conexões por aquilo que parece, aos seus olhos, ser não um tecido de trilhas, mas uma superfície em branco. Essas conexões são linhas de ocupação. Elas facilitam a passagem externa de pessoal e equipamento para locais de colonização e extração, e voltam com as riquezas retiradas de lá. Diferentemente dos caminhos formados pelas práticas de andarilhar, tais linhas são reconhecidas e construídas antes que o tráfico comece a subir e descer por elas. Elas são tipicamente retas e regulares, e só intercedem em pontos nodais de poder. Traçadas cruzando o campo, elas são inclinadas a pisar cruelmente sobre as linhas de habitação que estão tecidas nele, cortando-as como, por exemplo, uma estrada de caminhões, uma ferrovia ou uma linha de tubulação corta as pequenas vias frequentadas por humanos e animais nas vizinhanças pelas quais elas passam (cf. fig. 3.2). Mas as linhas de ocupação não apenas se conectam. Elas também dividem, cortando a superfície ocupada em blocos territoriais. Essas linhas de fronteira, também construídas para restringir o movimento em vez de facilitá-lo, podem interromper seriamente as vidas dos habitantes cujas trilhas elas acabam cruzando. Elas são linhas, como o novelista Georges Perec observou, "pelas quais milhões de pessoas morreram" (apud Paasi, 2004, p. 176).

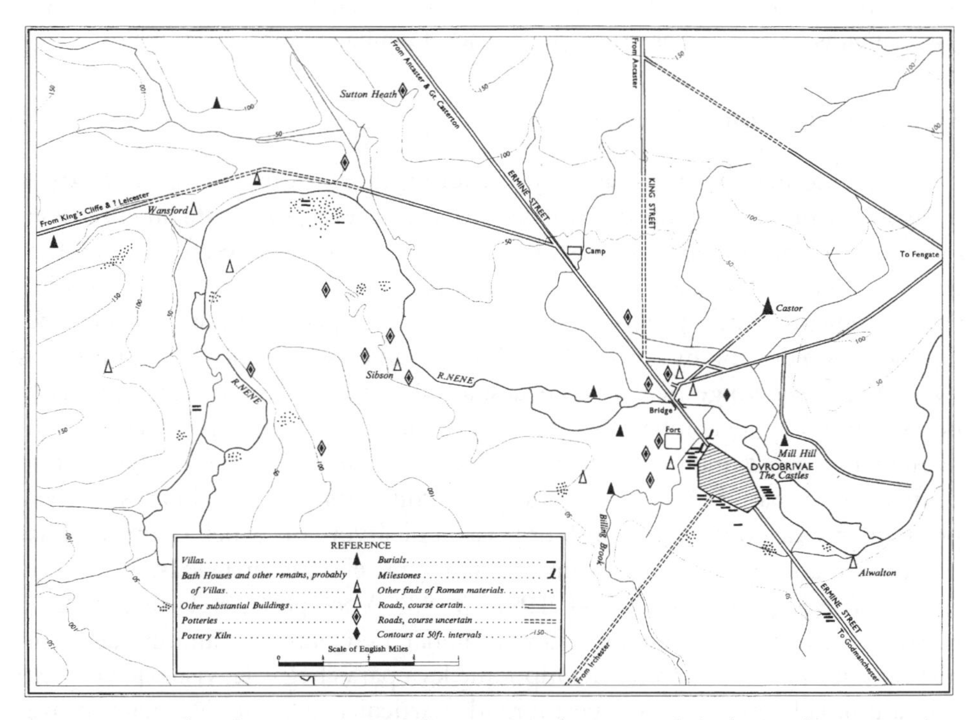

Figura 3.2 – Linhas de ocupação. Estradas convergindo para a cidade de Durobrivae, um dos principais centros industriais durante a ocupação romana da Grã-Bretanha (Ordance Survey Map of Roman Britain, 2006).

Para resumir até aqui: estabeleci um contraste entre duas modalidades de viagem, a saber, andarilhar e transportar. Assim como a linha que sai para dar uma volta, o caminho do andarilho vai aqui e ali, e pode até parar aqui e ali antes de prosseguir. Todavia, ele não tem começo nem fim. Enquanto está na trilha, o andarilho está sempre em algum lugar, mesmo que todo "algum lugar" esteja no caminho de algum outro lugar. O mundo habitado é uma *meshwork* reticulada formada de tais trilhas, que estão continuamente sendo tecidas conforme a vida continua ao longo delas. O transporte, por contraste, está ligado a localizações específicas. Cada movimento serve ao propósito de relocar as pessoas e os seus efeitos, e é orientado para uma destinação específica. O viajante que parte de uma localização e chega a outra não está, neste ínterim, em nenhum lugar que seja. Tomadas juntas, as linhas de transporte formam uma *network* de conexões ponto a ponto. No projeto colonial de ocupação, essa *network*, que uma vez fluía por baixo da vida e era restringida pelos seus caminhos, se torna ascendente, se espalhando através do território e passando por cima das trilhas entrelaçadas dos seus habitantes. Agora, darei continuidade para mostrar como a distinção entre a caminhada e a conexão baseia uma diferença fundamental não apenas na dinâmica do movimento, mas também na integração do conhecimento. Começo com uma discussão das maneiras pelas quais as linhas podem ser desenhadas sobre os mapas.

Mapeamento e conhecimento

A grande maioria dos mapas que já foram desenhados por seres humanos mal sobreviveram aos contextos imediatos da sua produção. Normalmente, esses são contextos de contagem de histórias nas quais as pessoas descrevem as jornadas que fizeram, ou que foram feitas pelas personagens de uma lenda ou mito, frequentemente com o propósito de prover direções para que outros possam seguir ao longo dos mesmos caminhos. Retraçando os seus passos na narrativa, os contadores também gesticulam com as suas mãos e dedos, e estes gestos podem, por sua vez, originar linhas. Na sua maior parte, tais linhas são essencialmente efêmeras, consistindo em traços ou riscados na areia, barro ou neve, usando os dedos ou uma ferramenta simples, ou rascunhadas sobre qualquer superfície prontamente disponível, tal como uma casca de árvore ou papel, ou mesmo nas costas da mão. Comumente, assim que são feitas elas são apagadas, lavadas ou amassadas e jogadas fora (Wood, 1993, p. 83). Você pode, é claro, guardar o mapa-rascunho que eu desenhei para lhe ajudar a encontrar o caminho até a minha casa, mas apenas durante o tempo que leva para chegar lá, visto que ele tem pouca utilidade exceto para aquela jornada particular que, uma vez feita, provavelmente você não esquecerá. O mapa não lhe fala onde as coisas estão, permitindo-lhe navegar de qualquer localização espacial que você quiser até qualquer outra. Pelo contrário, as linhas no mapa-rascunho são formadas por reencenação gestual das jornadas *feitas na prática* para e de lugares que já são conhecidos pelas suas histórias de idas e vindas prévias. As junções, bifurcações e interseções dessas linhas indicam quais caminhos seguir e quais podem lhe desviar, dependendo de aonde você quer ir. Elas são linhas de movimento. Na verdade, o "andar" da linha retraça a sua própria "caminhada" pelo terreno.

Por essa razão, mapas-rascunho geralmente não são envolvidos por molduras ou bordas (Belyea, 1996, p. 6). O mapa não afirma representar um certo território, ou marcar localizações espaciais de características inclusas dentro das suas fronteiras. O que conta são as linhas, não os espaços entre elas. Assim como o campo pelo qual o andarilho passa é composto de uma *meshwork* de caminhos de viagem, assim o mapa-rascunho é composto, nem mais nem menos, pelas linhas que o formam. Elas são traçadas *ao longo*, na evolução de um gesto, em vez de *através* das superfícies sobre as quais elas são traçadas. De fato, em princípio, as linhas do mapa-rascunho não precisam, de forma nenhuma, ser traçadas em quaisquer superfícies. A mão que gesticula pode muito bem tanto tecer quanto desenhar, criando algo mais parecido com um jogo cama de gato do que um diagrama. No passado, o povo aborígene australiano usava figuras de cordões para descrever os "cordões" ou rastros do Tempo do Sonho ancestral (Rose, 2000, p. 52), ao passo que os marinheiros da Micronésia usavam talos de folhas de coqueiro para mapear os cursos de interseção dos vagalhões oceânicos (Turnbull, 1991, p. 24; cf. Ingold, 2000, p. 241). Os mapas cartográficos modernos, contudo, são bem diferentes. Tais mapas sempre têm bordas separando o espaço interno, que é parte do mapa, do espaço externo, que não é. Com certeza, há muitas linhas no mapa, representando coisas tais como estradas e ferrovias, bem como fronteiras administrativas. Mas essas linhas, desenhadas através da superfície do mapa cartográfico, significam ocupação, e não habitação. Elas denotam a apropriação do espaço em torno dos pontos que as linhas conectam ou, se elas forem linhas de fronteira, que elas cercam.

Nada ilustra melhor essa diferença entre as linhas do mapa-rascunho e aquelas do mapa cartográfico do que o nosso hábito de desenhar *sobre* os mapas de cada tipo (Orlove, 1993, p. 29-30). Desenhar sobre um mapa-rascunho é meramente adicionar o traço de mais um gesto aos traços dos gestos anteriores. Tal mapa pode ser o produto conversacional de muitas mãos, no qual os participantes se revezam para adicionar linhas conforme descrevem as suas várias jornadas. O mapa cresce linha por linha conforme a conversação prossegue, e não há um momento em que se possa dizer que ele está verdadeiramente completo. Pois em cada intervenção, como Barbara Belyea nota, "o gesto se torna parte do mapa" (1996, p. 11). No entanto, desenhar sobre um mapa cartográfico é uma coisa bem diferente. O navegador pelo mar pode planejar o seu curso numa carta, usando régua e lápis, mas a linha reta não forma uma parte da carta e deve ser apagada assim que viagem é concluída. Se, por outro lado, eu pegasse uma caneta e, enquanto estivesse contando a história de uma viagem, retraçasse com tinta o meu caminho pela superfície do mapa, eu seria julgado como tendo cometido uma ofensa equivalente a escrever por todo o texto escrito de um livro! Mais abaixo voltarei ao paralelo entre o mapa e o livro, pois a linha de escrita, como mostrarei, sofreu uma transformação histórica parecida com aquela da linha desenhada no mapa. O meu ponto presente é que o traço gestual, ou a linha que saiu para dar uma volta, não tem nada a ver com a disciplina de Cartografia. Longe de se tornar uma parte do mapa, ela é considerada uma excrecência que deveria ser removida (Ingold, 2000, p. 234). Isso porque a linha cartográfica não é o traço de um gesto, nem o olho; ao lê-la, segue a linha como seguiria um gesto. Essas linhas não são traços, mas conectores.

Michel de Certeau mostrou como os mapas dos tempos medievais, que eram, na realidade, histórias ilustradas contando as jornadas feitas e os encontros memoráveis ao longo do caminho, foram gradualmente suplantados durante o início da história da Modernidade por representações espaciais da superfície da terra (Certeau, 1984, p. 120-121). Nesse processo, os contos originais foram quebrados em fragmentos icônicos que, por sua vez, foram reduzidos a meros embelezamentos decorativos incluídos, ao lado dos nomes dos lugares, entre o conteúdo de locais particulares. A fragmentação da narrativa, e a compreensão de cada pedaço dentro dos limites de uma localização demarcada é um paralelo impressionante do impacto do transporte orientado para a destinação sobre as práticas primitivas de andarilhar. No mapeamento, assim como na viagem, a trilha deixada como o traço de um gesto é convertida ao equivalente a uma linha pontilhada. Desenhar uma linha sobre um mapa cartográfico é como ligar os pontos. Tais linhas, como numa carta de navegação marítima ou num mapa de rotas de tráfegos aéreos, formam uma *network* de conexões ponto a ponto. Elas capacitam o futuro viajante a montar um plano de rota, na forma de uma corrente de conexões e, assim, *virtualmente* alcançar o seu destino mesmo antes de partir. Como um artefato ou uma montagem cognitiva, o plano preexiste à sua encenação "no solo".

O mesmo princípio se aplica na confecção do próprio mapa. Para mapear o curso de um rio, por exemplo, você usaria dados topográficos para traçar localizações nas margens numa série de pontos. Fazendo cada ponto com um sinal ou uma cruz, depois você os uniria. A figura 3.3 é retirada de um mapa do Rio Skælbækken, que forma parte da fronteira entre a Alemanha e a Dinamarca, incluso num atlas topográfico de fronteiras de 1920. No mapa o curso do rio é reconstruído como duas cadeias de ponto conectados, grosseiramente paralelas, correspondendo às suas margens. O curso traçado pelas águas do Skælbækken, conforme elas fluem *ao longo* na direção do mar, passou a ser uma linha divisória dupla que corta *através* do plano do mapa, marcando uma fronteira internacional definitiva. Enquanto no mapa o espaço intermediário indica uma relação entre os territórios de cada lado, no mundo, como Gilles Deleuze e Félix Guattari dizem, esse meio é precisamente "onde as coisas ganham velocidade". O verdadeiro rio continua numa direção ortogonal em relação ao território, "corroendo as suas duas margens e ganhando velocidade no meio" (Deleuze & Guattari, 1983, p. 58).

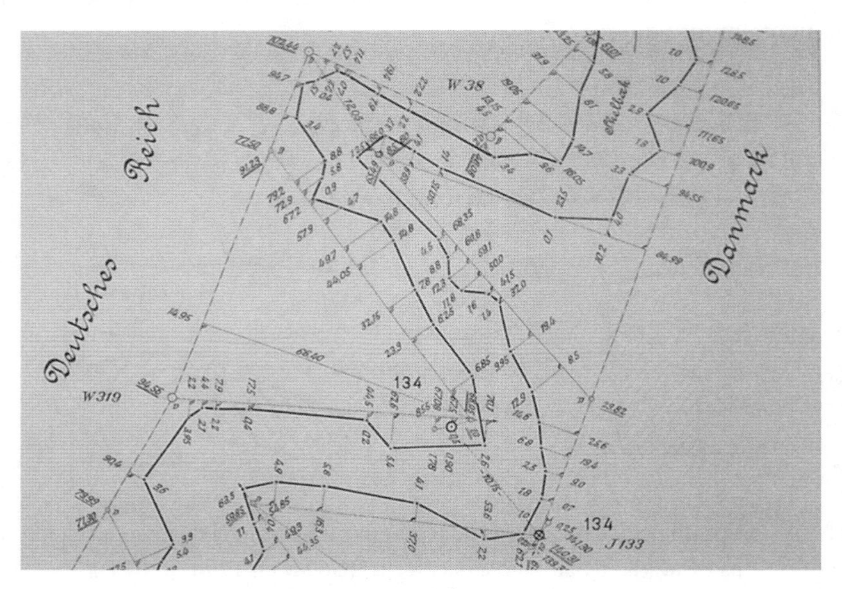

Figura 3.3 – Mapa do Rio Skælbækken na fronteira entre a Dinamarca e a Alemanha (Sonderjyllands Statsamt do Grænseatlas, 1920).

Outro exemplo vem do relato de Charles Goodwin (1994) sobre as práticas de confecção de mapas dos arqueólogos. Nesse caso, o mapa é um perfil, isto é, um corte de secção vertical através da terra num sítio de escavação. No extrato seguinte, Goodwin descreve o procedimento envolvido:

> Para demarcar o que o arqueólogo crê ser duas camadas diferentes de terra, uma linha é desenhada entre elas com uma espátula. A linha e a superfície do solo acima dela são então transferidas para um pedaço de papel quadriculado. Essa é uma tarefa que envolve duas pessoas. Uma mede as coordenadas do comprimento e da profundidade dos pontos a serem mapeados, usando uma régua e uma trena. Ele ou ela informa as medidas com pares de números, tais como "em quarenta, e onze vírgula cinco"... Um segundo arqueólogo transfere os números providos pelo que mede para um pedaço de papel quadriculado. Depois de mapear um conjunto de pontos, ele ou ela faz o mapa desenhando as linhas entre eles (Goodwin, 1994, p. 612).

A linha desenhada na terra com uma espátula, justamente como aquela gravada pelo rio na paisagem, é, certamente, o traço de um movimento. Mas a linha no papel quadriculado é uma sequência de conexões ponto a ponto (fig. 3.4). Essas linhas são distinguidas precisamente como o traçado de Laurence Sterne do floreio do cabo, com o qual eu comecei, é distinguido da minha reconstrução dele "ligando os pontos". Ambos os tipos de linha incorporam, na sua formação, uma certa maneira de conhecer. Mas essas maneiras, como mostrarei agora, são fundamentalmente diferentes.

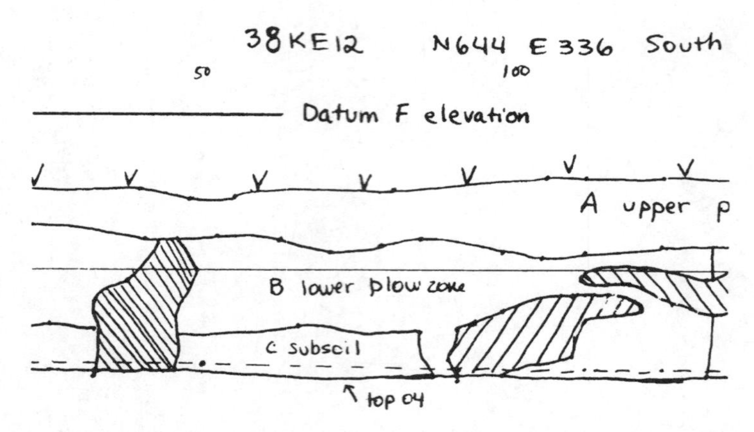

Figura 3.4 – Mapa do perfil das camadas de terra expostas na lateral de fosso quadrado cavado na escavação de um sítio arqueológico (Goodwin, 1994, p. 611).

Quando, ao desenhar o meu mapa-rascunho para um amigo, peguei a minha linha para dar uma volta, eu retracei, num gesto, a caminhada que fiz no campo e que estava originalmente traçada como uma trilha pelo chão. Contando a história enquanto desenhava, teci um fio de narrativa que vagava de tópico em tópico, assim como na minha caminhada vaguei de lugar em lugar. Essa história reconta apenas um capítulo da jornada sem fim que é a própria vida, e é através dessa jornada, com todas as suas reviravoltas, que nós crescemos no conhecimento do mundo à nossa volta. Como James Gibson argumentou, ao apresentar a sua psicologia ecológica, nós percebemos o mundo ao longo de um "caminho de observação" (1979, p. 197). Seguindo no nosso caminho, as coisas entram e saem da nossa visão, conforme novas vistas se abrem e outras se fecham. Por conta dessas modulações no arranjo da luz refletida que alcança os nossos olhos, a estrutura do nosso ambiente é revelada progressivamente. Em princípio, isso não é diferente com os sentidos do tato e da audição, pois, juntamente com a visão, esses são apenas aspectos de um sistema completo de orientação corporal. Assim, o conhecimento que temos do nosso meio é forjado no próprio curso do nosso movimento por ele, na passagem de lugar a lugar e na mudança dos horizontes ao longo do caminho (Ingold, 2020, p. 227). Como andarilhos, experimentamos o que Robin Jarvis (1997, p. 69) chamou de uma "ordenação progressiva da realidade", ou a integração do conhecimento *ao longo* de um caminho de viagem.

Entretanto, não é assim que a questão é compreendida dentro da estrutura dominante do pensamento moderno. Em vez disso, supõe-se que o conhecimento é montado ao reunir, dentro de uma figura completa, as observações retiradas de um número de pontos fixos. Como vimos, é assim que o agrimensor procede na construção de um mapa cartográfico. Muitos geógrafos e psicologistas têm argumentado que nós somos todos topógrafos nas nossas vidas cotidianas, e que usamos os nossos corpos, assim como o agrimensor usa os seus instrumentos, para obter informações de múltiplos pontos de observação que, posteriormente, são transferidas para a mente, e a partir das quais ela monta uma representação compreensiva do mundo: o assim chamado mapa cognitivo. "O problema da percepção", escreve o psicólogo Keith Oatley, é entender os processos "que nos permitem criar nas nossas mentes uma representação... de como as coisas são do lado de fora, dado um conjunto fragmentário, mutável e bidimensional de excitações de receptores" (Oatley, 1978, p. 167). De acordo com essa visão, o conhecimento é integrado não por ir *ao longo*, mas por amontoar *para cima*, isto é, por encaixar esses fragmentos específicos de um local em estruturas de uma inclusividade cada vez maior. Com efeito, a caminhada do agrimensor (se ele *realmente* anda, ao invés de usar um veículo) é repartida e reduzida à contraparte geográfica da linha pontilhada. Assim como ao desenhar a linha pontilhada a ponta do lápis tem que ser carregada de um ponto para o próximo, assim, para obter os seus dados, o agrimensor tem que ser transportado de local em local. Mas se os movimentos transversos da mão, no primeiro caso, são ancilares ao processo de inscrição, assim aqueles do agrimensor, no último, são ancilares ao processo de observação. Servindo meramente para relocar o agente e o seu equipamento, ou a mente com o seu corpo, de um local estacionário de observação a outro, eles não têm parte na integração da informação obtida.

Argumentei que é fundamentalmente pelas práticas de andarilhar que os seres habitam o mundo. Do mesmo modo, as formas de saber dos habitantes vão ao longo, e não para cima. Ou, numa palavra, o conhecimento do habitante (como o chamarei) é integrado *ao longo*. Considere, por exemplo, o conhecimento dos nomes dos lugares. Steven Feld descreve como, para os Kaluli da Papua-Nova Guiné, cada lugar repousa sobre um caminho (*tok*), de forma que nomear os lugares é sempre uma parte de uma lembrança, no discurso ou na canção, de viajar o *tok* ao longo do qual eles estão (Feld, 1996, p. 103). Entre os Navajo do sudoeste dos Estados Unidos, de acordo com Klara Kelley e Harris Francis (2005), os nomes dos lugares que indicam pontos de referência específicos são falados em sequência para formar histórias ou "mapas verbais" descrevendo linhas de viagem para as pessoas seguirem. Essas, contudo, eram instruções para guiar, em vez de trilhas reais no chão, pois as pessoas, responsivas às variações na distribuição dos recursos naturais e outras contingências, "encontrariam o seu caminho indo e voltando ao longo do mapa verbal" (Kelley & Francis, 2005, p. 99). Num estudo do distrito Saami de Inari, no nordeste da Finlândia, Nuccio Mazzullo (2005, p. 173) mostra como os nomes são atribuídos, lembrados ou invocados no decorrer da realização de jornadas particulares, ou conforme elas são recontadas na narrativa; cada nome retira o seu significado desse contexto de narrativa. Desse modo, ao longo de um certo rio, há um nome para toda alça e curva, e para toda piscina ou corredeira. O nome, todavia, longe de ser afixado a uma localização específica no rio, denota um momento na jornada rio acima, uma jornada feita habitualmente por aqueles que vivem ao longo das suas margens. Listar esses nomes é contar a história da jornada inteira.

No entanto, tais nomes não significam nada em si mesmos, e raramente aparecem em mapas cartográficos. Pois agrimensura é um tipo de ocupação, não de habitação. Os nomes que o agrimensor busca são atribuídos às localizações em termos das suas características distintivas, mas sem nenhuma relação a como a pessoa chega lá. Essas localizações nomeadas são os componentes que, depois, serão montados, formando uma totalidade maior; o conhecimento do ocupante, resumindo, é integrado *verticalmente*. E isso, por fim, nos traz ao ponto crucial da diferença entre esses dois sistemas de conhecimento, da habitação e da ocupação, respectivamente. No primeiro, a forma de conhecer é, em si, um caminho de movimento pelo mundo: o andarilho literalmente "conhece conforme anda" (Ingold, 2000, p. 229-230), ao longo de uma linha de viagem. O segundo, por contraste, é fundamentado sobre uma distinção categórica entre a mecânica do movimento e a formação do conhecimento, ou entre a locomoção e a cognição. Ao passo que a locomoção corta de ponto a ponto *através* do mundo, a cognição acumula *para cima* a partir do arranjo de pontos e materiais coletados dele, formando uma montagem integrada.

Enredo e trama

Sugeri que desenhar uma linha sobre um mapa-rascunho é muito parecido com contar uma história. De fato, normalmente os dois andam lado a lado como cordões complementares da única e mesma atuação. Assim, o enredo vai *ao longo*, da mesma forma que a linha no mapa. As coisas as quais a história conta, vamos dizer, nem tanto existem, mas ocorrem; cada uma é um momento de atividade contínua. Essas coisas, em poucas palavras, não são objetos, mas tópicos. Residindo na confluência de ações e reações, cada tópico é identificado pelas suas relações às coisas que prepararam o caminho para ele, que concorrem com ele no mesmo momento e que o seguem para dentro do mundo. Aqui, o significado de "relação" tem que ser entendido de forma bem literal, não como uma conexão entre entidades pré-localizadas, mas como um caminho traçado pelo terreno da experiência vivida. Longe de serem pontos de conexão numa *network*, cada relação é uma linha numa *meshwork* de trilhas entretecidas. Contar uma história, então, é *relacionar*, na narrativa, as ocorrências do passado, retraçando um caminho pelo mundo que outros, pegando recursivamente os fios das vidas passadas, podem seguir no processo de fiar as suas próprias. Contudo, assim como nas laçadas e no tricô, o fio que está sendo fiado agora e o fio tomado do passado são ambos do mesmo novelo. Não há um ponto no qual a história termina e a vida começa. Assim:

Numa conferência recente, a antropóloga russa Natalia Novikova apresentou um trabalho sobre o significado da autodeterminação para o povo Khanty, do oeste da Sibéria, explicando como os antigos contadores de história Khanty continuavam durante a noite até que todos estivessem dormindo, de forma que ninguém nunca saberia como as suas histórias realmente terminaram (Novikova, 2002, p. 83). A palavra Khanty, usualmente traduzida como "história", significa literalmente um *caminho*, não no sentido de um código de conduta prescrito, sancionado pela tradição, mas no sentido de uma trilha a ser seguida, ao longo da qual uma pessoa pode continuar indo em frente em vez de chegar a um fim morto ou ser presa numa volta de ciclos repetitivos (Kurttila & Ingold, 2001, p. 192). Semelhantemente, há as histórias contadas pelos caçadores Orochon, ao voltarem todas as noites para o acampamento, raramente terminam com a morte da presa, mas, em vez disso, detalham tudo, as coisas interessantes testemunhadas e encontradas ao longo da trilha. As histórias, para os Orochon, não deveriam terminar pela mesma razão que a vida também não deveria. Elas, em vez disso, são continuadas enquanto a sela, a incorporação do uníssono do homem e a sua rena de montaria, continua a trilhar um caminho pela floresta. E, já que as selas são herdadas, cada geração recebe e continua as histórias dos seus predecessores (Kwon, 1998, p. 118-121). Assim como a linha que sai para dar uma volta, tanto na história quanto na vida, sempre há mais algum lugar adiante para ir. E, tanto ao contar a história quanto ao andarilhar, é no movimento de lugar a lugar, ou de tópico a tópico, que o conhecimento é integrado.

Entretanto, vamos supor agora que a história seja contada não com a voz, mas com a escrita. Em vez de um fluxo de som vocal, nós temos a linha do texto escrito à mão. Será que essa linha, também, não sai para caminhar, avançando continuamente a partir da ponta da caneta conforme a história prossegue? Na sua discussão dos paralelos entre andar e a escrita narrativa, Rebecca Solnit apresenta justamente tal analogia:

> Escrever é talhar um novo caminho pelo terreno da imaginação, ou apontar novas características numa rota familiar. Ler é viajar por esse terreno com o autor como guia... Muitas vezes desejei que as minhas frases pudessem ser escritas como uma única linha correndo ao largo, para que ficasse claro que uma frase é, semelhantemente a uma estrada, e ler, viajar (Solnit, 2001, p. 72).

Conforme mostrarei abaixo, o desejo de Solnit é, de alguma forma, frustrado pela sua percepção de que a escrita consiste em frases e pela sua aparência na página na forma de letras discretas e palavras uniformemente espaçadas do texto digitado. Para os leitores da Europa medieval, contudo, a analogia entre ler e viajar teria sido autoevidente, mesmo embora as linhas do texto escrito à mão avançassem fileira por fileira em vez de iram ao longo de caminho contínuo.

Os comentaristas da Idade Média, como vimos no capítulo 1, comparavam de novo e de novo ler com andarilhar, e a superfície da página com uma paisagem habitada. Assim como viajar é lembrar o caminho, ou contar uma história é lembrar como ela segue, assim ler, da sua maneira, era retraçar uma trilha pelo texto. Lembrava-se do texto de uma forma muito parecida como se lembraria de uma história ou uma jornada. O leitor, resumindo, *habitaria* o mundo da página, seguindo de palavra em palavra como o contador de história segue de tópico em tópico, ou o viajante de lugar em lugar. Vimos que, para o habitante, a linha da sua caminhada é uma maneira de saber. Da mesma forma, a linha da escrita é, para ele, uma maneira de lembrar. Em ambos os casos, o conhecimento é integrado *ao longo* de um caminho de movimento. E, nesse aspecto, não há diferença, em princípio, entre o texto escrito à mão e a história evocada no discurso ou na canção. Todavia, há, como mostrarei agora, uma diferença fundamental entre a linha que é escrita ou falada e aquela de uma composição moderna datilografada ou impressa. Então, não é a escrita em si que faz a diferença; antes, é o que acontece com a escrita quando a linha da letra fluida do manuscrito é substituída pelas linhas conectoras de uma trama pré-composta.

Escrever, como é concebido no projeto moderno, não é uma prática de inscrição ou composição de linhas. Tem pouco, se algo, a ver com a arte do escriba. Como observamos no capítulo 1, fazendo o reconhecimento a Michel de Certeau, o escritor moderno encontra a superfície em branco da página como um espaço vazio, aguardando a imposição de uma construção da qual só ele é o autor (Certeau, 1984, p. 134). Sobre esse espaço, ele dispõe fragmentos linguísticos (letras, palavras, frases) que, encaixados hierarquicamente, podem ser integrados para formar uma composição completa. Na verdade, a sua prática não é diferente daquela do cartógrafo que, similarmente, posiciona fragmentos icônicos sobre a superfície do papel para marcar as localizações dos objetos no mundo. Nem na página do livro, nem na superfície do mapa, os gestos do autor realmente deixam qualquer traço além dessas marcas discretas e compactadas. Elas são tudo o que remanesce das linhas originais, respectivamente, do manuscrito e do mapa esboçado. Os elementos da página podem ser unidos na imaginação para formarem uma trama: o equivalente literário do gráfico do cientista ou do plano de rota do turista. Mas as linhas da trama não são traçadas pelo leitor conforme este avança pelo texto. Em vez disso, supõe-se que elas já estão posicionadas antes do início da jornada; essas linhas são conectoras. Lê-las, como André Leroi-Gourhan compreendeu (1993, p. 261), é estudar um plano ao invés de seguir uma trilha. Diferente do seu predecessor medieval, um habitante da página entrelaçado miopemente nos seus traços de tinta, o leitor moderno *inspeciona* a página como se estivesse numa grande altura. Traçando a rota através dela ponto a ponto, como a Marinha Real Britânica sobre os altos-mares, ele se move em termos de área. Ao fazer isso, ele ocupa a página e asserta o seu senhorio sobre ela. Mas ele não habita nela.

Embora eu tenha retirado inspirações do relato de Michel de Certeau sobre a transformação da escrita que acompanhou o começo da Modernidade, ele está errado sobre uma coisa. Depositando fragmentos verbais em certos pontos através do espaço da página, Michel de Certeau nos fala, o escritor moderno realiza "uma prática itinerante, progressiva e regulada: uma 'caminhada'" (1984, p. 134). No entanto, a única coisa que andar *não* faz é deixar fragmentos na sua passagem. Desse modo, uma prática de escrita que deposita fragmentos não pode ser equivalente a andar. É claro, quem caminha procede por passos plantígrados, imprimindo no chão uma sequência de pegadas discretas em vez de uma trilha contínua. O contador de história faz quase o mesmo, como John Berger enfatizou. "Nenhuma história", escreve ele:

> é como um veículo sobre rodas cujo contato com a estrada é contínuo. As histórias caminham, como animais e homens. E os seus passos não são apenas entre eventos narrados, mas entre cada frase e, algumas vezes, entre cada palavra. Cada passo é um largo passo sobre algo que não foi dito (Berger, 1982, p. 284-285).

Verdadeiramente, o mesmo também poderia ser dito da escrita à mão de um manuscrito. Mesmo com uma letra cursiva, o escritor tem que levantar a sua caneta da superfície do papel de tempos em tempos, entre palavras e algumas vezes entre letras.

Contudo, embora os traços daquele que escreve à mão possam ser descontinuados, e até pontuais, o movimento que os gera é um movimento contínuo que não tolera interrupção. Podemos nos recordar, do capítulo 1, que os eruditos medievais se referiam a esse movimento, que eles comparavam com andarilhar, pelo conceito de *ductus*, um conceito ainda usado por paleógrafos com referência ao movimento da mão na escrita. O *ductus* da escrita à mão, Rosemary Sassoon explica, combina "o traço visível de um movimento da mão enquanto a caneta está no papel e o traço invisível dos movimentos quando a caneta não está em contato com o papel" (Sassoon, 2000, p. 39). Assim, o escritor à mão é como a bordadeira de ponto corrido, cujo fio continua mesmo que a sua aparência na superfície tome a forma de travessões uniformemente espaçados; ou como um homem num bote que continua a remar mesmo enquanto tira o seu remo da água; ou, de fato, como o andarilho que não cessa de andar enquanto levanta cada pé, alternadamente, do chão. Dessa maneira, as pegadas não são fragmentos, nem mais os são as letras e as palavras do manuscrito. Elas não são quebradas da linha de movimento, mas implantadas ao longo dela.

Foi quando os escritores *cessaram* de realizar algo semelhante a uma caminhada, insisto, que as suas palavras foram reduzidas a fragmentos e, por sua vez, fragmentadas. Numa tese sobre andar, movimento e percepção, Wendy Gunn (1996) propõe a pergunta: "Como os traços de uma pegada na areia se diferenciam dos registros de caminhada medidos pelos instrumentos de análise de marcha?" O estudo da maneira de se locomover trata andar como um processo mecânico de locomoção, e registra a cinese corporal de sujeitos experimentais traçando a posição de juntas selecionadas em intervalos regulares e unindo os pontos da trama para formar um gráfico. Embora as linhas resultantes sejam contínuas, essas linhas são conectoras e, como tais, são desprovidas de movimento. Elas são linhas de locomoção, não de movimento, e vão *através*, de ponto a ponto, em vez de *ao longo* da trilha do caminho de vida próprio do andarilho. Há mais movimento, Gunn observa, numa única pegada do que em todas essas linhas colocadas juntas, embora a pegada impressa em si seja uma de uma série descontinuada (Gunn, 1996, p. 37-38). De forma parecida, há mais movimento num único traço escrito à mão do que em toda uma página de texto impresso. Se escrever à mão é como andar, então a linha impressa (juntando letras uniformemente espaçadas) é como o registro de uma análise de marcha (juntando tramas equidistantes).

Hoje, quando olhamos para a página impressa, vemos fileira após fileira de marcas gráficas compactas e independentes. No tipo de escrita à mão que imita a imprensa, tal como é exigido quando preenchemos formulários burocráticos, a linha não vai a lugar nenhum. Ela realiza uma pirueta em miniatura num único lugar, do qual a caneta é retirada e transferida um pouco para a direita, onde faz o mesmo novamente. Esses movimentos transversos não são parte do ato da escrita; eles servem somente para transportar a caneta de lugar em lugar. O datilógrafo trabalha precisamente pelo mesmo princípio: as teclas, tocadas com os dedos, distribuem formas prontas de letras na página, mas a máquina cuida do deslocamento lateral. Aqui a conexão original entre o gesto manual e o seu traço gráfico é, enfim, totalmente quebrada, pois os movimentos pontuais dos dígitos nas teclas não têm nenhuma relação com as marcas gravadas nelas e que elas imprimem sobre a página. No texto datilografado ou impresso, cada letra ou sinal de pontuação é condensado em si mesmo, totalmente desligado dos seus vizinhos da esquerda ou da direita. Assim, a linha da letra impressa ou datilografada não sai para dar uma volta. Na verdade, não vai a lugar nenhum, mas permanece confinada ao seu ponto de origem.

Naquele epítome da burocracia moderna, a linha pontilhada, o mesmo princípio, é levado ao seu extremo lógico. Sobre a linha que não é uma linha, o movimento da vida é colapsado numa série de instantes. Sem vida e inerte, ela nem se move nem fala; não tem qualquer personalidade que seja. Ela é, se preferir, a negação perfeita da assinatura que passou a ficar acima dela. Diferente do andarilho, que assina a sua presença na terra na soma sempre crescente das suas trilhas, e o escriba, que assina a sua presença na página na sua linha de letras que sempre se estende, o autor moderno assina a sua obra com o traço de um gesto tão truncado e condensado, e tão profundamente sedimentado na sua memória motora, que ele carrega consigo aonde quer que vá como uma marca da sua identidade única e imutável. Ela é, como o grafólogo H.J. Jacoby coloca, o seu "cartão de visitas psicológico" (apud Sassoon, 2000, p. 76). Assinar na linha pontilhada não é deixar uma trilha, mas executar a sua marca nas coisas a serem encontradas e apropriadas em locais sucessivos de ocupação (fig. 3.5). Nada ilustra melhor a oposição, central à constituição moderna, entre a idiossincrasia individual e as determinações da ordem social.

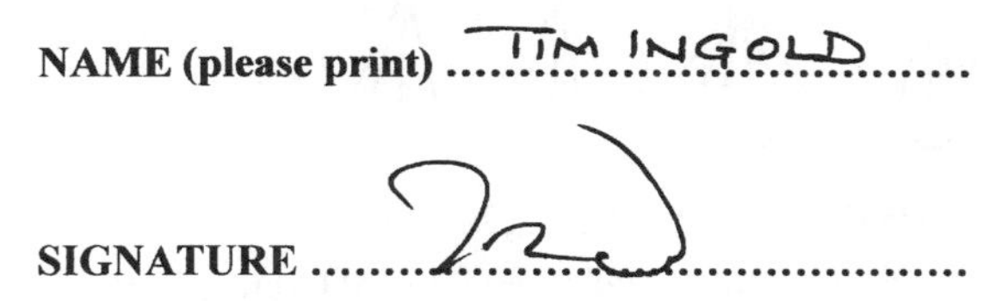

Figura 3.5 – O nome do autor em letra de forma e a sua assinatura, na linha pontilhada.

Agora, se o escritor moderno não deixa uma trilha, o leitor moderno também não segue uma. Escaneando a página, a sua tarefa cognitiva é, em vez disso, remontar os fragmentos que encontra lá em todos maiores: letras em palavras, palavras em frases e frases numa composição completa. Lendo *através* da página ao invés de *ao longo* das suas linhas, ele junta *acima* os componentes distribuídos na sua superfície por uma hierarquia de níveis de integração (cf. fig. 3.6). O procedimento é formalmente equivalente ao da linha de montagem na manufatura industrial, onde o movimento transverso da correia transportadora permite juntar as partes dos componentes, adicionadas em intervalos fixos, ao produto concluído (Ong, 1982, p. 118). Em ambos os casos, a integração procede não ao longo, mas para cima. É por isso, retornando ao sonho de Solnit de escrever ao longo de uma única linha contínua, que a satisfação dela é inevitavelmente frustrada pela premissa de que o texto consiste em *frases*. Pois a frase é um artefato da linguagem, construída de acordo com aquelas regras de montagem que chamamos de "gramática". Cada frase é feita de palavras. Mas, uma vez que as palavras são tratadas como os tijolos das frases, isto é, como componentes de uma montagem, elas não são mais percebidas como *ocorrendo*, como elas eram para o contador de história ou o escriba, em lugares ao longo de um caminho, mas, pelo contrário, como *existindo* como entidades discretas localizadas no espaço da página. Elas também são compostas de elementos, a saber, letras individuais. E, desse modo, a linha de Solnit, que tem a aparência de um cordão de letras, interrompido em intervalos por espaços e sinais de pontuação, nunca pode sequer seguir em frente. Não há um movimento ao longo de um caminho, mas uma corrente imóvel de conectores.

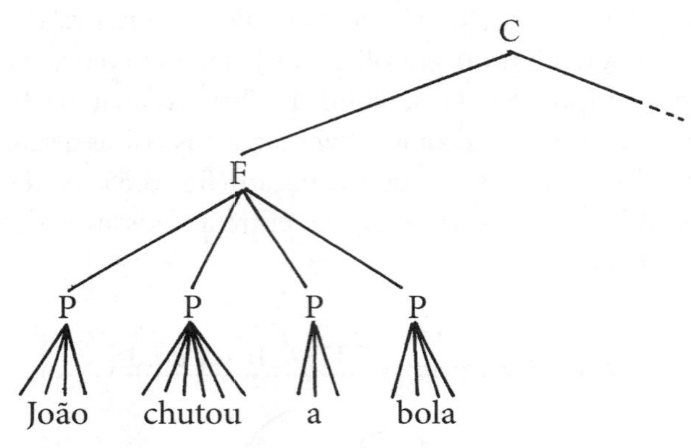

Figura 3.6 – A hierarquia dos níveis de integração num texto impresso moderno. As letras são montadas em palavras (P), que são montadas em frases (F), que, por sua vez, são montadas na composição (C) como um todo.

Para arrematar o argumento desta seção, deixe-me retornar ao irascível Aristóxeno de Tarento, o pupilo de Aristóteles, que encontramos pela primeira vez no capítulo 1. Recorde que Aristóxeno descreveu a prosódia da voz, tanto no discurso quanto na canção, como um movimento de lugar (*topos*) a lugar. Mas, ao passo que a voz falada, pensava ele, vagava continuamente, nunca se acomodando em nenhum lugar por mais que um instante, a voz do cantor se move com a melodia, embora mantendo o seu equilíbrio pelo máximo que pode em um lugar antes de deslizar adiante, apenas para recompor a sua pose em outro. A marcha errante do andarilho e a melodia do dançarino podem ser comparadas nos mesmos termos. Quando, subsequentemente, os textos gregos foram "marcados" com o propósito da apresentação ou da entonação da oratória, essas dinâmicas de movimento e descanso na linha melódica foram indicadas em termos de acentos e sinais de pontuação. O propósito da pontuação, em particular, era mostrar onde o orador poderia fazer uma pausa para respirar. Todavia, crucialmente, essas eram pausas num fluxo que, diferentemente, era contínuo, como fazer uma parada para respirar ao longo do caminho de um lugar para o outro. Vimos como esse fluxo passou a ser entendido pelos escritores medievais em termos da noção de *ductus* como *um caminho pela* composição. "O conceito retórico de *ductus*", explica Mary Carruthers, "enfatiza a descoberta do caminho, organizando a estrutura de qualquer composição como uma jornada por uma série ligada de estágios, nos quais cada um tem o seu próprio fluxo característico" (Carruthers, 1998, p. 80).

O fluxo, aqui, é como aquele dos contornos de uma terra enquanto, ao prosseguir ao longo de um caminho, as superfícies com texturas variadas devem ser comparadas não com os passos na marcha do progresso, mas com as vistas sucessivas que se abrem ao longo do caminho em direção ao objetivo. Ir de estágio em estágio é como virar uma esquina para revelar novos horizontes adiante (Ingold, 2000, p. 238). Mas conforme a escrita à mão deu lugar à imprensa, conforme a página perdeu a sua voz e conforme a tarefa do leitor mudou de andarilhar para navegar, para juntar os componentes de um enredo, assim o fluxo do *ductus* foi silenciado, deixando no seu lugar uma miríade de pequeninos fragmentos. Outrossim, o papel da pontuação não era mais assistir os leitores na modulação do fluxo, mas, em vez disso, de ajudá-los a remontar os elementos do texto. Os sinais de pontuação, que uma vez sinalizavam os pontos de inflexão numa caminhada ou pausas ao longo do caminho, em vez disso passaram a indicar as juntas de uma montagem, marcando os segmentos de uma estrutura sintática integrada verticalmente. Eles não têm nada a ver com a atuação, e tudo a ver com a cognição.

Em volta de um lugar

Uma vítima proeminente da fragmentação das linhas de movimento, conhecimento e descrição que expusemos acima, e da sua compressão em locais confinados, foi o conceito de lugar. Uma vez um momento de descanso ao longo de um caminho de movimento, o lugar foi reconfigurado na Modernidade como um nexo dentro do qual toda a vida, o crescimento e a atividade são *contidos*. Entre os lugares assim concebidos, há somente conexões. Num mapa cartográfico, cada lugar desses é convencionalmente marcado com um ponto. Para mostrar que ele está ocupado, no entanto, pode ser representado como um círculo aberto, com os seus múltiplos ocupantes, as pessoas e coisas a serem encontradas lá, indicadas como pontos menores fechados dentro dele. Assim:

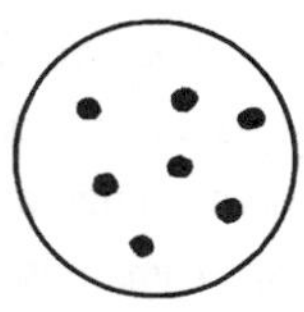

Quem ou o que são exatamente esses ocupantes, nessa representação, não tem nada a ver com onde eles estão ou como chegaram lá. A figura lembra um daqueles jogos nos quais os jogadores que competem movem as suas peças de posição em posição através do tabuleiro (fig. 3.7). A identidade de cada peça é fixada antes de o jogo começar e permanece inalterada por todo ele, independentemente do número de movimentos que faça.

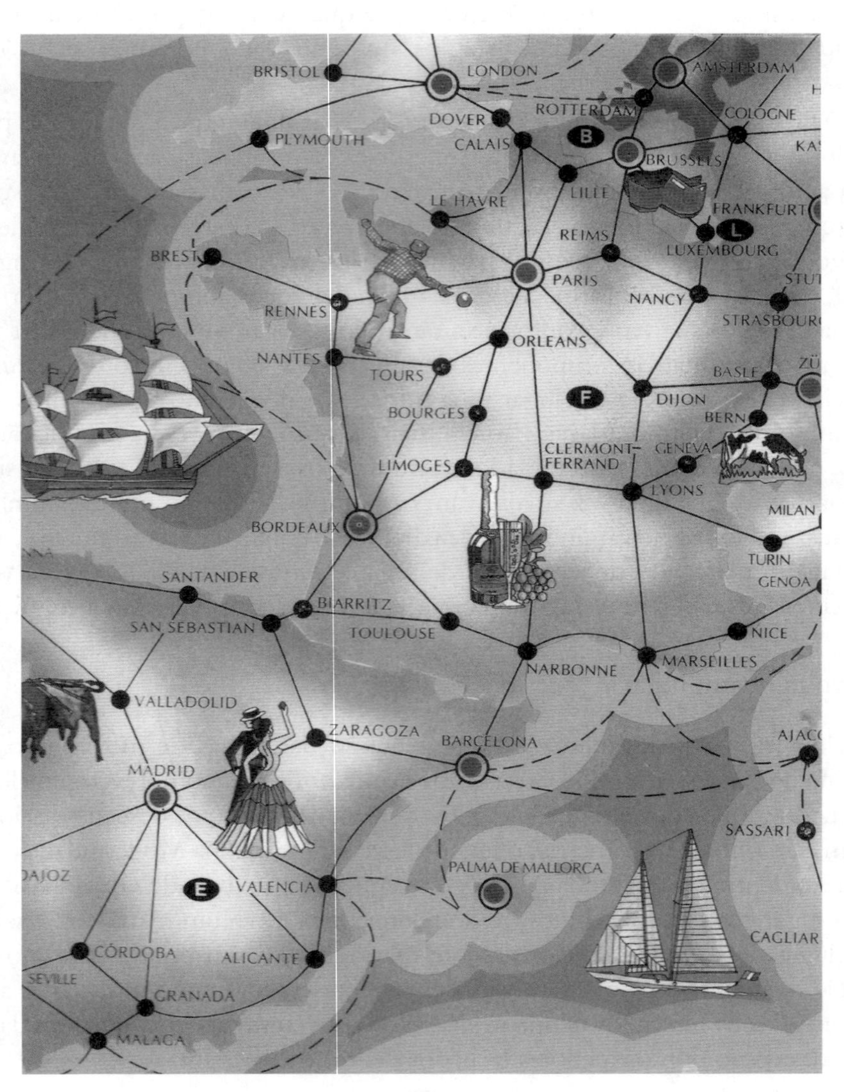

Figura 3.7 – Parte do tabuleiro do jogo *Journey through Europe* [Jornada pela Europa]. Os jogadores têm que transportar as suas peças de uma cidade para outra, dependendo de como lidaram com as cartas, com um número de movimentos determinados pelo lançamento de um dado, mas somente pelos caminhos das linhas marcadas.

De maneira semelhante, como vimos, a identidade substantiva das pessoas e dos bens, isto é, as características que determinam as suas naturezas particulares, não são compreendidas, em princípio, como sendo afetadas pelo seu transporte de local para local. Mas, contrariamente, assim como as posições no tabuleiro são lançadas antes da partida, assim a identidade locacional de cada lugar é especificada independentemente das identidades dos seus ocupantes mais ou menos transitórios. Num mapa, como no jogo de tabuleiro, as localizações ou posições podem ser unidas por linhas para indicar os movimentos possíveis. Essas linhas são, é claro, conectores estáticos ponto a ponto. Juntos formam uma *network* na qual todo lugar simboliza um eixo do qual as conexões se espalham como raios de uma roda (cf. fig. 3.8, esquerda).

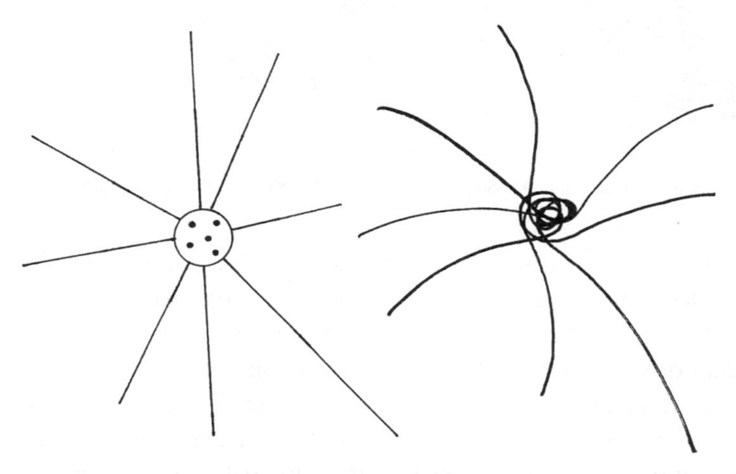

Figura 3.8 – O modelo "eixo e raios" de lugar (esquerda) comparado com o lugar como um nó de linhas de vida emaranhadas (direita). No diagrama à esquerda, o círculo representa um lugar, os pontos são os seus ocupantes vivos e as linhas retas indicam os conectores de uma *network* de transporte. No diagrama da direita, as linhas são habitantes vivos, e o nó no meio é um lugar.

Ora, há, à primeira vista, uma semelhança impressionante entre esse tipo de figura e os padrões que o povo Walbiri, da Austrália Central, desenham, frequentemente com os seus dedos na areia, enquanto contam as jornadas dos seus ancestrais para a formação da terra durante o Tempo do Sonho. Os lugares dos quais os ancestrais emergiram, ou pelos quais viajaram, são representados por círculos, e os caminhos entre eles são retratados por linhas conectoras. No exemplo reproduzido na figura 3.9, retirada de um desenho feito no papel, o ancestral é mostrado como subindo do chão em A, viajando para o ponto B próximo e, depois, continuando por C, D, E e F, antes de retornar para o solo em A. Cada lugar parece para nós, como de fato pareceu para a etnógrafa dos Walbiri, Nancy

Munn, como um receptáculo de vida, ligado a outros lugares como nós numa *network* (Munn, 1973a, p. 213-215).

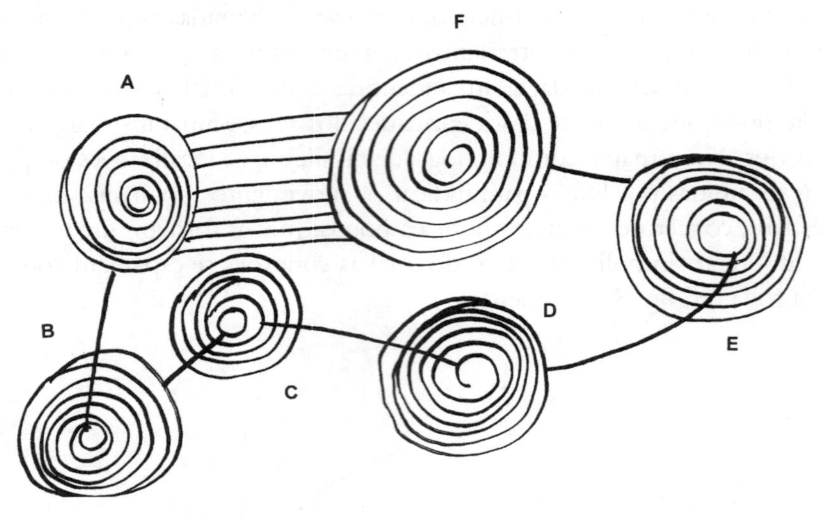

Figura 3.9 – Figura do caminho pelos locais, de um papel desenhado Walbiri (Munn, 1973a, p. 194).

Mas a aparência é enganosa. Uma pista vital é oferecida pelo fato de que o lugar é representado comumente, como na nossa ilustração, não por um círculo único, mas ou por uma série de anéis concêntricos ou por uma espiral enrolando na direção do centro. Além disso, Munn nos fala que os anéis concêntricos e as espirais são tratados como formas equivalentes (1973a, p. 202). Essas formas não são estáticas nem, estritamente falando, se fecham. Elas dão a volta em nada além de si mesmas. O que elas descrevem não é um limite externo dentro do qual a vida é contida, mas, em vez disso, o fluxo da própria vida conforme esta circula em volta de um foco. O lugar, no pensamento Walbiri, é como um vórtex. Embora seja convencional desenhar os anéis ou as espirais e as linhas entre eles com traços separados, de forma que pareça que se cruzam, o movimento que pretendem transmitir é contínuo. Emergindo do chão num ponto focal, o ancestral "caminha em volta" fazendo um acampamento, descrevendo uma espiral sempre crescente, até que ele eventualmente se vira e parte. Voltando, ele conduziria o mesmo movimento ao contrário. Assim:

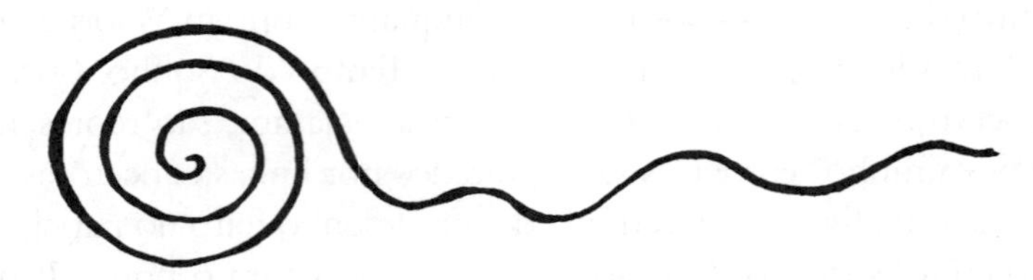

Pela mesma razão que as linhas circulares dos desenhos Walbiri não contém, as linhas retas não conectam. Ambos os tipos de linha, a circular e a reta, são os traços dos movimentos gestuais da mão que inscreve enquanto ela reencena os movimentos dos ancestrais ao longo dos seus caminhos originais. Cada caminho desse, de acordo com Munn, é "um tipo de linha de vida" (1973a, p. 214), traçando uma progressão alternante de "sair" e "entrar". Ao sair, o movimento circular se inclina a um movimento para fora; ao entrar, o movimento em direção se transforma num movimento em volta. Contudo, bem no coração do lugar, como no olho de um vórtex, nada se move de maneira nenhuma; esse é o ponto de absoluto descanso onde, na conceção Walbiri, o ancestral se afunda de volta para o chão de onde veio originalmente. Porém, o retorno nunca é final, pois a força ancestral que anima o local é periodicamente reincorporada nas gerações de pessoas vivas que ela dá origem, que vêm do chão quando nascem e voltam para ele quando morrem. Como habitantes dos lugares dos quais vieram, essas gerações vivas retraçam, nas suas atividades diárias, as perambulações dos seus ancestrais, apesar de numa escala mais fina, deixando uma miríade de trilhas capilares onde esses deixaram trilhas arteriais. Para eles, também, a vida se move *em volta* de lugares, bem como *na direção* e *para fora* de outros lugares. Você faz um acampamento caminhando em volta dele; você se sustenta e sustenta os seus companheiros caçando e coletando ao longo de caminhos que levam de um lugar de acampamento para outro. Mas você só vai para *dentro* de um lugar para morrer.

A vida de uma pessoa Walbiri, como já observei na minha discussão anterior sobre andarilhar, é apresentada no chão como a soma das suas trilhas. Suponha, então, que fôssemos desenhar somente um trecho das trilhas de uma pessoa, mostrando a sua chegada num lugar, a sua permanência momentânea e a sua partida final. Poderia parecer algo assim:

É claro, ela não é única pessoa a passar um tempo no lugar, pois encontra outros lá que podem ter chegado ao longo de trilhas diferentes e, por sua vez, irão em caminhos separados. Se adicionarmos as suas trilhas à figura, ela se torna muito mais convoluta. O lugar agora tem a aparência de um nó complexo. A minha preocupação não é em desatar o nó, mas compará-lo ao modelo "eixo e raios" com o qual comecei esta seção (cf. fig. 3.8). Neste último modelo, o eixo, como um recipiente para a vida, é claramente distinto dos indivíduos que contém, cada um representado por um ponto móvel, bem como das linhas conectando-o a outros eixos na *network*. O nó, em contraste, não contém a vida, mas, em vez disso, é formado pelas próprias linhas ao longo das quais a vida é vivida. Essas linhas são unidas *no* nó, mas elas não são unidas *pelo* nó. No contrário, elas trilhariam além dele, apenas para ficarem presas com outras linhas em outros nós.

Juntos eles formam o que chamei de uma *meshwork*. Por conseguinte, cada lugar é um nó numa *meshwork*, e os fios a partir dos quais ele é traçado são linhas de andarilhar.

É por essa razão que me referi consistentemente aos andarilhos como *habitantes* em vez de *pessoas locais*, e ao que eles sabem como conhecimento habitante ao invés de local. Pois seria muito errado supor que tais pessoas estivessem confinadas dentro de um lugar particular, ou que a sua experiência estivesse circunscrita pelos horizontes restringidos de uma vida vivida só lá. Seria igualmente errado, contudo, supor que o andarilho vaga sem destino sobre a superfície da terra, com nenhum lugar ou lugares para habitar. A experiência de habitação não pode ser compreendida dentro dos termos de uma oposição convencional entre colonizador e nômade, já que essa oposição é, em si, fundamentada no princípio contrário de ocupação. Colonizadores ocupam lugares; nômades falham em fazer isso. Todavia, os andarilhos não são ocupantes falhos ou relutantes, mas habitantes bem-sucedidos. Eles podem ter, na verdade, viajado muito, se movendo de lugar em lugar, muitas vezes por distâncias consideráveis, e contribuindo, por esses movimentos, na formação contínua de cada um dos lugares pelos quais passaram. Andarilhar, resumindo, não é nem sem lugar nem preso a um lugar, mas *formador* de lugares. Ele poderia ser descrito como como uma linha fluente prosseguindo por uma sucessão de lugares, assim:

Mas, agora, deixe-me voltar para aquele *outro* tipo de linha, aquele que Klee descreveu como tendo que manter uma série de compromissos. Estritamente falando, é claro, não é a linha que mantém esses compromissos, mas um ponto. Seguindo uma corrente de conexões, ele pula de um local predeterminado para outro, assim:

Suponha que esse ponto represente um indivíduo com uma agenda cheia. Conforme ele vai de um compromisso para o outro, ele está sempre com pressa. Por que isso deveria ser assim?

Para o andarilho, cuja linha sai para dar uma volta, a velocidade não é um problema. Não faz mais sentido perguntar ao andarilho sobre a velocidade da viagem do que sobre a velocidade da vida. O que importa não é quão rápido se vai, em termos da razão entre a distância e o tempo decorrido, mas que esse movimento esteja de acordo ou afinado com os movimentos de outros fenômenos do mundo habitado. A questão de "Quanto tempo dura?" só passa a ser relevante quando a duração da jornada é medida em relação a um destino predeterminado. Entretanto, uma vez que as dinâmicas do movimento foram reduzidas, como no transporte orientado para a destinação, à mecânica da locomoção, a velocidade da viagem surge como uma preocupação essencial. O viajante, cujos negócios na vida são conduzidos em pontos de parada sucessivos, quer gastar o seu tempo *nos* lugares, não *entre* eles. Enquanto está em trânsito não tem nada para fazer. Muito da história do transporte foi ocupada por tentativas de atenuar esses períodos transitórios e intermediários, inventando meios mecânicos cada vez mais rápidos. Em princípio, a velocidade de transporte pode ser acelerada indefinidamente; de fato, num sistema perfeito o viajante poderia chegar ao seu destino instantaneamente. Mas, na prática, o transporte nunca é perfeito, assim como é impossível estar em vários lugares ao mesmo tempo. Sempre há algum atrito no sistema. Assim, diferente do andarilho que se move *com* o tempo, o viajante transportado corre *contra* ele, vendo na sua passagem não um potencial orgânico para crescimento, mas as limitações mecânicas do seu equipamento. Se fosse feita a sua vontade, cada ponto na sua *network* inteira de conexões, dispostas no plano do presente, poderia ser acessado simultaneamente. E, assim, movido por um ideal inalcançável, as nossas pressas individuais de ponto em ponto tanto tentam quanto inevitavelmente falham em estar em todos os lugares ao mesmo tempo. O tempo que leva é uma medida da sua impaciência.

A possibilidade de puro transporte é, de forma breve, uma ilusão. Não podemos ir de uma localização para outra pulando pelo mundo como sapos, nem o viajante pode jamais ser exatamente o mesmo na sua chegada a um lugar como foi na sua partida. É precisamente porque o transporte é impossível, porque toda viagem é um movimento em tempo real, que os lugares não têm apenas localizações, mas histórias. Uma vez que, aliás, ninguém pode estar em todos os lugares ao mesmo tempo, não é possível separar totalmente as dinâmicas do movimento da formação do conhecimento, como se estivessem em eixos ortogonais correndo, respectivamente, lateral e verticalmente, através e para cima. Na prática, não há como a mente ascender da superfície do mundo enquanto deixa o corpo fazer a sua rota através dele, meramente coletando dados para a mente montar em estruturas de conhecimento objetivo. Pura objetividade é tão ilusória como puro transporte, e muito pelas mesmas razões. A ilusão só pode ser sustentada suprimindo a experiência corporal do movimento de lugar a lugar que é intrínseco à vida, ao crescimento e ao conhecimento. Para fazer o seu trabalho, até o agrimensor tem que dar uma volta, e deve obrigatoriamente deixar os seus olhos vagarem sobre a paisagem justamente como o leitor moderno, enquanto vira as páginas, deixa os seus olhos vagarem sobre o texto impresso. Em ambos os casos, a experiência de movimento está destinada a se intrometer sobre a prática observacional. Para todos nós, na realidade, o conhecimento não é construído à medida que atravessamos, mas, em vez disso, cresce à medida que avançamos.

Talvez o que verdadeiramente distingue o dilema das pessoas nas sociedades metropolitanas modernas seja o tanto que elas são compelidas a habitar num ambiente que foi planejado e construído expressamente pelos propósitos de ocupação. A arquitetura e os lugares públicos do ambiente construído fecham e contêm; as suas estradas e rodovias conectam. Os sistemas de transporte atuais se estendem pelo globo numa vasta *network* de ligações entre destinações. Para os passageiros, atados nos seus assentos, viajar não é mais uma experiência de movimento na qual ação e percepção estão intimamente emparelhadas, mas se tornou uma imobilidade forçada e uma privação sensorial. Na chegada, o viajante é solto das suas ligaduras apenas para descobrir que a sua liberdade de movimento está circunscrita dentro dos limites do local. Porém as estruturas que confinam, canalizam e contêm não são imutáveis. Elas são incessantemente corroídas pelas manobras táticas de habitantes, cujas "linhas errantes" (*lignes d'erre*) ou "meandros eficazes", nas palavras de Michel de Certeau (1984, p. XVIII), escavam os padrões estratégicos dos mestres construtores da sociedade, fazendo-os gradualmente desgastar e desintegrar. Bem distantes dos seres humanos que podem respeitar ou não as regras do jogo, esses habitantes incluem incontáveis não humanos para os quais ninguém presta atenção. Voando, rastejando, se contorcendo e furando por cima e por baixo da infraestrutura regular e linearizada do mundo ocupado, criaturas de todo tipo reincorporam e reorganizam os seus fragmentos que desmoronam nos seus próprios caminhos de vida.

De fato, nada pode escapar dos tentáculos da *meshwork* de habitação conforme as suas linhas sempre crescentes sondam cada fenda ou rachadura, que pode potencialmente permitir crescimento e movimento. A vida não será contida, mas, pelo contrário, trilha o seu caminho pelo mundo ao longo das miríades de linhas das suas relações. Mas se a vida não está fechada dentro de um limite, ela também não pode ser cercada. O que acontece então com o nosso conceito de ambiente? Literalmente, um ambiente é aquilo que cerca. Para os habitantes, contudo, o ambiente não consiste nos entornos de um lugar cercado, mas numa zona na qual os seus vários caminhos são totalmente emaranhados. Nessa zona de emaranhado, essa *meshwork* de linhas entretecidas, não há dentro ou fora, só aberturas e caminhos através. Uma ecologia da vida, em poucas palavras, deve ser uma de fios e traços, não de nódulos e conectores. E a sua matéria de investigação deve consistir não em relações *entre* organismos e os seus ambientes externos, mas nas relações *ao longo* dos seus caminhos de vida diversamente trançados. Ecologia, resumindo, é o estudo da vida das linhas.

4
A linha genealógica

A vida, argumentei eu, não está confinada dentro de pontos, mas procede ao longo de linhas. Entretanto, ela cresce ou flui? Deveríamos assemelhar o seu movimento àquele de um riacho ou rio, conforme corta pela paisagem no seu caminho para o mar, ou seria melhor compará-lo com os brotos das plantas, conforme nascem e, para cima, buscam a luz? Talvez essas alternativas não sejam mutualmente exclusivas: afinal de contas, o crescimento de uma árvore depende do fluxo da seiva através da entrecasca que a sustenta, assim como um rio traz nutrientes e fertilidade para a terra ao longo das suas margens. No entanto, por toda a história do mundo ocidental, da Antiguidade clássica ao presente dia, as metáforas hidráulicas e arborícolas têm lutado pela supremacia, ou têm buscado por um acordo nas soluções mais bizarras e improváveis. Em nenhum lugar isso tem sido mais aparente do que nas práticas de genealogia, de traçar os caminhos da vida humana das suas origens ou raízes ancestrais até às suas manifestações contemporâneas. Neste breve interlúdio, volto a minha atenção para a linha genealógica.

Mencione a palavra *linha* para um antropólogo social, e conexão genealógica ou de parentesco e provavelmente será a primeira coisa na qual ele ou ela pensará. Nenhum outro tipo de linha exerceu tanta influência na imaginação disciplinar. E é também em gráficos de parentesco e descendência que as linhas são mais frequentemente desenhadas em cadernos e textos antropológicos. Porém, como pretendo mostrar, na sua cooptação como um instrumento de método científico, a linha genealógica sofreu uma profunda transformação. Pois a linha do gráfico nem cresce, nem flui, mas *conecta*. E, da mesma forma, as vidas que ela conecta são comprimidas em pontos. Contudo, começo com uma pequena história, pela qual sou grato principalmente ao trabalho impressionante de Christiane Klapisch-Zuber (1991).

Árvores de cabeça para baixo

Os romanos, de acordo com fontes literárias, costumavam ornamentar os solares das suas casas com decorações que ligariam os retratos dos seus antepassados com linhas onduladas ou fitas (*stemmata*). Essas genealogias eram para ser lidas do topo, onde o ancestral fundador seria colocado, e descendo pela sequência das gerações descendentes. A terminologia latina de filiação carrega "a metáfora implícita de um riacho – de sangue, de riqueza, de valores – fluindo da mesma fonte situada no alto e descendo até um grupo de indivíduos situados bem abaixo" (Klapisch-Zuber, 1991, p. 112). A progênie era descendente, e o que desce corre morro abaixo. Por essa razão, os autores romanos não eram atraídos pela imagem da árvore como um meio de representar o *pedigree*[18] genealógico. Se o seu propósito é demonstrar uma reivindicação inequívoca de uma ancestralidade nobre, então uma descrição arbórea é duplamente inapropriada. Não apenas porque coloca os ancestrais na base, onde os descendentes deveriam estar, mas também apresenta uma proliferação de ramos divergentes em vez de enfatizar uma continuidade linear de sucessão hereditária. Embora houvesse referências ocasionais aos "ramos" (*rami*) nos textos genealógicos romanos, o termo era usado para denotar linhas laterais que ligavam retratos ou nomes ao *stemmata*, em vez de linhas de genealogia em si.

Entretanto, para os clérigos do início da Idade Média, buscando precedentes na lei romana para a definição de graus de parentesco que regem heranças e a proibição do casamento, a imagem de ramos apareceu sob outra roupagem. Os seus diagramas abstratos de parentesco tomaram a forma genérica de um triângulo projetado montado num pilar central. Situado no centro, na base do triângulo, estava o suposto indivíduo, *ego*, cujo complemento de relações de parentescos possíveis teoricamente seria representado. Os seus ancestrais lineares eram colocados no ápice, os seus parentes colaterais saindo de cada lado e os seus descendentes lineares descendo o pilar. Com certeza, esses diagramas não se pareciam muito com árvores, e podiam ser (e algumas vezes eram) vestidos com outros aspectos, como por exemplo corpos ou casas. Mas a partir do século IX d.C., tabelas de consanguinidade começaram a ser chamadas de *arbores juris*, imaginadas com a forma de uma árvore com o pilar central como o tronco, o triângulo suspenso como a copa e o ápice como o topo da árvore. Os ramos, nesta imagem, saem do tronco, que representa a ancestralidade e descendência linear, para parentescos colaterais em ambos os lados. Mas enquanto a convenção ditava que a *arbor juris* tivesse a forma de uma árvore, em outras palavras, que houvesse uma semelhança icônica entre o formato do diagrama e o formato de uma árvore, os ilustradores da época eram relutantes a chegar ao ponto de sugerir qualquer semelhança entre uma árvore viva e o que o diagrama se propunha a representar, a saber, as linhas de consanguinidade em si. Isso por uma razão muito simples: qualquer árvore parecida com a *arbor juris*

18. Optou-se aqui por manter a palavra *pedigree* tendo em vista que, mais adiante, o autor se referirá à etimologia do termo [N.E.].

teria que crescer de *cabeça para baixo*, dos ancestrais no topo para os descendentes na base! A figura 4.1, retirada de uma fonte muito mais recente, do século XVIII, ilustra apropriadamente o paradoxo envolvido.

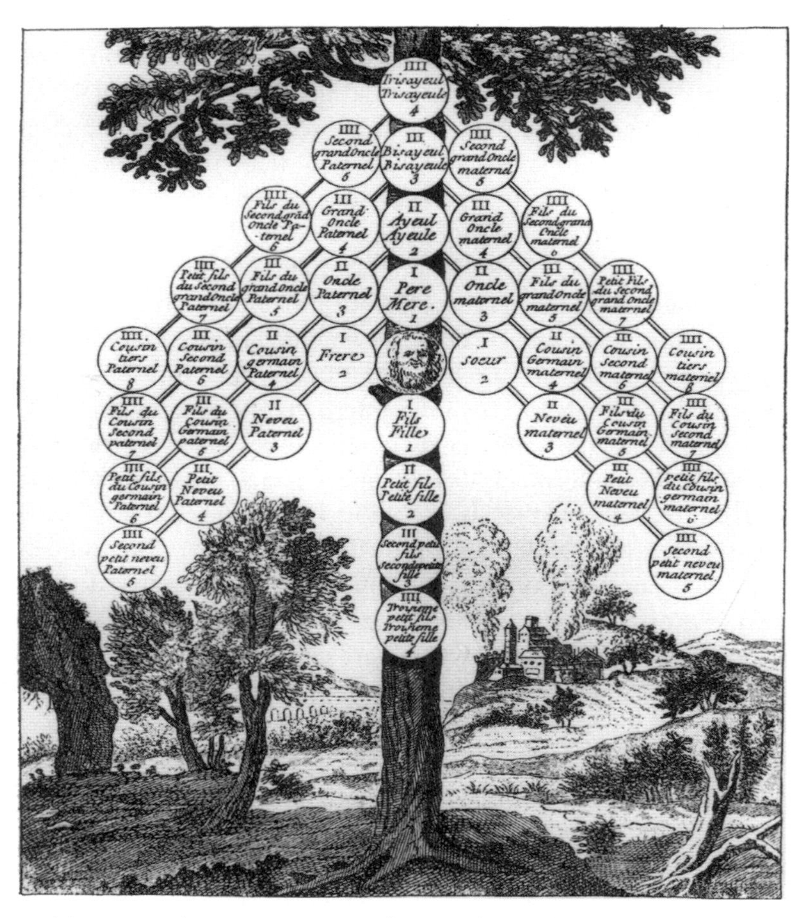

Figura 4.1 – Uma *arbor consanguinitatis* francesa do século XVIII. A face que está na metade do tronco representa o ego. Abaixo dele, descendo o tronco, há quatro gerações de descendentes e, acima, quatro gerações de ancestrais. Os parentes paternos laterais estão organizados na esquerda, e os parentes maternos na direita. Numerais arábicos e romanos indicam graus de consanguinidade de acordo com a lei civil romana e a lei cristã canônica, respectivamente (Domat, 1777, v. I, p. 405).

A nobreza feudal do final da Idade Média, preocupada acima de tudo em garantir os seus títulos hereditários à terra e privilégios, preferia perpetuar a prática antiga de ler as linhas genealógicas de cima para baixo. As linhas eram retratadas como canais pelos quais fluiriam para baixo o sangue da dinastia, e, ao longo deles, eram colocados os personagens representados por retratos, brasões ou medalhões em miniatura. A resistência à imagem da árvore foi mais reforçada pela prática de escrever as crônicas das histórias das dinastias em longos rolos de pergaminho. Ler um rolo de pergaminho, linha por linha, é ler de cima para baixo. As árvores, entretanto, crescem para cima. Portanto, não havia como combinar a descrição textual com a descrição arbórea da sucessão genealógica, salvo a árvore crescendo de cima para baixo. Alguns ilustradores na verdade tentaram isso, com um tronco de árvore que parecia mais um talo de bambu, nunca variando em grossura, e com uma folhagem tipo hera, que parecia incerta se queria crescer para cima ou para baixo (Klapisch-Zuber, 1991, fig. 15). Contudo, para a imagem da árvore genealógica se estabelecer, ela tinha que estar separada do texto e fazer sentido por si mesma sem o benefício de uma descrição que a acompanhasse. O ímpeto maior por trás desse desenvolvimento era a crescente popularidade, no fim dos tempos medievais, das imagens bíblicas da Árvore de Jessé.

A origem dessa imagem jaz numa interpretação específica da profecia de Isaías (cap. 11), que "um ramo sairá do tronco de Jessé, um rebento brotará de suas raízes". Nessa interpretação, o tronco (ou raiz) era o filho de Jessé, o Rei Davi, e o ramo (ou rebento) levava até a Virgem Maria, de cujo ventre brotou a flor de Cristo (Bouquet, 1996, p. 48-50). Ilustrações da Árvore frequentemente tinham o tronco saindo de um Jessé deitado, que estava sonhando sobre o que aconteceria, e prosseguia por uma série de gerações ascendentes até a figura do Salvador no topo. A projeção da árvore para cima, esticando na direção do céu, comunicava um ideal de perfeição moral e espiritual, e era nisso, em vez de em qualquer delineação precisa dos relacionamentos genealógicos e das suas ligações com relação à herança, que a sua significância inicialmente residia. A potência da imagem, no entanto, não foi perdida por famílias governantes que viram nela uma oportunidade de reivindicar uma origem divina. O problema que elas enfrentavam era como casar a imagem da Árvore de Jessé *crescendo para cima* com a imagem da linha de sangue aristocrático fluindo para baixo. Elas resolveram isso exatamente pelo mesmo truque que os seus predecessores estimaram impossível, a saber, representando a *arbor juris*, com as suas linhas de descendência correndo verticalmente e diagonalmente para baixo de um ancestral no ápice, como uma árvore viva e real, mas uma cujas raízes, diferentemente daquelas de qualquer árvore ordinária que está plantada na terra, eram na realidade colocadas nos céus.

Dessa forma, as primeiras árvores genealógicas eram literalmente de cabeça para baixo. A *arbor juris* se transformou numa *arbor inversa*, uma árvore invertida, nutrida pela luz do céu ao invés de pela força da terra. Em algumas representações, até "o pobre Jessé se achou deitado desconfortavelmente de cabeça para baixo, numa paisagem que era igualmente às avessas" (Klapisch-Zuber, 1991, p. 124). Antes que a árvore pudesse ser virada novamente do lado correto, era

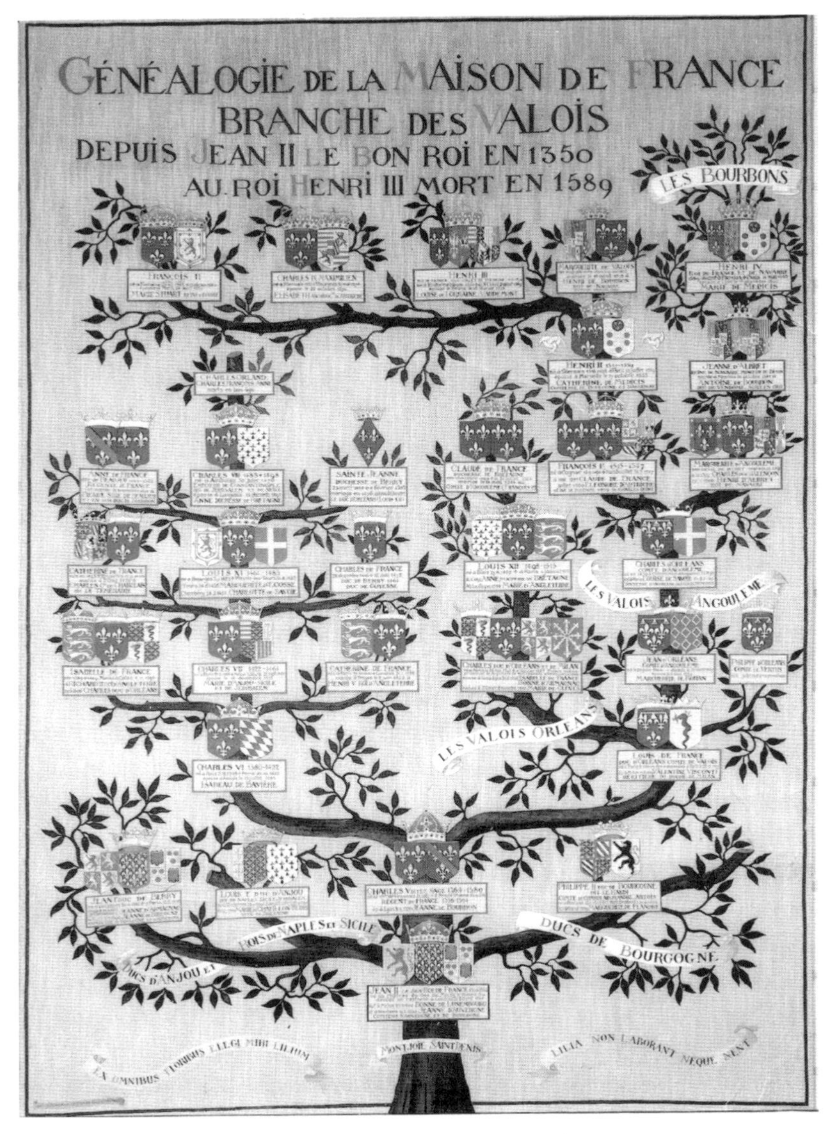

Figura 4.2 – A genealogia da Casa da França, 1350-1589, de João II a Henrique III, Castelo de Chambord. Fotografia: Éditions Gaud.

necessário aceitar o princípio de que as futuras gerações, longe de meramente passar adiante o fluxo da substância ancestral, podiam exceder o alcance dos seus ancestrais crescendo para estados mais elevados de realização, e que o futuro poderia até ser superior ao passado. Nessa forma de cabeça para cima, ainda recordando a Árvore de Jessé, a árvore genealógica combinou uma declaração de ancestralidade com uma afirmação de ambição (fig. 4.2). Assim, no alvorecer da era moderna, a árvore veio a ser um ícone de progresso. Mas as contradições entre crescimento ascendente e fluxo descendente nunca foram inteiramente resolvidas, como podemos ver hoje nas figuras de árvores que são comercializadas para alimentar um apetite popular insaciável por traçar conexões familiares, que coloca os numerosos ancestrais do cliente, dobrando em número a cada geração ascendente, acima na copa e na folhagem. Essas árvores não são nem tanto de cabeça para baixo quanto crescem ao contrário, pressionando no passado com todo novo ramo. Elas apresentam uma inversão precisa da experiência temporal da Modernidade, de acordo com a qual o presente continuamente ultrapassa e lança sombras sobre o passado.

Do "pé de grua" à placa de circuito

Foi W.H.R. Rivers, na primeira década do século XX, quem deu o passo decisivo em converter a linha genealógica num elemento de notação científica. Rivers formou-se em Ciências Naturais: estudou Medicina, mas inclinou-se para a Fisiologia e a Psicologia da percepção sensorial. Os seus interesses antropológicos foram despertados pela sua participação na expedição da Universidade de Cambridge para as Ilhas do Estreito de Torres em 1898-1899. Embora tivesse se unido à expedição como médico/psicólogo, a sua determinação em estabelecer protocolos científicos rígidos para a coleção de materiais etnológicos o levou a formular o que, num artigo famoso publicado em 1910, ele chamou de "o método genealógico da investigação antropológica". O método compreendia, em essência, instruções para a coleta de informações dos informantes nativos sobre todos os complementos de indivíduos com os quais eles poderiam ter conexões de parentesco, até os limites do seu conhecimento e memória. O etnólogo era aconselhado a proceder sistematicamente, começando com os parentes imediatos do próprio informante e continuando para elucidar as conexões de cada um destes, um por um, em gerações ascendentes e descendentes. Ao colocar todas essas informações juntas, Rivers pensava, seria possível construir uma *network* completa pela qual a conexão precisa entre qualquer par de indivíduos poderia ser traçada.

Significantemente, Rivers introduziu o seu artigo de 1910 observando "o fato familiar de que muitas pessoas preservam os longos *pedigrees* dos seus ancestrais" (Rivers, 1968, p. 97). Enquanto a noção de *pedigree* seria inteiramente familiar a muitos dos seus leitores britânicos de classe média e, sem dúvida, apelaria para o seu arraigado esnobismo (Bouquet, 1993, p. 38-39, 188-189), não tinha qualquer conexão intrínseca com a imagem da árvore. A própria palavra vem do latim *pes* (pé) e *grus* (grua), referindo-se originalmente a um diagrama de três linhas, disposto na forma de uma seta e lembrando a pegada do pé de uma grua, que era usado para indicar linhas de descendência nas genealogias europeias primitivas. A conotação principal da palavra é de sucessão não diluída ao longo de uma única linha, em vez de a unidade de linhas divergentes numa raiz comum. Nesse sentido, ela se aproxima muito mais ao *stemma* ou fita clássico romano. Um uso registrado no *Oxford English Dictionary*, datado de 1532, descreve *pedigree* como "um *cordão* de pessoas". Se eram traçadas comparações com o mundo natural, elas eram com o reino animal em vez de com o vegetal. Pois *pedigree* era, acima de tudo, sobre controlar o fluxo de sangue e garantir a sua contínua pureza, tanto no âmbito da procriação animal (tal como cavalos e gado) quanto naquele da procriação de seres humanos. E, como um fluxo ao invés de um crescimento, o *pedigree* corria para baixo em vez de escalar para cima.

Os gráficos que Rivers construiu de acordo com o seu método, e na maioria daqueles que os antropólogos têm construído desde então, colocava os ancestrais acima e os descendentes abaixo. Longe de inverter, mais uma vez, a imagem da árvore familiar, é mais provável que Rivers estivesse apelando para a tradição muito mais antiga do *stemma* em forma de fita[19]. Mesmo assim, enquanto no seu artigo de 1910 ele usou os temos "*pedigree*" e "genealogia" de forma mais ou menos intercambiável, implicitamente havia uma preocupação em diferenciá-los ao longo das linhas de uma distinção entre as histórias que as pessoas contavam sobre si mesmas e as informações coletadas delas por uma investigação forense sistemática (Bouquet, 1993, p. 140). Demoraria mais de 50 anos, entretanto, antes que a distinção fosse proferida precisa e inequivocamente. Num artigo publicado em 1967, o antropólogo social John Barnes buscou mais uma vez dar instruções detalhadas para a coleta sistemática de dados genealógicos, enquanto reconhecia que o método apresentado primeiramente por Rivers "mal podia ser melhorado" (Barnes, 1967, p. 106). Contudo, sobre a distinção entre *pedigree* e genealogia ele foi insistente. "*Pedigree*" era para ser usado para "uma afirmação genealógica feita oralmente, por desenho ou por escrita, por um ator ou informante", ao passo que "genealogia" era para ser compreendida como "uma afirmação genealógica feita por um etnógrafo como parte do seu registro de campo ou da análise deste". E entre os dois repousa toda a diferença entre cultura e ciência. "O meio cultural dos atores marca o método de construção do *pedigree*, enquanto as exigências da ciência determinam como a genealogia é registrada" (Barnes, 1967, p. 103).

Os antropólogos têm discutido interminavelmente sobre se é realmente possível distinguir os "modelos caseiros" de origem e descendência das pessoas dos registros da ciência objetiva. Até Barnes tinha que admitir que "nenhuma linha divisória" podia ser traçada entre os elos genealógicos memorizados no *pedigree* e aqueles que, en-

---

19. A minha interpretação difere, neste quesito, da de Mary Bouquet (1996) que, num artigo admirável em outros aspectos, argumenta que, ao transformar *pedigree* em genealogia, Rivers apelou para a imagem da árvore familiar.

quanto podiam ser extraídos pelo etnógrafo, mais cedo ou mais tarde seriam esquecidos pelas pessoas. No entanto, ele nos garante, "a transição é real" (Barnes, 1967, p. 119). Os críticos notaram que o método genealógico em si aborda precedentes tão arraigados na história das culturas europeias que qualquer alegação científica de ter purificado definitivamente a genealogia das suas conotações de *pedigree* é, no mínimo, questionável (Bouquet, 1996, p. 62). Relacionado a isso, de alguma forma, está uma argumentação igualmente interminável sobre se as conexões genealógicas têm uma realidade biogenética fundamental ou se elas existem somente como construtos sociais ou culturais, que são efetivamente "cortados" do seu alicerce físico. Essas discussões têm sido tão túrgidas quanto inconclusivas, e não tenho nenhuma intenção de revivê-las aqui. O meu interesse é diferente. Seria possível que o contraste entre o *pedigree* e a genealogia não tivesse nada a ver nem com a variedade de pessoas ligadas pelas suas linhas, nem com as maneiras pelas quais as informações sobre essas pessoas foram obtidas, mas com a natureza das próprias linhas?

Quando o artigo de Barnes apareceu impresso, eu acabara de começar a minha graduação em Antropologia Social na Universidade de Cambridge, e estava recebendo a minha doutrinação inicial na teoria de parentesco[20]. Uma das primeiras coisas que foram marteladas em mim foi que o parentesco, de forma nenhuma, deveria ser descrito como "relações de sangue" [*blood relations*]; elas deveriam ser conhecidas como "consanguíneas" [*consanguines*]. Qualquer objeção de que essas eram duas formas de falar exatamente a mesma coisa, usando, respectivamente, palavras de origem germânica [*blood*] e latina [*consanguine*], era sumariamente deixada de lado. Pois, para os meus professores, algo muito fundamental estava claramente em questão, embora para um neófito como eu fosse difícil descobrir o que era. Talvez, ao recordar o argumento do capítulo anterior, podemos ter agora um pouco mais de clareza. Sangue é a coisa material real que pulsa pelas veias das pessoas, e que costumava ser imaginado como fluindo dos pais para a sua prole. Consanguinidade, pelo contrário, é uma abstração, pelos menos dentro do contexto da teoria de parentesco. Assim como a linha geométrica, como vimos no capítulo 2, é o "fantasma" de um traço ou fio real, assim a linha de parentesco consanguíneo é o fantasma da suposta linha de sangue real. E ela é produzida por um procedimento precisamente análogo àquele pelo qual a linha pontilhada evoluiu do traço gestual. Para recapitular: pegue uma linha escrita por um movimento, pique-a em segmentos, enrole cada segmento num ponto de forma bem justa e, por fim, ligue os pontos. É exatamente assim que a linha da genealogia "científica" derivou do fio do *pedigree*. A linha consanguínea não é um fio ou um traço, mas um conector.

20. Tenho uma dívida especial de gratidão a John Barnes, que posteriormente supervisionaria os meus estudos de doutorado.

Disso segue-se uma série de diferenças que esperaríamos a partir do argumento já exposto no capítulo 3. O diagrama genealógico tem a forma de um gráfico cujas linhas conectam pontos. Como um mapa no qual se pode planejar a rota de qualquer destinação para qualquer outra (ou vice-versa) mesmo antes de partir, o gráfico, como Pierre Bourdieu observou pela primeira vez, "pode ser compreendido à primeira vista, *uno intuitu*, e perscrutado indiferentemente de qualquer ponto em qualquer direção", apresentando assim "uma *network* completa de relações de parentesco por várias gerações... como uma totalidade presente em simultaneidade" (Bourdieu, 1977, p. 38). Purgado do tracejado e ornamentação elegante do *pedigree*, ele tem a austeridade estéril de uma placa de circuito elétrico. Na verdade, muitos gráficos mostram mais do que uma vaga semelhança com os diagramas de fiação (cf. fig. 4.3). Que as linhas no gráfico são os fantasmas dos fios, em vez de traços, é evidente pela recomendação de Barnes (1967, p. 122): onde as linhas não conectadas têm que se cruzar, como muitas vezes é o caso, deve-se desenhar uma pequena lombada, justamente como os engenheiros eletricistas fazem ao anotar os seus circuitos. Embora tenha sido convencionado organizar as pessoas de gerações sucessivas num eixo vertical, e da mesma geração num horizontal, Barnes também recomenda, por clareza (Barnes, 1967, p. 114), que o eixo intergeracional seja colocado horizontalmente. Visto que o gráfico em si é construído como uma montagem de linhas que se conectam, a sua real orientação é imaterial. Ambas as recomendações foram amplamente adotadas.

As linhas do gráfico genealógico não saem para dar uma volta, como fazem aquelas do *pedigree* tradicional. Lendo um *pedigree*, nós seguimos as suas trilhas um tanto quanto faríamos com as linhas de um mapa-rascunho ou de um itinerário, quer "rio abaixo" na direção dos descendentes, quer "rio acima" na direção dos ancestrais. As personagens que encontramos ao longo do caminho são como lugares num rio. Assim como os nomes dos lugares, falados em sequência, narram a jornada ao longo do curso no qual eles estão, assim os nomes das pessoas, recitados similarmente em ordem, contam a história da linha. Cada pessoa, por sua vez, é um tópico da história. As linhas do gráfico genealógico, em contraste, não são lidas ao longo, mas através. Ler o gráfico é uma questão não de seguir um enredo, mas de reconstruir um projeto. A tarefa cognitiva do leitor, como já vimos no caso do texto impresso, não é encontrar um caminho pelo cenário da memória, mas montar em uma estrutura coerente os fragmentos distribuídos pela superfície da página em branco. Esses fragmentos são indicados convencionalmente por triângulos e círculos pequenos, substituindo, simbolicamente, machos e fêmeas, respectivamente. Mas longe de começar uma história dos ancestrais e levá-la adiante para os descendentes, cada uma das pessoas significadas por essas marcas está imobilizada em um local, com toda a sua vida comprimida numa única posição dentro da grade genealógica, da qual não há escapatória.

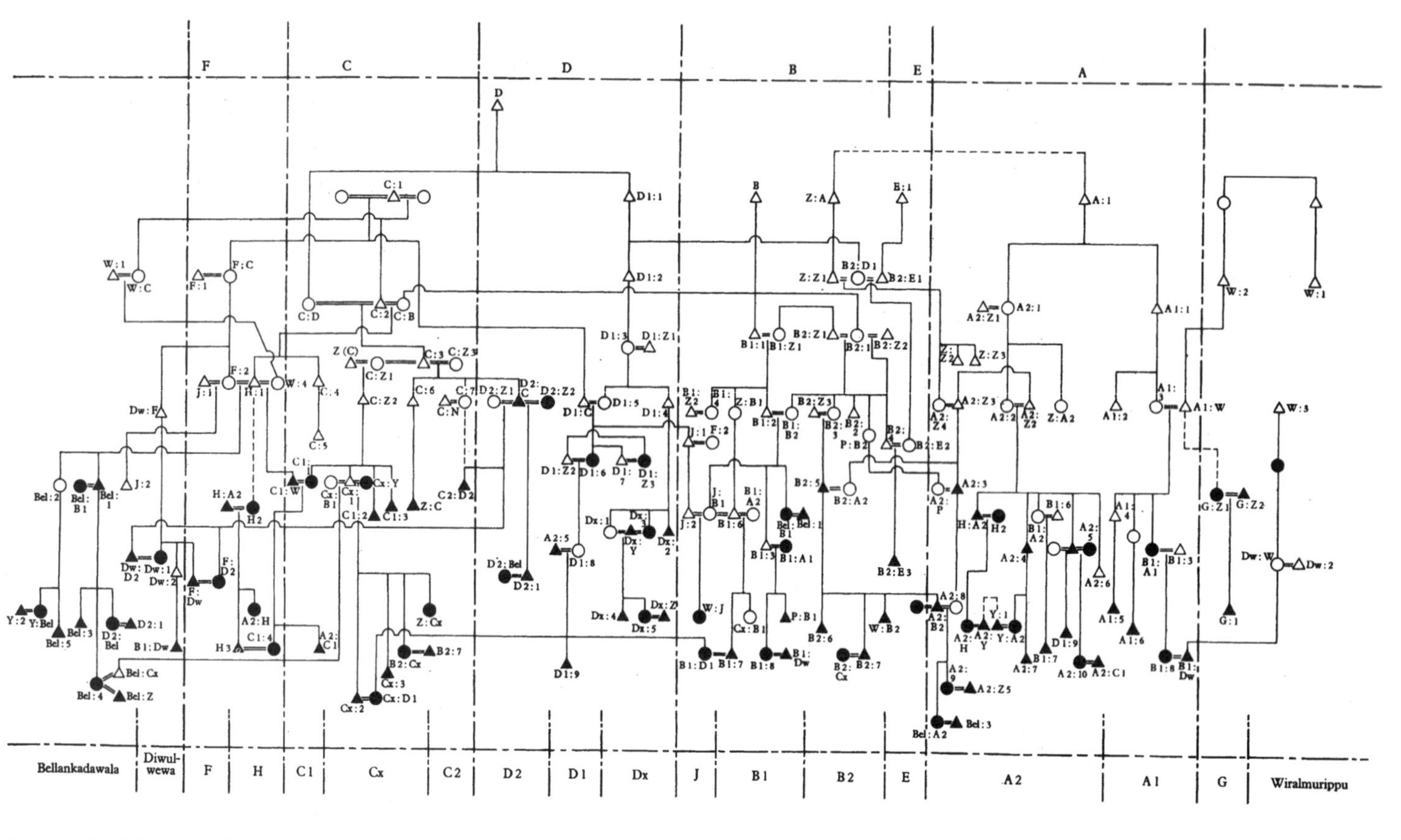

Figura 4.3 – Diagrama de parentesco como uma placa de circuito: um gráfico das conexões genealógicas na vila de Pul Eliya, Ceilão (hoje Sri Lanka), como documentado por Edmund Leach no final da década de 1950 (Leach, 1961).

O modelo genealógico

A lógica que transforma o cordão ou linha-fio do *pedigree* no conector genealógico ponto a ponto, isto é, a lógica de linha pontilhada, já se tornara uma parte estabelecida do pensamento científico muito antes de Rivers escrever o seu ensaio de 1910. Todavia, os dois tipos de linha continuam a desfrutar de uma coexistência incômoda, como ficou aparente, por exemplo, nos debates em torno da evolução da vida que eclodiram no final do século XIX e início do século XX. Já na virada do século XIX, o fundador da Biologia, Jean-Baptiste Lamarck, vira na evolução (ou o que ele chamava de "transformismo") das formas orgânicas a evidência mais clara de que as criaturas de todo tipo estavam dando o seu jeito de subir na escala da natureza, com cada geração tomando as conquistas cumulativas dos seus predecessores e passando-as melhoradas pelas suas próprias (Ingold, 1986, p. 130). Assim, a vida de cada ser é o crescimento gradual, ou superação, além do seu antecessor no processo de se tornar seu descendente. Foi mais graças a Charles Darwin que a imagem de uma escala única foi substituída por aquela de uma árvore com os ramos, uma imagem para a qual, como já vimos, havia amplos precedentes na ilustração dos temas bíblicos. O próprio Darwin, na *Origem das espécies*, não era contrário a usar metáforas de crescimento arbóreo, comparando a evolução da vida ao florescimento de uma árvore, cheia de ramos, galhos e brotos (Darwin, 1950, p. 112-113). Nem ele rejeitou a possibilidade de que as características desenvolvidas por um organismo durante a sua vida pudessem ser transmitidas para a sua prole.

Entretanto, Darwin também tinha que reconhecer que, de acordo com a sua teoria de variação sob a seleção natural, pela qual ele afirmava explicar a modificação dos organismos ao longo de linhas de descendência, cada organismo, numa linha, existe apenas para ser ele mesmo, para cumprir um projeto contíguo aos limites da sua própria existência. Ele nem leva adiante o curso de vida dos seus antecessores nem antecipa o dos seus descendentes, pois o que ele transmite para o futuro, por sua própria reprodução, não é a sua vida, mas uma série de características hereditárias que podem ser recombinadas ou remontadas na formação de outros projetos para outras vidas. Nessa concepção darwiniana, a evolução absolutamente *não* é um processo de vida. Enquanto a evolução acontece através de gerações, a vida é despendida dentro de cada geração, na tarefa de transmitir os componentes hereditários, atualmente conhecidos como genes, necessários para que ela seja reiniciada na próxima. Como o historiador de ciência, Charles Gillespie, observou corretamente, a lógica desse argumento põe uma divisão entre os entendimentos lamarckianos e darwinianos do processo evolutivo, pois o que Darwin fez "foi tratar toda a amplitude da natureza, que fora relegada ao conceito de se tornar, como um problema de ser, um conjunto infinito de situações objetivas voltando no tempo" (Gillespie, 1959, p. 291). Segue-se que a continuidade da evolução não é uma continuidade *real* de se tornar, mas uma continuidade *reconstituída* de indivíduos discretos numa sequência genealógica, cada um deles diferindo minuciosamente dos seus predecessores e sucessores. Como coloquei num trabalho anterior, "a vida de cada indivíduo é condensada num único ponto; somos nós que desenhamos linhas conectoras entre eles, vendo cada um como um momento de um processo contínuo" (Ingold, 1986, p. 8).

A figura 4.4 reproduz um diagrama original de Darwin apresentado na *Origem das espécies* – na verdade, o único diagrama do livro. No diagrama supõe-se que cada faixa horizontal represente um intervalo de mil gerações, de tal forma que qualquer linha de descendência se estendendo por esse intervalo poderia ser traçada por mil organismos, cada um sempre se diferenciando minimamente do precedente. Mas note como as linhas do diagrama de Darwin são feitas de pontos! Ele estava muito correto em desenhá-las assim, na verdade, a sua teoria exigia isso. Longe de retratar a árvore da vida, contudo, sobre a qual Darwin versara tão eloquentemente no seu texto, o diagrama apresentava o seu espectro fantasmagórico. Onde uma vez cresciam um tronco e ramos, brotando "galhos verdes e florescentes" (a frase é de Darwin, 1950, p. 112), agora permanece um esqueleto sem vida de pontos e conectores, reconstruído artificialmente. As linhas de crescimento originais da árvore aparecem esmigalhadas em muitos milhares de segmentos geracionais, cada um compactado num ponto. Desenhar um diagrama da filogenia evolucionária é, então, uma questão de ligar os pontos.

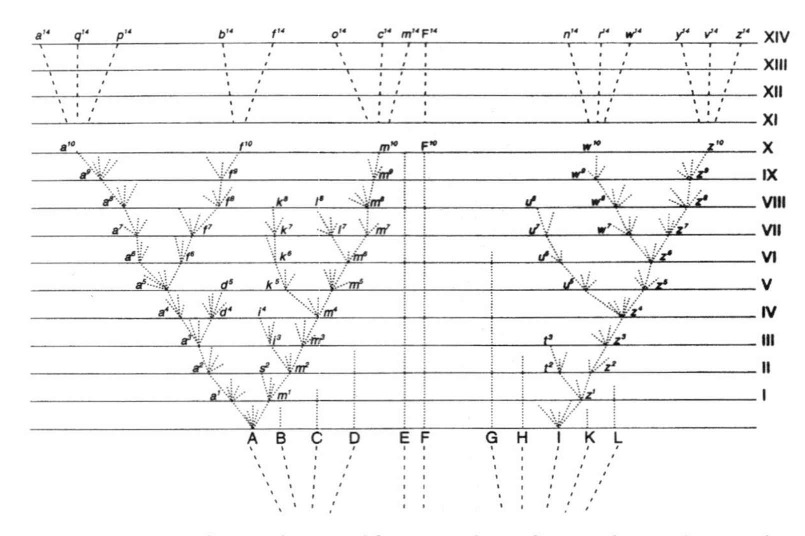

Figura 4.4 – Diagrama ilustrando a modificação e diversificação das espécies ao longo de linhas de descendência, pela variação sob a seleção natural. As letras minúsculas descrevem variedades distintas, e cada "pequeno leque de linhas pontilhadas divergentes" representa uma prole variante (Darwin, 1950, p. 90-91,102).

Apesar do número muito maior de gerações que alguma vez poderia ser encontrado num gráfico antropológico de descendência genealógica, o princípio fundamental envolvido na construção da linha filética darwiniana é precisamente o mesmo. É o princípio central do que chamo de *modelo genealógico* (Ingold, 2000, p. 134-139), e jaz na suposição que organismos e pessoas são dotados de especificações essenciais para conduzir uma forma particular de vida, independente e anterior ao seu crescimento e desenvolvimento num ambiente, pela concessão de atributos (seja de composição, caráter ou identidade) recebidos dos seus predecessores. Com organismos não humanos, essas especificações são geralmente tidas como genéticas, e compondo o que é chamado tecnicamente de *genótipo*; com os humanos, frequentemente supõe-se que eles são complementados por elementos da cultura, compondo um "culturótipo" análogo (Richerson & Boyd, 1978, p. 128). De qualquer forma, as linhas conectando ancestrais e descendentes, de acordo com o modelo genealógico, são *linhas de transmissão*, pelas quais supõe-se que correm não o impulso da vida, mas informações, genéticas ou culturais, para vivê-la. E desde que o modelo estipula que a herança dos atributos genotípicos ou "culturotípicos" são separados da sua expressão *fenotípica* subsequente, essas linhas de transmissão têm que ser estritamente distinguidas das *linhas de ação* mapeadas nos ciclos de vida individuais. Ao passo que o ciclo de vida é confinado dentro de cada geração, a herança cruza de uma geração para outra numa sequência passo a passo.

Ora, à medida que elas conectam os pontos, as linhas de ação se assemelham àquelas da *network* de transporte descrita no capítulo 3. Tais linhas, como mostrei, idealmente não têm duração; assim, elas mapeiam a totalidade dos movimentos de um indivíduo no plano do presente. As linhas de transmissão, diferentemente, conectam as fontes e os recipientes de informação numa sequência diacrônica. Segue-se que o transporte e a transmissão são organizados sobre eixos de sincronia e diacronia separados, como indicado esquematicamente na figura 4.5. Embora, no plano da sincronia, um indivíduo possa ser retratado como uma peça num jogo de tabuleiro, como se estivesse fazendo uma sequência de movimentos estratégicos ponto a ponto por uma superfície, visto diacronicamente, a sua trajetória inteira, a soma dos seus movimentos, aparece condensada num único ponto. Mas se, como vimos no último capítulo, puro transporte é uma impossibilidade prática, então da mesma forma deve ser a pura transmissão. Os indivíduos não podem estar em todos os lugares ao mesmo tempo mais do que podem receber especificações para a vida antes de vivê-la. Argumentei que, como habitantes do mundo, as criaturas de todos os tipos, humanas e não humanas, são *andarilhos*, e esse andarilhar é um movimento de autorrenovação ou de se tornar, em vez de o transporte de seres já constituídos de uma localização para outra. Fazendo os seus caminhos pelo emaranhado do mundo, os andarilhos crescem entrando no seu tecido e, pelos seus movimentos, contribuem para a sua tecelagem que está sempre evoluindo. No entanto, isso é pensar em evolução de uma forma que contrasta radicalmente com a concepção genealógica implícita em modelos convencionais de transmissão biológica e cultural. E isso nos traz de volta para a ideia fundamental de que a vida é vivida não em pontos, mas ao longo de linhas.

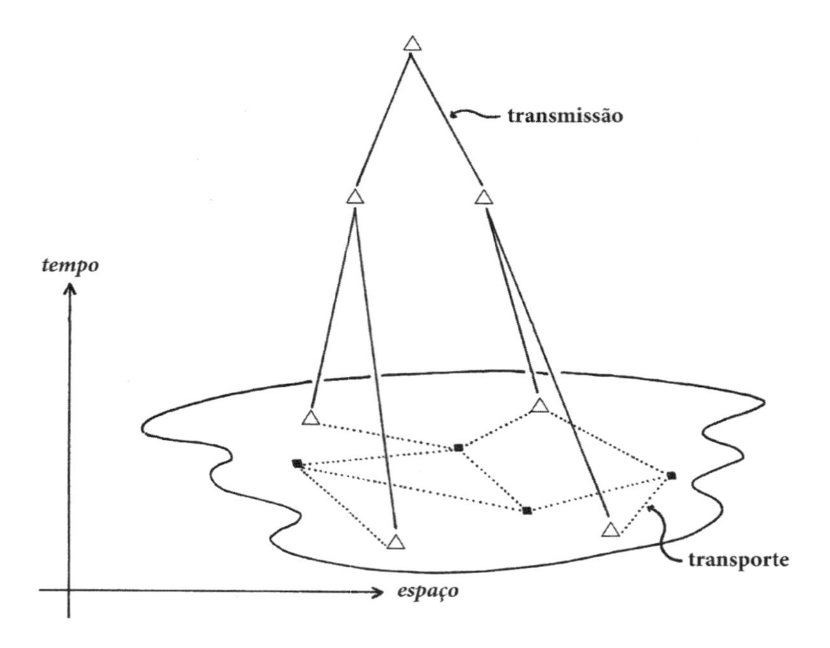

Figura 4.5 – Linhas de transmissão e transporte. As linhas de transporte conectam os pontos marcados no espaço sobre algum território delimitado arbitrariamente. As linhas de transmissão conectam indivíduos numa sequência diacrônica de ancestral para descendente, sem respeitar as suas localizações espaciais.

O trançado da vida

Para uma declaração definitiva dessa ideia podemos tirar os olhos de Darwin para a visão muito diferente de evolução que estava sendo proposta por volta da virada do século XX, do outro lado do Canal, pelo filósofo Henri Bergson. No seu livro *A evolução criadora*, lançado em 1911, Bergson argumentou que todo organismo é como um redemoinho gerado num fluxo. Contudo, isso simula a imobilidade tão bem que somos prontamente enganados e inclinados a tratar cada uma "como uma *coisa* em vez de um *progresso*, esquecendo que a própria permanência da sua forma é apenas o traçado de um movimento". Na verdade, Bergson declarou, "o ser vivo é, acima de tudo, uma estrada" (1911, p. 135). Ao longo dessa estrada flui a corrente da vida, "passando de germe em germe por meio de um organismo desenvolvido" (Bergson, 1991, p. 28). Seria errado, portanto, pensava Bergson, comparar o organismo com um objeto. Assim como os redemoinhos num riacho, e como já notamos sobre os tópicos de uma história e sobre as personalidades nomeadas num *pedigree*, os organismos não *existem* tanto quanto *ocorrem*.

Por volta da metade do século XX, a visão de Bergson da evolução, como uma *meshwork* de estradas entrelaçadas, ao longo das quais os organismos seguem os seus respectivos caminhos de vida, já havia sido compreensivelmente descreditada. Um darwinismo ressurgente rejeitara a ideia-chave da força vital, *élan vital*, como uma ilusão metafísica que não podia de forma nenhuma ser responsável, como Bergson reivindicara, pela criação de novas formas. No seu lugar ela foi substituída por uma ideia, igualmente metafísica, de gene, concebido como uma partícula de informação supostamente capaz de se inserir magicamente no organismo por vir antes que a sua vida no mundo tenha sequer começado. Com isso, a ciência legitimou o triunfo do modelo genealógico. A linha fluente e crescente do *pedigree* finalmente fora expelida pelo conector ponto a ponto. Entretanto, ela não foi extinta totalmente. Talvez, pegando uma folha do livro de Bergson em vez do de Darwin, ela possa ser reacendida mais uma vez.

Vamos supor, com Bergson, que todo ser é instanciado no mundo não como uma entidade encapsulada, mas como uma estrada, ao longo da linha do seu próprio movimento e atividade. Esse não é um movimento lateral "ponto a ponto", como no transporte, mas um "se movimentar por aí" contínuo ou um ir e vir, como em andarilhar. Como, então, retrataríamos a passagem de gerações, onde cada uma delas, longe de seguir as anteriores numa sequência conectada de "fatias" sincrônicas, se inclina, como Bergson coloca (1911, p. 135), sobre a próxima e a toca? A figura 4.6 retrata uma linha descendente de cinco gerações, na esquerda, de acordo com as convenções do modelo genealógico e, na direita, de acordo com a nossa visão alternativa, como uma série de trilhas entrelaçadas. Conforme a geração B amadurece, ela segue um caminho crescentemente divergente daquele da geração parental A; semelhantemente, a C diverge da B. Porém, é da geração dos avós A que C aprende as histórias que, por sua vez, levará adiante na vida, acima de tudo por sua prole D (que pode, de fato, tomar o nome dos avós e ser considerada como uma continuação do homônimo ancestral). Similarmente, a prole de D, E, segue nas pegadas da geração B. O resultado é uma trança de linhas que continuamente se estende conforme a vida continua.

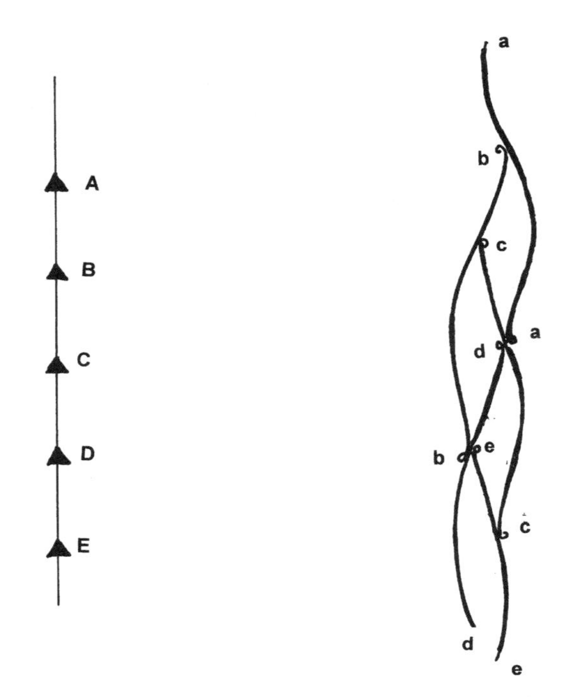

Figura 4.6 – Uma sequência de cinco gerações retratada, por um lado, de acordo com as convenções do modelo genealógico e, de outro, como uma série de trilhas entrelaçadas e sobrepostas.

É claro, essa descrição é altamente esquemática, e qualquer história real está fadada a ser muito mais complexa. Mas ela deveria bastar para ilustrar a possibilidade de uma maneira aberta de pensar sobre a história da vida, como um fluxo transgeracional no qual as pessoas e o seu conhecimento sofrem uma formação perpétua. Ela também nos dá uma forma de descrever ancestralidade e descendência que, creio eu, reflete mais fielmente a maneira pelas quais as pessoas geralmente falam sobre tais questões: em termos da tecelagem narrativa mútua das vidas presentes e passadas, em vez de plotando as conexões entre indivíduos únicos e autônomos. E, finalmente, ela remolda a maneira que pensamos sobre a relação entre o passado e o presente, e, por extensão, sobre a forma do tempo. Pois, embora o tempo da vida seja linear, a sua linearidade é de um tipo particular. Não é o tipo de linha que vai de ponto a ponto, conectando uma sucessão de instantes presentes organizados diacronicamente, assim como localizações no espaço podem ser organizadas sincronicamente. Em vez disso, é uma linha que cresce, fluindo a partir da sua ponta que avança, muito como uma raiz ou uma trepadeira explora a terra. "A nossa duração", escreveu Bergson:

> Não é meramente um instante substituindo outro; se fosse, nunca haveria nada além do presente, nenhum prolongamento do passado no atual... Duração é o progresso contínuo do passado que corrói o futuro e que incha conforme avança (1911, p. 4-5).

O passado, resumindo, desvanece como uma sucessão de pontos deixados cada vez mais para trás. Tal desvanecer é apenas um fantasma da história, reconstruído retrospectivamente como uma sequência de eventos únicos. Na realidade, o passado está *conosco* enquanto pressionamos para o futuro. Nessa pressão jaz o trabalho da memória, a mão-guia de uma consciência que, conforme acompanha, também lembra o caminho. Retraçar as linhas das vidas passadas é a maneira pela qual procedemos ao longo das nossas próprias vidas.

5
Desenho, escrita e caligrafia

O meu foco neste capítulo é o desenho e a escrita. Desenhamos linhas tão bem quanto as escrevemos, e, em cada caso, a linha é o traço de um gesto manual. Mas qual é a diferença entre esses gestos? Onde o desenho termina e a escrita começa? Se, na história da linha, escrever foi progressivamente diferenciado de desenhar, então como isso se reflete nas capacidades e atuações mutáveis da mão humana? Para começar a responder essas perguntas, quero revisar quatro formas diferentes pelas quais escrever e desenhar podem ser distinguidos. Aqui estão expressas de forma direta. Primeiro, escrever é uma *notação*; desenhar, não. Segundo, desenhar é uma *arte*; escrever, não. Terceiro, escrever é uma *tecnologia*; desenhar, não. Quarto, escrever é *linear*; desenhar, não. Nenhuma dessas distinções, no fim, é inteiramente confiável. Mas vale a pena analisá-las, já que várias questões importantes podem ser esclarecidas ao longo do caminho.

Desenhando letras

Começo com uma pergunta que mencionei bem no primeiro capítulo, mas que coloquei de lado deliberadamente. Recorde como Nelson Goodman, no seu *Languages of Art* [As linguagens da arte], tenta distinguir entre a escritura e a partitura. A escritura, argumenta ele, é uma obra, ao passo que, no caso da partitura, a obra consiste no conjunto de atuações que lhe correspondem. Da mesma forma, o desenho é uma obra, mas na gravura em água-forte a obra consiste no conjunto de impressões que correspondem com o molde. Porém, tanto desenhar quanto gravar, de acordo com Goodman, diferenciam-se tanto da escritura quanto da partitura, no que estas são apresentadas numa notação, ao passo que aquelas não (Goodman, 1969, p. 210; cf. tb. fig. 1.2). Não demorarei mais na distinção entre escritura e partitura. Nem tecerei mais considerações sobre o caso da gravura em água-forte, que levanta inúmeras questões bastante técnicas, que estão além do escopo do presente estudo. Estou concernido, contudo, com a questão do que precisa para uma linha desenhada ser parte de uma notação. Pois, em torno desse critério, no esquema de Goodman, gira a diferença entre desenhar e escrever.

Considere a figura clássica de *The House at Pooh Corner*[21], desenhada por Ernest H. Shepard para o livro de A.A. Milne, e reproduzida na figura 5.1. Ió, o velho burro cinzento, arrumou três gravetos no chão. Dois dos gravetos estão quase se tocando numa ponta, mas separados na outra, enquanto o terceiro foi colocado cruzando os outros. E lá vem o Leitão. "Você sabe o que é isso?", Ió pergunta para o Leitão. O Leitão não faz ideia. "É um A", entoa Ió com orgulho. Todavia, ao reconhecer a figura como uma A, teríamos razão em creditar Ió pela produção de um artefato de escrita? Certamente não. Tudo o que ele fez foi copiar uma figura que viu em algum outro lugar. Ele sabe que é um A porque foi disso que Christopher Robin o chamou. E ele está convencido que reconhecer um A quando se vê um é da essência do Aprendizado e da Educação. Mas Christopher Robin, que está começando a ir para a escola, sabe mais. Ele compreende que A é uma letra, e que como tal é apenas uma de um conjunto de letras, chamado de alfabeto, cada uma do qual tem um nome, e que ele aprende a recitar na devida ordem. Ele também está aprendendo a desenhar essas letras. Mas em que estágio ele cessa de desenhar as letras e começa a escrevê-las?

Figura 5.1 – O A de Ió (Milne, 1928, p. 84).

O grande psicólogo russo Lev Vygotsky, nos seus estudos sobre o desenvolvimento infantil inicial, se preocupou bastante com essa pergunta. Ele entendeu que os primeiros desenhos da criança são meramente os traços de gestos dêiticos, feitos por uma mão que por acaso está segurando uma ferramenta de inscrição. "As crianças", observou Vygotsky, "não desenham, elas indicam, e o lápis simplesmente fixa o gesto indicatório" (Vygotsky, 1978, p. 108). Entretanto, há um momento crítico no qual a criança descobre que a marca que ela fez no papel é uma representação de algo e, depois disso, que esse algo tem um nome. A partir daí, o nome pode preceder em vez de seguir

21. O segundo livro da série que lançou as personagens do Ursinho Pooh [N.T.].

o ato de desenhá-lo, para que a criança possa iniciar, por exemplo, a "desenhar um A". Mas ela ainda não está escrevendo-o. A escrita pede uma habilidade a mais, motivada pela descoberta de que as letras podem ser ordenadas em combinações com significados para formar palavras. Essa descoberta marca o nascimento da capacidade da criança de ler. Uma criança que ainda não consegue ler está fadada a praticar exercícios de formação de letras. Só quando ela pode ler é que também pode verdadeiramente dizer que está escrevendo (Vygotsky, 1978, p. 110-115).

Tudo isso sugere, como o linguista Roy Harris argumentou com tanta força, que nós devemos fazer uma distinção clara entre uma *notação* e uma *escritura*. Desenhar as letras do alfabeto, reconhecer as suas formas e aprender a falá-las separadamente são exercícios de notação. Soletrar, no entanto, é um exercício de escritura. É uma questão de ser capaz de combinar os elementos de uma notação de formas que fazem sentido em termos de um sistema específico (e claramente os mesmos elementos podem ser utilizados em qualquer número de sistemas diferentes). *Dentro dos textos daquele sistema*, os elementos, tais como letras, podem, então, tomar um valor como sinais escritos (Harris, 2000, p. 91). Como tais, eles pertencem a uma escritura. Assim, a figura 5.2, que ilustra como a letra A derivou do hieroglifo egípcio, que retratava a cabeça de um boi, nos fala algo sobre a história de uma forma notacional, mas nada especificamente sobre *escrever*. Ou considere mais um exemplo. Frequentemente dizemos que uma figura vale mais que mil palavras. Mas é pelas palavras que a imagem é trocada, e não pelas letras com as quais elas são escritas. Confundir os dois é, mais uma vez, confundir a escritura com a notação. É parecido com supor que pagamos pelos bens não com as moedas, mas com as figuras (a efígie da Rainha, a Britânia, numerais e assim por diante) que estão inscritas nelas. Essas figuras formam uma notação para cunhagem, que capacita aqueles de nós que somos familiares com o sistema monetário britânico a reconhecer pequenos discos de metais como penhores que carregam certos valores. Semelhantemente, poderíamos argumentar, o formato das letras forma uma notação, que capacita qualquer um que pode soletrar com um grau razoável de proficiência, a reconhecer as inscrições na página como palavras que têm significados particulares. Mas se você for completamente não familiarizado com o sistema monetário, ou se você não consegue soletrar nada, então os elementos notacionais, mesmo que possa reconhecê-los pelo que são (letras, figuras etc.), não significarão nada. Eles não seriam parte de nenhuma escrita para você.

Figura 5.2 – Variações da letra A (Kapr, 1983, p. 273, fig. 427).

Embora pareça lógico distinguir a notação da escritura dessa forma, isso tem uma consequência estranha. Imagine que lhe fosse solicitado copiar uma passagem de um texto numa escrita alfabética que você não entende. Você seria compelido a prosseguir letra por letra, reproduzindo o mais fielmente possível o modelo diante de você sem ter qualquer ideia do que isso tudo significa. Você estaria então escrevendo, ou você teria regredido para desenhar letras? Isso não é um cenário tão irreal com pode parecer. O historiador Michael Clanchy nos lembra que, embora fossem estimados como especialistas no seu ofício, os escribas medievais muitas vezes "mal entendiam os exemplares diante deles" (Clanchy, 1979, p. 126). Contudo, eles podiam reconhecer as letras, e eram essas que eles copiavam para a página. Será que teríamos de concluir que eles não estavam, no final das contas, escrevendo, mas desenhando? Uma conclusão como essa iria contra a natureza da abordagem inteira que tentei desenvolver neste livro, que é considerar a escrita, em primeiro lugar, como uma espécie de fabricação de linha em vez de composição verbal. Além disso, isso nos forçaria a introduzir uma divisão no trabalho dos escribas quando, na experiência deles, não havia nenhuma. O ato de escrever, até onde lhes interessava, era bem indiferente quanto a se eles podiam de fato decifrar o que estava escrito.

Por essa razão sou relutante em considerar a escrita como uma prática que suplanta o desenho. Escrever ainda é desenhar. Mas é o caso especial de desenhar no qual *o que é desenhado abrange elementos de uma notação*. Assim, o desenho reproduzido na figura 5.3, intitulado "Num H Imaginário", pode ou não ser descrito como escrita, a depender se estamos preparados a aceitar que ele traz qualquer relação que seja com a letra chamada por esse nome em qualquer escrita ou fonte de letra reconhecível (neste exemplo, o desenho reflete sobre a incongruidade bizarra entre as pronúncias vocais dessa letra como um elemento notacional separado, *aitch*, e como um componente de palavra falada, *h*). A notação em questão não precisa consistir em letras. Ela poderia muito bem também consistir em numerais ou em notas do pentagrama da partitura. Ou ela poderia consistir em caracteres, como na escrita chinesa. Entretanto, o meu ponto principal é este: a mão que escreve não cessa de desenhar. Portanto, ela pode se mover com bastante liberdade, e sem interrupção, dentro e fora da escrita. Talvez um paralelo possa ser encontrado nos gestos manuais envolvidos no decorrer de uma refeição. Num momento, eles governam o nosso manuseio do garfo e da faca; em outro, formam sinais no ar para acompanhar a nossa conversação. Mas a mão que gesticula, neste exemplo, corre tão harmoniosamente na sinalização quanto a mão que desenha corre na escrita.

Em alguns casos, os elementos de uma notação claramente também são representações. Que o hieroglifo da cabeça de um boi, o precursor da nossa letra A, é uma representação se torna óbvio se a compararmos com a maneira que os próprios bois eram desenhados no Egito antigo (fig. 5.4). Não hesitaríamos em dizer que o glifo é um desenho de algo diferente dele mesmo, embora ele também esteja incorporado numa escrita. Um outro exemplo bem conhecido pode ser tirado da etnografia recente. Refiro-me ao célebre estudo de Nancy Munn (1973b) sobre os Walbiri, um povo aborígene do deserto central australiano com quem já nos encontramos, de passagem, no capítulo 3. Tanto homens quanto mulheres entre os Walbiri desenhavam rotineiramente padrões na areia com os dedos, conforme falavam e contavam histórias. Esse tipo de desenho é uma parte tão normal e tão integral da conversação quanto a fala e os gestos. As próprias marcas são padronizadas a ponto de adicionar um tipo de vocabulário de elementos gráficos cujos significados precisos, contudo, são altamente dependentes dos contextos de conversação e contagem de histórias nas quais eles aparecem. Assim, uma linha reta simples pode ser (entre outras coisas) uma lança, um bastão de lutar ou cavar, ou uma pessoa ou animal prostrados; um círculo pode ser um ninho, um buraco de água, uma árvore, um monte, uma lata de cozinhar ou um ovo. Conforme a história prossegue, as marcas são reunidas em pequenas cenas, cada uma das quais é então apagada para abrir espaço para a próxima (Munn, 1973b, p. 64-73).

Figura 5.3 – "Ponto a Ponto: Num H Imaginário", um desenho do escritor e poeta canadense bpNichol. Se desenhar um H como um elemento notacional é diferente de desenhá-lo como parte de uma palavra, da mesma forma que pronunciar a letra é diferente da sua pronúncia na fala, então isto é o que acabamos tendo (Nichol, 1993, p. 40).

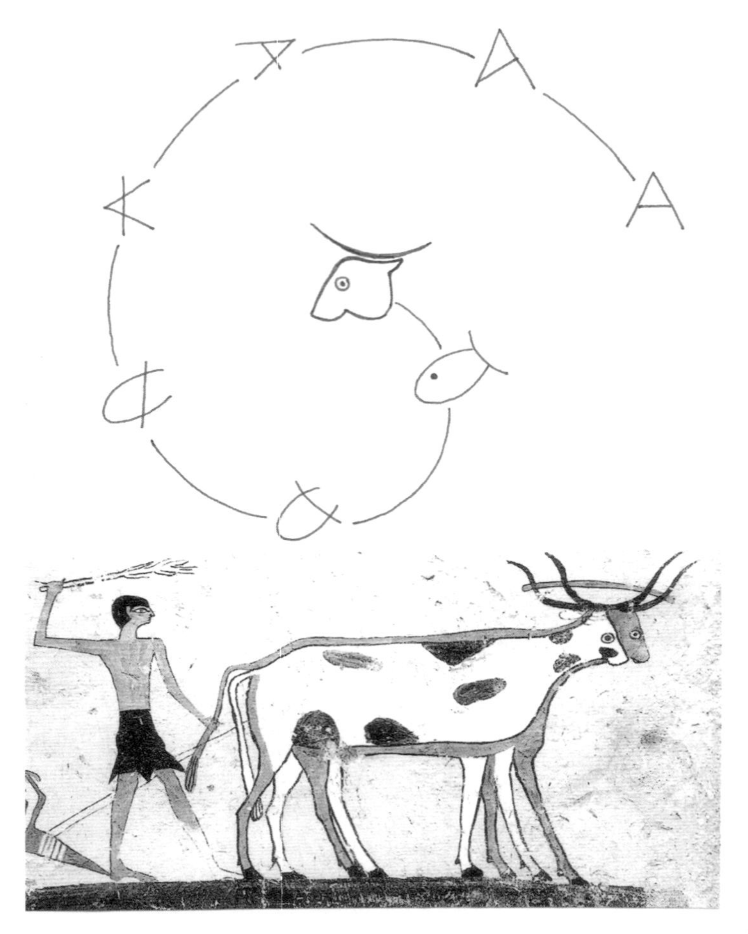

Figura 5.4 – A evolução da letra A, do hieroglifo da cabeça de um boi até uma letra capital romana. Um detalhe (abaixo) de uma cena da agricultura na capela de Djar, Tebas, mostra a clara semelhança icônica entre o hieroglifo e a maneira pela qual a cabeça era convencionalmente retratada em representações de bois no Egito antigo. A barra que cruza o A romano é derivada, depois de várias rotações, da linha dos chifres do boi.

Visto que o repertório de marcas forma um conjunto fechado, e visto que elas podem ser combinadas de várias maneiras para descrever cenas diferentes, parece perfeitamente razoável supor que elas significavam uma notação. Mas também é claro que os significados atribuídos a cada elemento, embora dependentes do contexto, estão longe de ser arbitrários. Há uma semelhança icônica óbvia, por exemplo, entre a lança e a linha reta. Exatamente por essa razão, Munn descreve a notação Walbiri como uma *iconografia* (Munn, 1873b, p. 87-88). Num caso como esse, não faz sentido perguntar se os elementos gráficos são escritos ou só desenhados. Eles são, ao mesmo tempo, tanto escritos como *não* escritos, dependendo se a linha na areia é tomada como representando um elemento notacional (no mesmo sentido que posso, p. ex., começar a desenhar um A) ou o objeto que se supõe que este elemento, no contexto específico da história, representa. Por conta da semelhança icônica entre os dois, a questão pode ser interpretada de ambas as formas. O mesmo pode ser dito da efígie da Rainha ou, digamos, de uma moeda de dois *pence*. Por um lado, o perfil da cabeça é claramente modelado a partir da monarca reinante, e poderia ser assemelhado a um retrato. Mas, por outro lado, é tanto um elemento de notação para cunhagem como a figura 2, estampada no lado oposto, que não retrata nada além de si mesma.

Escrita como um tipo de desenho

Deixe-me voltar agora para a segunda das minhas quatro proposições concernentes à distinção entre desenhar e escrever. Frequentemente se alega que desenhar é uma *arte*, ao passo que, escrever, não. Essa proposição, juntamente com a terceira que considerarei daqui a pouco (a saber, que, diferente do desenho, a escrita é uma *tecnologia*), gira em torno de uma dicotomia entre tecnologia e arte, que se tornou profundamente entrincheirada dentro da constituição moderna. A dicotomia, todavia, remonta a não mais que trezentos anos. Até por boa parte do século XVII, os artistas não eram vistos diferentemente dos artesãos, e os seus métodos de trabalho eram igualmente descritos como "técnicos". No início do século XVII, a palavra "tecnologia" foi cunhada para denotar o tratamento sistemático desses métodos (Williams, 1976, p. 33-34; Ingold, 2000, p. 349; Ross, 2005, p. 342). A palavra foi formada do radical do grego clássico *tekhne*, cuja conotação original era a habilidade humana ou perícia. "Arte", derivada do latim *artem* ou *ars*, significava quase a mesma coisa, aplicada "de forma bem ampla para todo artesanato, trabalho, técnicas experientes, tecnologias e profissões habilidosas" (Mitchell, 2005, p. 6).

Entretanto, o crescimento subsequente do capitalismo industrial, junto com as mudanças concomitantes na divisão do trabalho, conduzido em uma gama de áreas até a decomposição da habilidade, por um lado, em componentes de inteligência criativa e imaginação e, por outro, em técnicas corporais rotineiras ou habituais. Quanto mais o conceito de arte passou a ser reservado para o primeiro, mais o último era reduzido ao que é considerado agora como "meramente" operações tecnológicas. Uma vez que a prática foi, dessa forma, "desfabricada" do impulso criativo, o caminho estava aberto para construir máquinas para executar, de forma mais rápida e mais eficiente, o que os corpos faziam antes. Com isso, o próprio conceito de tecnologia mudou da mente para a máquina, de princípios de estudo sistemático dos processos de produção para princípios incorporados no próprio maquinário de produção. A partir daí, um objeto ou uma atuação seria considerado uma obra de arte à medida que escapasse das determinações do sistema tecnológico, e expressasse o gênio do seu criador. Contrariamente, operar uma tecnologia significava estar preso à implementação mecânica de um sistema de forças produtivas objetivo e impessoal. A arte cria; a tecnologia só pode replicar. Assim o artista foi distinguido do artesão, e a obra de arte do artefato.

Já chamei a atenção, no capítulo 1, para um exemplo dessa divisão de trabalho, a saber, aquela entre o autor engajado na composição verbal e o impressor cujo trabalho é rodar inúmeras cópias da obra do autor. Se o autor é um artista literário, o impressor é um artesão tipográfico. Foi na Inglaterra do final do século XVIII, de acordo com Raymond Wiliams, que a noção de artesão como um trabalhador manual sem propósito intelectual, imaginativo ou criativo, realmente criou raízes. De maneira significativa, como veremos, a questão revolvia em torno da posição das gravações. A partir do final do século XVII, as artes passaram a incluir pintura, desenho, gravações e escultura. Mas uns cem anos antes, os cavalheiros da Academia Real determinaram que não haveria lugar ali para gravuristas. Eles não eram considerados artistas, mas artesãos, cujas afiliações naturais estavam com as profissões de impressão (Williams, 1976, p. 33). Foi por volta desse tempo, também, que o escritor começou a ser visto, por profissão, como um compositor de textos em vez de um fabricante de linhas, isto é, como um autor em vez de um escriba. Foi em tal capacidade, junto com a sua contraparte, o compositor de obras musicais, que ele se uniu às fileiras dos praticantes das "artes". Daí em diante, por volta da metade do século XIX, o tipo de composição de linha envolvido na produção textual foi relegado ao domínio da tecnologia. Desenhar, por outro lado, reteve a sua afiliação original com a pintura e escultura, dentro do campo geral que veio a ser conhecido como as "belas-artes". E aqui permaneceu. Desse modo, chegamos ao contraste peculiar entre o artista gráfico e o escritor que está tão firmemente institucionalizado hoje. Aquele desenha as linhas na prática da sua arte; esse não. Ele não é um compositor de linhas, mas "palavreiro"[22].

Isso é o que torna possível para um antropólogo moderno, tal como Clifford Geertz, dizer sobre o etnógrafo que ele "'inscreve' um discurso social, que ele *o grava firmemente*" (Geertz, 1973, p. 19), embora a última coisa que ele faça é, na prática, desenhar uma linha na página. Ainda mais recentemente, James Clifford caracterizou a *inscrição* como uma "volta para a escrita" no meio dos en-

22. O original aqui é *wordsmith*, que hoje significa comumente um escritor habilidoso. No entanto, o autor combina aqui tanto o significado atual quanto um elemento da etimologia da palavra. A palavra *word* significa "palavra", mas *smith* significa, primordialmente, um artesão que trabalhava com metais, o que chamaríamos de um "ferreiro", mas que também podia, num sentido mais amplo, incorporar outros tipos de artesãos. Desse modo, quem desenha é um artista, mas quem escreve é um "ferreiro de palavras" [N.T.].

gajamentos práticos do campo de trabalho etnográfico, assim como no negócio mundano de tomar notas. Como tal, argumenta ele, ela deve ser diferenciada da *descrição*, que envolve a produção de relato, baseado na reflexão, na análise e na interpretação, normalmente num lugar bem separado do campo (Clifford, 1990, p. 51-52). Mas, nesses termos, nem inscrição nem descrição têm qualquer coisa a ver com fazer linhas. Em ambos os casos, é uma questão de *encontrar as palavras certas* para registrar ou comunicar o que foi observado. Embora Clifford chame a sua análise de "grafocêntrica" (Clifford, 1990, p. 53), as inscrições e descrições sobre as quais ele está falando são de um tipo que você pode registrar tão bem com uma máquina de escrever quanto com uma caneta. Não faz diferença para o seu argumento se o etnógrafo está trabalhando com uma ou com outra (Clifford, 1990, p. 63-64)[23]. Mas, nos nossos termos, a diferença é fundamental. Você consegue escrever com uma caneta, mas não consegue desenhar com uma máquina de escrever.

Creio que, ao projetar o nosso entendimento contemporâneo de escrita como composição verbal sobre as práticas escribas dos tempos anteriores (mesmo quando adotamos termos tais como "inscrição" e "manuscrito" destas para caracterizar aquele), falhamos em reconhecer a extensão na qual a própria arte da escrita, pelo menos até ser destituída pela tipografia, jaz no desenho de linhas. Para os escritores do passado, um sentimento ou observação seria *descrito* no movimento de um gesto e *inscrito* no traço que ele produz. O que importava não era a escolha e o conteúdo semântico das palavras em si, estes poderiam ser totalmente convencionais, como num texto litúrgico, mas sim a qualidade, tom e dinâmica da linha em si. Rosemary Sassoon, que treinou com uma escriba por volta do final da Segunda Guerra Mundial, encontrando emprego para as suas habilidades na escrita de livros de lembranças que estavam em demanda na época, nota que, apesar da disciplina rígida do ofício, qualquer escriba pode sentir como uma letra foi escrita apenas por olhar (Sassoon, 2000, p. 12). "A forma e a linha de uma letra", conclui ela, "é tão sensitiva e expressiva quanto a qualidade da linha num desenho, e tão individual quanto a interpretação da cor, da luz e da sombra, é para um pintor" (Sassoon, 2000, p. 179).

Entre os artistas dos tempos modernos, Paul Klee se destaca por ter reconhecido a identidade original de desenhar e escrever. Nas anotações que ele preparou para as suas palestras *Bauhaus* no outono de 1921, Klee comenta sobre a linha que, "na alvorada da civilização, quando escrever e desenhar eram a mesma coisa, ela era o elemento básico" (Klee, 1961, p. 103; cf. tb. Aichele, 2002, p. 164). Ele prosseguiu explorando as ressonâncias entre a linha gráfica

23. Clifford distingue também tanto a inscrição quanto a descrição da *transcrição*, que implica anotar as coisas, como num ditado. Mais uma vez é algo irrelevante, no argumento de Clifford, se isso é feito à mão ou com uma máquina de escrever.

e a linha da música que, novamente, mesmo enquanto pronuncia as palavras, é sensitiva e expressiva em si mesma. Contudo, com a possível exceção dos grafólogos (Jacoby, 1939), só em casos raros os estudiosos ocidentais viram a escrita como um tipo de desenho. Um dos poucos que fizeram isso é Nicollette Gray. Introduzindo o seu impressionante livro *Lettering as Drawing* [Letras como desenho] (1971), Gray reconhece que a sua abordagem na ligação dos campos da escrita e do desenho é nova, não por conta de qualquer falta de pesquisa erudita em ambos, mas porque a crença de que estes lidam com dois tipos bem distintos de atividades, cada um pedindo um estudo separado, tem sufocado tentativas de sintetizá-los. Porém, entre escrever e desenhar, insiste ela, não pode haver uma divisão rígida, pois o meio de produzir ambos é a linha. E como ela observa corretamente, "o mesmo tipo de linha que escreve também desenha" (Gray, 1971, p. 1). O foco de Gray é na tradição ocidental da caligrafia que, nos tempos modernos, tem tido que lutar pelo seu reconhecimento como uma forma legítima de arte. De forma geral, estudantes de arte gráfica, em vez disso, têm sido treinados em tipografia. Mas as linhas da tipografia, como as linhas gravadas das quais elas derivam, são bem diferentes das linhas desenhadas de uma escrita cursiva, que flui livremente. Uma linha que é desenhada, na visão de Gray, é uma que *se move* (Gray, 1971, p. 9).

De fato, a apreensão do movimento, e a sua reencenação gestual, é fundamental para a prática do desenho. "No seu mais essencial", escreve o artista Andy Goldsworthy, desenhar descreve "uma linha exploradora alerta às mudanças de ritmo e sentimentos da superfície e espaço" (Goldsworthy, 1994, p. 82). Mostrei no capítulo 2 como os dois sentidos da palavra inglesa para desenhar, *draw*, como puxar fios e inscrever traços, estão intimamente relacionados. As linhas desenhadas de Goldsworthy incluem tanto traços quanto fios: aqueles riscados com um graveto na areia, ou com uma pedra em outra; estes consistindo em talos de grama esticados de uma ponta à outra e presos com espinhos a um suporte tal como o chão ou o tronco de uma árvore. Mas qualquer que seja o meio, desenhar, no inglês *drawing*, que também significa "retirar" ou "puxar", "está relacionado com a vida, como puxar (*drawing*) o fôlego ou uma árvore retirando (*drawing*) os nutrientes através das suas raízes para, com os seus galhos, desenhar (*draw*) o espaço no qual ela cresce. Um rio desenha (*draws*) o vale e o salmão, o rio" (Goldsworthy, 1994, p. 82).

Muito antes, no seu tratado de 1857 sobre *The Elements of Drawing* [Os elementos do desenho], John Ruskin aconselhara os seus leitores novatos em termos muito similares. Eles deveriam se apegar àquilo que ele chamou de *linhas-guia*, isto é, as linhas que incorporam na sua própria formação a história do passado, da ação presente e do potencial futuro de uma coisa. As linhas de uma montanha mostram como ela foi construída e desgastada, as de uma árvore mostram como ela enfrentou as provações da vida na floresta e com os ventos que a atormentaram, as da onda ou da nuvem mostram como foram formadas por correntes de ar ou água. Na vida como na arte, Ruskin declarou, a sabedoria jaz em "*saber o caminho que as coisas estão seguindo*".

> Os seus tolos acham que elas estão paradas, e as desenha todas fixas; o seu homem sábio vê a mudança delas ou a mudança nelas, e as desenha assim: o animal no seu movimento, a árvore no seu crescimento, a nuvem no seu curso, a montanha no seu desgaste. Tente sempre que olhar para uma forma ver as linhas nela que tiveram poder sobre o seu passado e terão poder sobre o seu futuro. Essas são as suas *terríveis* linhas; busque se apegar a elas, independentemente do que você deixe passar (Ruskin, 1904, p. 91).

Ruskin ilustra o seu ponto com um desenho, reproduzido na figura 5.5, que retrata a folhagem crescendo em volta da raiz de um pinheiro, com brotos de mudas impelidos inicialmente para fora da raiz à medida que a água espirra pelo impacto de uma pedra, antes de retomarem a sua orientação para cima, na direção do céu (Ruskin, 1904, p. 88, 91-92). Contudo, o conselho de Ruskin, como veremos, poderia muito bem ter sido dado para um calígrafo chinês aprendiz.

Figura 5.5 – Desenho de John Ruskin da folhagem em volta da raiz de um pinheiro-manso, no topo de um penhasco em Sestri, perto de Gênova (Ruskin, 1904, p. 88).

Uma arte de movimento

É convencional dizer que o calígrafo escreve. No entanto, como Yuehping Yen mostrou, a caligrafia chinesa é, em essência, "uma arte de movimento rítmico", na qual as linhas constituintes de cada caractere têm poder e dinâmica próprios (cf. fig. 5.6). "Pela observação da natureza", explica Yen, os calígrafos "observam os princípios de todo tipo de movimento e ritmo, e tentam comunicá-los pelo pincel caligráfico" (Yen, 2005, p. 84-85). Num tratado influente, o calígrafo mais famoso da Dinastia Tang, Sun Guoting (648-703 d.C.), escreve o seguinte:

> Considere a diferença entre as pinceladas "agulha suspensa (*xuanzhen*)" e "gota de orvalho pênsil (*chuilu*)", e depois considere as maravilhas dos trovões rolando e das pedras tombando, as posturas dos gansos selvagens em voo e das feras espantadas, as atitudes das fênix dançando e das cobras assustadas, o poder de penhascos íngremes e de picos desmoronando, as formas de encarar o perigo e de se segurar em madeira podre, que algumas vezes são pesadas como nuvens ameaçadoras e às vezes leves como asas de cigarra; considere que, quando o pincel se move, água jorra de uma fonte e, quando o pincel para, uma montanha permanece firme; considere o que é muito, muito leve, como se a lua nova estivesse nascendo no limite do céu, e o que é muito, muito claro, como a multidão de estrelas dispostas na Via Láctea – estes são os mesmos que os mistérios sutis da natureza: não podem ser forçados (apud Yen, 2005, p. 84).

Preservando essas flexões sutis do pincel no papel absorvente, as linhas da caligrafia são, de fato, "terríveis", no sentido de Ruskin. Toda linha é um traço de um gesto delicado da mão que segura o pincel, um gesto inspirado pelas observações minuciosas do calígrafo sobre os movimentos no mundo à sua volta.

Por toda história, os calígrafos chineses buscaram inspiração de tais observações. Um mestre do século XIII compara vividamente o ataque, aquele momento crítico no qual a ponta do pincel faz contato com o papel no começo de uma pincelada, à "lebre saltando e ao gavião mergulhando sobre a sua presa" (Billeter, 1990, p. 163). Um outro nos fala como, para capturar os movimentos distintivos dos caracteres *tzu* e *pu*, ele tentava imitar com a mão o movimento de um pássaro voando. Para os caracteres *wei* e *ju* ele tentava movimentar no ar as cambalhotas dos ratos brincando (Billeter, 1990, p. 185-186). Dois séculos antes, no período da Dinastia Sung, o calígrafo Lei Chien-fu descreveu como ele ouvia uma cascata, e imaginava a água rodopiando, correndo e tombando no abismo. "Levantei-me para escrever", recordou ele, "e tudo o que eu imaginara apareceu debaixo do meu pincel" (Billeter, 1990, p. 183). Um tratado sobre pintura do mesmo período explica por que Wang Hsi-chih, que viveu de 321 a 379 d.C., apreciava tanto os gansos. "Era", o autor nos fala, "porque, para formar os caracteres, ele retirava a inspiração da semelhança entre as ondulações dos pescoços e aquelas do pulso

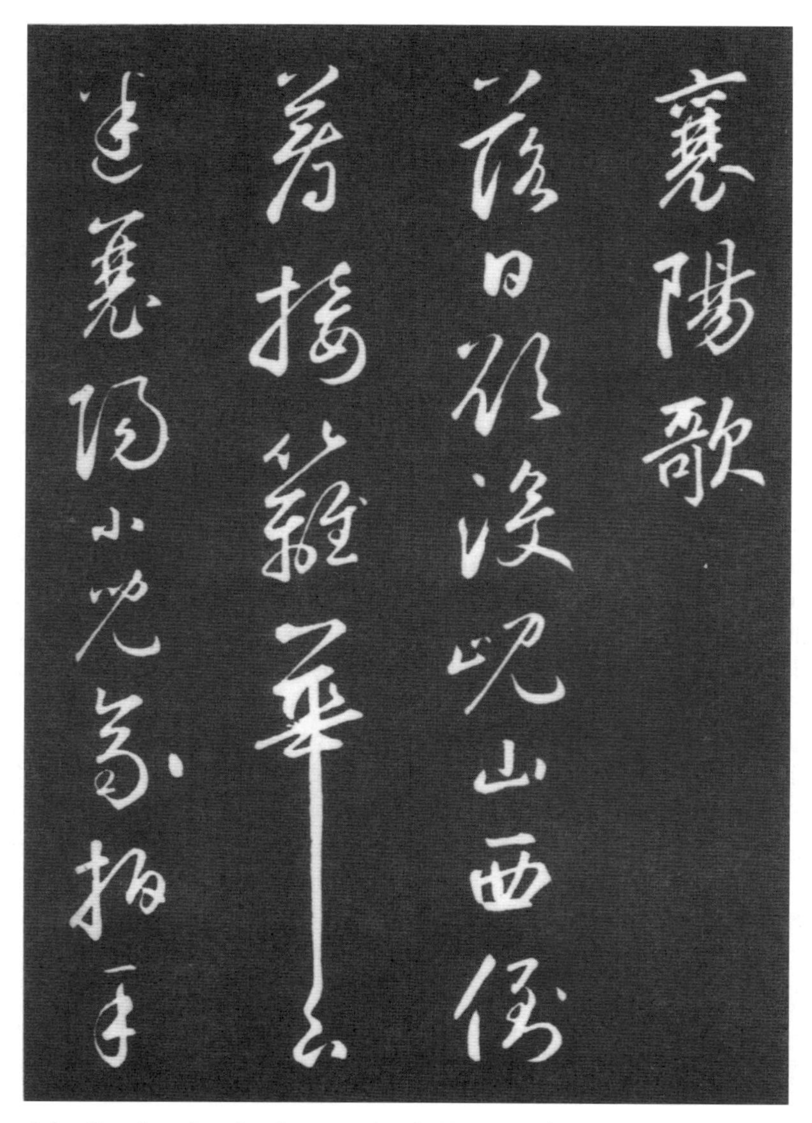

Figura 5.6 – Detalhes de caligrafia, retirados de Hsien-yü Shu (1256-1301), um oficial da corte mongol no tempo da Dinastia Yüan, de uma transcrição de Hsiang Yang Ko feita no ano 1300 d.C. (Ch'en, 1966, p. 167).

conforme este mexe o pincel" (Billeter, 1990, p. 184, 200, nota de rodapé 65). Um outro calígrafo da Dinastia Sung, Huang T'ing-chien, descreve como, depois de anos de frustração nas suas tentativas de dominar um gesto particular, encontrou o segredo tarde na vida enquanto cruzava a garganta do Rio Yangtze numa balsa. Observando os balseiros trabalhando com os seus remos, como eles os inclinavam para entrar na água, puxavam no desenvolvimento do movimento e os levantavam no final, e como eles colocavam todo o corpo no trabalho, ele imediatamente compreendeu como o seu pincel deveria ser manuseado (Billeter, 1990, p. 183).

A partir desses exemplos, todos retirados do impressionante livro de Jean-François Billeter sobre *The Chinese Art of Writing* [A arte chinesa da escrita], parece indisputável que esses mestres calígrafos, enquanto ostensivamente escreviam, estavam também desenhando o que observavam. Mas não eram os formatos ou contornos das coisas que eles buscavam traduzir; o objetivo era, em vez disso, reproduzir nos seus gestos os ritmos e os movimentos do mundo. Como Yuehping Yen explica, ninguém esperaria que as linhas caligráficas inspiradas pelo ataque e contra-ataque de serpentes lutando realmente *parecessem* cobras; o importante é que as linhas deveriam se mover como elas (Yen, 2005, p. 85). Contudo, poderia ser questionado se a escrita chinesa consiste, de alguma maneira, em linhas. É claro que, tecnicamente, é possível produzir linhas com um pincel fino, assim como é com uma caneta. No estilo de pintura chinesa conhecido como *kung-pi*, o artista começaria desenhando tais linhas, antes de colori-las. Essas linhas eram chamadas de *hsien*, que significa literalmente "fio". Esse termo, entretanto, nunca é usado na caligrafia. Em vez disso, o vocabulário da caligrafia, incluindo os termos para pincel (*pi*) e pincelada (*hua*), é compartilhado com um estilo bem diferente de pintura conhecido como *hsieh-i*, que é produzido aplicando pinturas ligeiras de tinta na seda ou papel sem nenhum desenho preliminar qualquer.

Pareceria, dessa evidência, que a única forma que o calígrafo *não* produz é a linha. Para resolver o problema de nomenclatura, Billleter usa o termo neutro "elemento" para cada marca constituinte de um caractere escrito (Billeter, 1990, p. 50-51). Todavia, não vejo motivo para ser tão circunspecto. Como um traço deixado numa superfície por um movimento contínuo, a pincelada do calígrafo qualifica totalmente como uma linha em termos da taxonomia estabelecida no capítulo 2, e continuarei a referir-me a ela como tal. Contudo, é importante reconhecer que a caneta do escritor de letras ocidental e o pincel do calígrafo chinês produzem linhas de tipos bem diferentes. Não apenas o pincel produz um traço que varia continuamente a sua largura, mas ele também pode ser movido com a mesma facilidade para todas as direções. Desse modo, o calígrafo é capaz de "brincar" com a ponta flexível do pincel de uma forma que seria bem impossível com o bico de uma caneta que está afixado rigidamente no seu cabo (Billeter, 1990, p. 11-12, 54). Isso é bem mais possível com um lápis, no entanto. Como instrumento de desenho predominante na tradição ocidental, o lápis proporciona um grau de flexibilidade consideravelmente maior do que uma caneta, e não é diferente do pincel nesse aspecto. Na verdade, a palavra para "lápis" em inglês, *pencil*, deriva do latim *penicillum* (que significa um pequeno rabo, como do arminho ou da zibelina), que se referia originalmente ao pincel fino do pintor e, como tal, era bem distinto da palavra inglesa para "caneta", *pen* (do latim *penna*, pena de aves). Enquanto a semelhança entre as duas palavras no inglês é acidental, a diferença entre os instrumentos que elas denotam é fundamental.

O escritor com a pena desenha um repertório comparavelmente pequeno de movimentos repetitivos para descrever uma linha de letra contínua, cujas oscilações, voltas e pernas criam uma textura que tem os seus padrões emergindo conforme a escrita prossegue. Como vimos no capítulo 2, a analogia aqui é com a tecelagem, epitomada na metáfora do texto. Ao longo da linha, cada letra parece se curvar e tocar a próxima, um tanto como numa linha de pessoas em pé numa fila única, na qual cada pessoa levanta um braço e coloca a mão no ombro da pessoa da frente. Assim, o leitor tem a impressão de ver as letras de lado, como alguém veria as pessoas na fila conforme elas passassem. Na caligrafia chinesa, em contraste, os caracteres são observados de frente. Como Paul Claudel escreve, "a letra chinesa lhe encara, a latina mostra o seu perfil" (apud Billeter, 1990, p. 28). Em relação à posição de quem vê, é como se os caracteres fossem empilhados um atrás do outro, em vez de lado a lado. Por isso, uma pessoa tem que "ver através" de cada caractere para o próximo ser revelado. Por essa razão, não há nada comparável à linha de letra da escrita cursiva ocidental. A escrita chinesa, não é, em nenhum sentido, como a arte de tecer. A analogia é, em vez disso, com a dança (Billeter, 1990, p. 163, 178, 220; Yen, 2005, p. 100).

Na caligrafia, assim como na dança, quem está atuando concentra todas as suas energias e sensibilidades numa sequência de gestos altamente controlados. Ambas exigem a mesma preparação e ataque, mas, uma vez iniciadas, são executadas de forma rápida e sem qualquer interrupção. Em ambas, também, o corpo inteiro é tomado na ação. Embora possamos achar que o calígrafo trabalha só com a mão, na verdade os seus movimentos manuais têm a sua origem nos músculos das costas e do tronco, suportados pela sua posição sentada no chão, de onde eles se estendem pelo ombro, cotovelo e punho (Billeter, 1990, p. 64). Talvez haja uma diferença em que, ao passo que a dança tende a ser centrífuga, animada por um ímpeto de força contida num centro ativo no corpo do dançarino, a caligrafia é centrípeta, conforme toda a energia é focada através de uma sucessão de "pontos de controle" (ombro, cotovelo, punho e nós dos dedos) para a ponta do pincel sempre em movimento, cujas centenas de pelos encontram o papel (Yen, 2005, p. 86). E, com certeza, os gestos do calígrafo comumente (mas não sempre) deixam um traço, ao passo que aqueles do dançarino geralmente não (embora algumas vezes deixem). Entretanto, na sua encenação, os gestos do calígrafo se desdobram muito semelhantemente aos gestos coreográficos, como uma série de cenas em miniatura, cada uma se dissolvendo logo que é formada para dar espaço para a próxima.

Contudo, um paralelo poderia muito bem ser traçado com os gestos manuais, tais como aqueles que acompanham rotineiramente a fala ordinária, ou em usos mais especializados como a linguagem de sinais dos surdos, ou até a condução de uma orquestra. Como mostrei no capítulo 1, focar na mão e no seu trabalho é dispersar de uma vez a ilusão de que o que vemos são coisas necessariamente quiescentes. As palavras silenciosas da linguagem de sinais, por exemplo, podem ser tão vivas quanto as palavras sonoras da fala, e a sua apreensão exige uma atenção visual que é tão dinâmica e participativa – muito como uma questão de se juntar *com* o praticante na sua atuação – quanto ouvir. Se, como vimos, os leitores europeus medievais podiam ouvir as palavras escritas como se elas estivessem sendo faladas ou cantadas, então será que os leitores acostumados à linguagem dos gestos manuais não poderiam ver palavras escritas como se elas estivessem sendo assinadas, ou até como um tipo de dança manual? De fato, poderiam sim, como o exemplo da caligrafia chinesa prova mais uma vez. Nada ilustra melhor o fato de que os caracteres da escrita chinesa eram apreendidos, em primeiro lugar, como traços de gestos, do que a curiosa prática – quer dizer, curiosa para leitores ocidentais – de "escrever no ar".

É assim que as crianças na China têm tradicionalmente aprendido a escrever (Yen, 2005, p. 109). Elas começam movimentando os caracteres com extensos gestos do braço e da mão, nomeando cada elemento do caractere conforme ele é formado e, depois, pronunciando o caractere no final. Só quando o gesto foi aprendido é que então é escrito e, com a prática, gradualmente reduzido em amplitude e acelerado na velocidade de execução (Billeter, 1990, p. 85). As palavras são lembradas como gestos, não como imagens; na verdade, é precisamente por essa razão (porque elas são incorporadas pela prática e treino no *modus operandi* do corpo) que é possível para uma pessoa se lembrar de tantos caracteres (DeFrancis, 1984, p. 163). A mão sabe como formar cada caractere mesmo que o olho tenha esquecido o seu formato. Mas isso também significa que é tão fácil para uma pessoa "ler" um gesto traçado no ar como é ler o mesmo gesto traçado no papel. Na realidade, o traço físico é quase um resultado acidental, já que é o movimento que o forma que conta[24]. A contrapartida disso, no entanto, é que uma ênfase demasiada no desenho pode paralisar a capacidade de uma pessoa ler. Os leitores chineses relatam comumente que ficar olhando para um caractere por muito tempo pode levar à sensação desconcertante de que ele está se desintegrando em elementos dispostos aleatoriamente. Antes de conseguir escrever no-

24. Uma outra ilustração deste ponto vem da prática daquilo que Yen chama de "caligrafia evanescente". Ela relata que, na praça central da cidade de Luoyang, as pessoas "trazem pincéis de caligrafia enormes e frascos de água para escrever na superfície do concreto da praça todos os dias no final da tarde". Os caracteres evaporam e desaparecem dentro de minutos; evidentemente, o que conta é o revigoramento corporal e o relaxamento mental que a prática proporciona (Yen, 2005, p. 112).

vamente você tem que praticar algumas vezes para recuperar o movimento, sobre o qual, como Yen coloca, "o caractere reemerge como um submarino voltando à superfície vindo das profundezas do mar" (Yen, 2005, p. 110).

Olhar fixamente, nesse exemplo, é um tipo especial de visão que imobiliza o seu objeto: que verdadeiramente o prende. Mas longe de ser formado sob a pressão de tal fiscalização visual, o caractere escrito é desfeito por esta. Pois, na escrita chinesa, a coerência do caractere repousa no movimento pelo qual ele é desenhado. Prenda o movimento, e o caractere se desintegra. Nas sociedades ocidentais, pelo contrário, o movimento é equivalente a "barulho", que interfere na percepção da forma literária. Verdade, crianças tanto no Oriente quanto no Ocidente podem partilhar do mesmo ponto de partida. De uma maneira mais ou menos universal, como Vygotsky reconheceu, as crianças que estão dando os primeiros passos para a escrita percebem gestos como "escrevendo no ar" e sinais escritos simplesmente como "gestos que foram fixados" (Vygotsky, 1978, p. 107). Mas nas sociedades ocidentais, a educação na literacia tomou um curso radicalmente diferente. Nos seus primeiros exercícios de desenhar as letras, as crianças ocidentais são treinadas nos gestos manuais exigidos para formá-las. O objetivo de tais exercícios, contudo, não é reproduzir os gestos, mas copiar as formas das letras na página da forma mais ordenada possível. E ao aprender a ler, as crianças, semelhantemente, são ensinadas a reconhecer as formas das letras, não os gestos vinculados na produção delas. Assim, quando estão proficientes em ler e escrever no papel, não são mais capazes de escrever ou ler o que é escrito, no ar.

Impressão e gravação

Começando com traços, livremente desenhados, de escrita gestual no ar, e terminando com a reprodução de formas de letras predeterminadas sem nenhuma relação com os gestos que as produzem, toda criança na sociedade ocidental moderna recapitula na sua educação em literacia uma história muito mais longa da produção gráfica. Todavia, essa é, acima de tudo, uma história não somente do desenho, mas do equilíbrio inconstante entre desenhar e gravar. Podemos recordar o capítulo 2 acerca das origens da palavra inglesa para "escrita", *writing*, que jaz na incisão de superfícies rígidas. Roy Harris, de maneira semelhante, nos lembra de que, na Grécia antiga, o verbo para "escrever", *graphein*, do qual se deriva uma infinidade de palavras tanto no inglês quanto no português, que inclui o morfema *graph*, correspondente ao português *graf*, que significava originalmente "gravar, riscar, raspar" (Harris, 1986, p. 29). Qualquer que seja a nomenclatura específica da composição da linha e a sua derivação etimológica, poderia muito bem ser que a distinção, na prática e na experiência, entre fazer traços redutivos com um implemento de ponta afiada num material resistente, como uma pedra, e fazer traços aditivos em tinta fluente no papiro, pergaminho ou papel, usando uma pena ou um pincel, era uma prenúncio de coisas por vir, encontrando um eco distante, milênios depois, na ideia moderna de escrever como uma arte de composição separada do desenho.

Na China, essa distinção já estava bem estabelecida desde uma data antiga, pela coexistência da caligrafia com pincel com a prática de gravar selos de pedra (Billeter, 1990, p. 165, 286-289). Para essa, o gravador usa um cinzel de aço temperado. Ele segura o cinzel com a mão direita como nós seguraríamos um lápis, a aproximadamente 45 graus da superfície, enquanto o selo é segurado com a mão esquerda. Aplicando uma força considerável, ele corta cada linha do começo ao fim de uma vez só, depois vira o selo do outro lado e corta na direção oposta, continuando a cortar de um lado ao outro até ter obtido uma ranhura satisfatória. Para fazer uma curva, ele gira gradualmente o selo na sua mão esquerda enquanto corta com a direita. O resultado é um caractere cujas linhas apagam, em vez de revelar, os gestos que lhes deram origem. Porque, bem diferente da pincelada caligráfica, que registra o momento passageiro da sua produção e não pode, de maneira alguma, ser reparado ou retocado (Yen, 2005, p. 89), ao cortar de um lado para o outro com o cinzel, cada corte sucessivo elimina o traço do gesto precedente. Além disso, a linha curva testemunha o movimento da mão que está segurando a pedra, não da mão que está manuseando a ferramenta. E o gravador não pode alterar a largura da linha como quiser, como o calígrafo pode. Algumas vezes, o gravador começa com um caractere desenhado com um pincel sobre um papel de arroz bem fino, que é invertido na superfície umedecida do selo. Ele pode então cortar usando o traço desenhado com o pincel como um modelo. O caractere resultante, entretanto, atesta os gestos envolvidos no desenho de pincel original, não a gravação. No selo completo, o caractere permanece sozinho, como um artefato finalizado, imóvel e completo em si (fig. 5.7). É nessa forma estática que ele é transferido, pelo simples ato de impressão, para qualquer documento destinado a carregar o seu *imprimatur*.

Por volta do século IV d.C., os chineses tinham todos os ingredientes necessários para imprimir, a saber: superfícies gravadas, papel e tinta da consistência certa. Por volta do século VIII, transferiram as suas técnicas de gravação para blocos de madeira e, no século XI, estavam fazendo experiências com o tipo móvel. Enquanto isso, na Europa, os romanos desenvolveram a escrita maiúscula, precursora das nossas letras capitais modernas, especialmente com o propósito de gravá-las em inscrições em pedra. As letras minúsculas, derivadas das maiúsculas, começaram a aparecer nos manuscritos romanos do século III d.C., e, sob as reformas carolíngias do século VIII, os dois alfabetos foram por fim combinados num único sistema. Embora as técnicas de fabricação de papel já tivessem chegado na Europa por volta do século XI, importadas da China pelo caminho do mundo arábico, ainda haveria outros trezentos anos antes que a impressão com o

Figura 5.7 – Selos entalhados por calígrafos chineses famosos. Os três selos na direita são do calígrafo Ch'ing, Têng Shih-ju (1743-1805), os quatro da coluna do meio são do calígrafo Ch'ing, CHao Chih-ch'ien (1829-1884), o selo superior da esquerda é do calígrafo e pintor Ch'ing, Wu Chün-ch'ing (1844-1927), e o restante dos selos na esquerda são do pintor contemporâneo Ch'i Huang (Ch'em, 1966, p. 249).

tipo móvel fosse inventada na Europa, aparentemente de forma independente do precedente chinês, baseado em técnicas de processamento de metais (de gravar, fundir e bater), que foram usadas desde a Antiguidade para cunhar moedas[25]. Demoraria muito para descrever a história subsequente da imprensa, e a sua relação com a escrita à mão, com qualquer detalhe. É suficiente dizer que é como letras impressas, isto é, como as familiares caixa alta e baixa da tipografia moderna, que as maiúsculas e minúsculas romanas chegaram até nós hoje.

É significante que as formas das letras ou caracteres impressos têm as suas origens na gravação em pedra, madeira e metal, em vez de na escrita à mão. Pois na inscrição gravada, os gestos do artesão não são tanto preservados quanto cancelados. Já vimos como isso acontece no caso dos selos chineses, mas o mesmo também poderia ser dito das inscrições romanas. Baseadas no quadrado, no triângulo e no círculo, as formas das *capitales quadratae* romanas, ou capitais quadradas, são excessivamente incômodas para escrever com a caneta. Elas simplesmente não correspondem ao movimento da mão que flui livremente. Contudo, saem com relativa facilidade usando o cinzel (Gray, 1971, p. 95). Isso não nega que cinzelar uma pedra é um trabalho duro. Mas, nas inscrições gravadas, nenhum traço permanece do movimento enérgico das mãos que as fizeram. Como os caracteres dos selos chineses, as letras capitais romanas são impressionantemente estáticas. Apesar de lidas em sequência, cada letra é simplesmente um ser em si; ela não deixa de ser a anterior ou se transforma na seguinte. Chamadas assim por serem colocadas nas superfícies de monumentos, embora não necessariamente no topo de colunas ou pilares como o nome sugere (Avrin, 1991, p. 177), as letras capitais são montadas em composições, cuja construção era integral à arquitetura dos próprios monumentos. Encarando o espectador de maneira impassível, face a face, elas transmitem uma impressão esmagadora, sem dúvida intencional, da permanência e imobilidade monumental (fig. 5.8).

Dessa maneira, foi a técnica de gravar que quebrou o elo entre o gesto e o seu traço, imobilizou a letra ou o caractere e, fazendo isso, lançou os alicerces para a percepção moderna de palavras como coisas compostas e organizadas por arte, não inscritas por ela. Com isso, voltamos para a nossa conclusão no capítulo 1, respondendo à tese apresentada por Walter Ong, que não foi a escrita como tal que reificou a palavra, mas, ao invés disso, a desconexão do movimento gestual da sua inscrição gráfica, gerada pela transição da escrita à mão para a imprensa. Agora estamos na posição para projetar essa conclusão muito antes no tempo,

---

25. Leila Avrin (1991, p. 327-339) provê um relato maravilhosamente detalhado da história da impressão em bloco e tipo móvel no Extremo Oriente, Oriente Próximo e Europa, até o desenvolvimento da imprensa. Retirei também do seu relato autoritativo sobre a emergência das escritas maiúsculas e minúsculas (Avrin, 1991, p. 177-191), e sobre a história da fabricação do papel (Avrin, 1991, p. 283-289). Sobre a história da impressão na Europa, cf. Lechêne (1992, p. 73).

Figura 5.8 – Letras capitais romanas numa lápide do século I d.C. (Kapr, 1983, p. 28, fig. 34).

encontrando os precursores da palavra reificada e imóvel nas letras e caracteres dos monumentos e selos antigos, inscritos em pedra, madeira dura ou metal. Considerando tais artefatos, como então deveríamos julgar a reivindicação de Ong (1982) de que a escrita envolveu "a 'tecnologização' da palavra"? Essa pergunta traz-me à terceira das quatro proposições com as quais eu comecei, a saber, que escrever, diferente de desenhar, é essencialmente uma tecnologia da linguagem.

De acordo com Ong, escrever "foi e é a mais momentosa de todas as invenções tecnológicas humanas", e transformou completamente o mundo no qual vivemos (Ong, 1982, p. 85). Afirmações como essa abundam na literatura, e raramente são vistas como exigindo qualquer justificativa. Assim, num livro-texto publicado recentemente sobre os sistemas de escrita, uma das principais autoridades na área, Florian Coulmas, asserta que a escrita é uma "tecnologia que evoluiu por milhares de anos" (Coulmas, 2003, p. 2). O que é, então, nos olhos desses e de outros estudiosos, que faz da escrita uma tecnologia? Por que ela deveria ser considerada como de qualquer maneira mais tecnológica do que o desenho? Parece haver três respostas possíveis. A primeira é porque a escrita teve que ser inventada, a segunda é porque a escrita envolve o uso de ferramentas e a terceira é porque a escrita é artificial. Deixe-me analisar essas respostas uma de cada vez.

A invenção da escrita

Se a escrita foi uma invenção, então em que exatamente consiste a novidade? O que ela introduziu ao mundo que não havia antes? Invenções, além disso, exigem inventores. Quem foi esse povo, o suposto arquiteto dos sistemas de escrita, e o que eles achavam que estavam fazendo? Em apenas alguns poucos casos nós sabemos quem eles foram: por exemplo, o famoso índio Cherokee Sequoyah, que nas primeiras décadas do século XIX inventou um silabário completo de 85 sinais para a sua linguagem nativa (Rogers, 2005, p. 247-248), e o rei coreano Sejong, que no ano 1443 promulgou um alfabeto de 28 letras que ele mesmo desenvolveu, num documento intitulado "Os sons corretos para a instrução do povo" (Coulmas, 2003, p. 156-166). Esses foram indivíduos que já eram familiarizados com tradições letradas, que, é claro, é a razão pela qual temos registros atestando as suas conquistas. Naturalmente, deveríamos resistir à tentação de presumir que não houve inventores na pré-história justamente porque, na ausência de documentação, eles não podem ser identificados. O linguista John DeFrancis afirma ter chegado perto de identificar o inventor individual do que é amplamente mantido como o sistema de escrita conhecido mais antigo no mundo, o sumério (DeFrancis, 1989, p. 75). Ele foi um habitante anônimo da cidade de Jemdet Nasr, na Mesopotâmia, que viveu por volta do ano 3000 a.C. O que, afinal de contas, ele inventou?

A resposta, de acordo com DeFrancis (1989, p. 74), é o *princípio rébus*, isto é, o princípio pelo qual um sinal pictográfico é usado para representar não aquilo que ele retrata, mas o som da palavra falada para aquela coisa. Por exemplo, no inglês, ao combinar a figura de uma abelha, *bee* (pronuncia-se *bē*), com a de uma folha, *leaf* (pronuncia-se *lēf*), uma pessoa poderia construir uma representação fonética para a palavra inglesa para crença, *belief* (pronuncia-se *bēlēf*) (DeFrancis, 1989, p. 50). Numa tábua primitiva de Jemdet Nasr, a figura de um junco no canto superior esquerdo representa o som para a palavra "junco", que acaba sendo homófona à palavra para "reembolso" (fig. 5.9). O escriba, evidentemente, pretendia o último significado. Como em tantas tábuas do período, essa era parte de um registro do templo local, detalhando entradas e saídas.

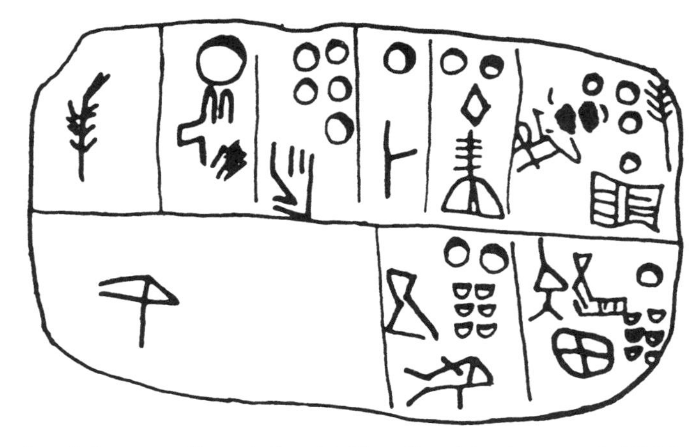

Figura 5.9 – Inscrição numa tábua de Jemdet Nasr, Suméria, de cerca de 3000 a.C. (Vaiman, 1974, p. 18).

Ora, o significado preciso do princípio rébus é uma questão um pouco debatida entre os historiadores da escrita, e com certeza não sou qualificado para me pronunciar neste quesito. Parece haver um pouco de dúvida de que o princípio foi crucial para o processo de fonetização, pelo qual os ícones gráficos passaram a representar os sons da fala. Mas é algo bem diferente afirmar, como DeFrancis faz, que esse passo culminou "numa das maiores invenções da história humana" (1989, p. 50), pois isso é lançar um julgamento retrospectivo à luz de uma história subsequente que os seus originadores não poderiam ter conhecido nada a respeito dela. Construímos erradamente o problema da origem, como Roy Harris observou, propondo-o do ponto de vista de uma civilização que já assimilou a escrita e as suas consequências (Harris, 1986, p. 29). É simplesmente muito fácil para nós, treinados como somos na tradição da literacia acadêmica, imaginar que o primeiro povo a representar sons de fala por meio de elementos gráficos, quem quer que tenha sido, foi motivado por uma visão futurista de uma sociedade totalmente letrada. É essa concepção teleológica da história da escrita que jaz por trás da ideia popular de uma progressão inevitável e linear da pictografia, pelas escritas silábicas, até o alfabeto.

De uma coisa, eu acho, podemos estar relativamente certos. Aqueles indivíduos anônimos creditados pelos estudiosos modernos como aqueles que inventaram as escritas primitivas, e parece ter havido vários que abordam a mesma ideia de forma bem independente, não conceberam inicialmente no abstrato, e depois partiram para a construção de sistemas de escrita plenamente desenvolvidos e feitos propositadamente. Eles nem sequer imaginavam a possibilidade da escrita como nós pensamos sobre ela agora. Tudo o que fizeram foi encontrar soluções expedientes para dificuldades muito específicas e locais envolvidos em tarefas, tais como contabilidade, listas de nomes próprios, registro de propriedade ou previsão de fortunas. Em cada caso, a solução repousa em pressionar ícones bem conhecidos e prontamente identificados para servir o novo propósito de representar sons da fala. O que os historiadores modernos de forma até grandiosa chamam de "sistemas de escrita", sem dúvida se desenvolveu como acumulações de conveniências desse tipo. DeFrancis está certo em chamá-las de "estruturas improvisadas" que "se assemelham menos a esquemas construídos cuidadosamente para representar línguas faladas do que a uma mistura de dicas mnemônicas que leitores adeptos podem usar para alcançar mensagens coerentes" (DeFrancis, 1989, p. 262). Elas eram, resumindo, mais como invenções do tipo Rube Goldberg do que os exemplos-modelo de projetos de engenharia que a noção de escrita como uma tecnologia nos levaria a esperar[26].

As ferramentas do ofício

Deixe-me voltar agora para a segunda resposta possível para a pergunta sobre o que faz a escrita tecnológica, a saber: porque envolve o uso de ferramentas e outros equipamentos. Para Ong, essa é a primeira coisa que vem à mente ao pensar na escrita como uma tecnologia (Ong, 1982, p. 81-82). Semelhantemente, no seu estudo sobre o trabalho dos escribas na Inglaterra, do século XI ao XIII, Michael Clanchy dá o título "A tecnologia da escrita" para um capítulo devotado aos instrumentos e materiais do ofício (Clanchy, 1979, p. 114-144). Esses eram numerosos e diversos. Os principais materiais eram madeira, cera e pergaminhos. O texto seria escrito em rascunho com uma espécie de estilete sobre cera colorida, sobreposta em tábuas de madeira, e só depois seria então copiado para o pergaminho. As ferramentas do escriba incluíam uma faca ou navalha para raspar o pergaminho, uma pedra-pomes para amaciá-lo, um dente de javali para polir a superfície, também o estilete, lápis, régua, fio de prumo e sovela para fazer as linhas e, para a escrita em si, canetas de pena de ganso e ca-

---

26. Este parágrafo reproduz parcialmente o material de um ensaio anterior sobre "A dinâmica da mudança técnica" (in: Ingold, 2000, p. 371).

nivete, tinteiro e tintas de várias cores. Isso sem mencionar a mobília, lamparina e todo o restante da parafernália de estudo (Clanchy, 1979, p. 116). Mas esse é só um exemplo. Com certeza, onde a escrita consistia em marcas impressas em argila úmida, como na escrita cuneiforme suméria, ou onde era gravada na pedra, estampada em metal, organizada em mosaico, ou bordada ou brocada na tapeçaria, o equipamento e as técnicas envolvidas seriam bem diferentes e, em muitos casos, de um tipo que até nem associaríamos com qualquer tipo de escrita. Já nos deparamos com algumas dessas técnicas, em conexão com as práticas de tecelagem e gravação. Não pretendo agora elaborá-las com mais detalhes; a questão em mãos é, em vez disso, se o mero uso de ferramentas é suficiente para constituir escrita como uma tecnologia.

Ong pensa que sim. A escrita, sugere ele, é como tocar o violino ou o órgão. Em ambos os casos, o instrumento musical pode ser entendido como um "artifício mecânico" que permite ao músico "expressar algo pungentemente humano" que não poderia ser expresso sem ele. Mas, para conseguir isso, o músico tem que incorporar, por treinamento rigoroso e prática regular, os princípios do funcionamento acústico do instrumento para fazer deles a sua segunda natureza. Ele ou ela, como Ong coloca, tem que ter "interiorizado a tecnologia". E se esse é um requisito para a execução da música instrumental, é muito mais ainda, afirma Ong, para a prática da escrita (Ong, 1982, p. 83). Agora, é claro, alguns instrumentos musicais *são* máquinas, incorporando na sua própria construção os princípios da sua operação. Um órgão é uma máquina neste sentido. Quando você aperta uma tecla no órgão sai um som predeterminado. Similarmente, quando você pressiona uma tecla numa máquina de escrever, uma forma de letra predeterminada aparece na página. Assim, há um certo paralelo entre tocar órgão e datilografar. O violino, entretanto, *não* é uma máquina. Como cantar, que não envolve nenhum instrumento extrassomático, tocar violino é uma arte. O tocador não é mais um operador do seu instrumento do que a cantora é uma operadora da sua voz. E, assim como tocar o violino se diferencia, nesse aspecto, de tocar o órgão, assim a escrita à mão se diferencia da datilografia. A diferença jaz não no nível até o qual a tecnologia foi interiorizada, mas na extensão na qual as formas musicais ou gráficas são produzidas diretamente pelo sujeito humano enérgico e experiente, isto é, o tocador ou escritor, em vez de estarem relacionadas, por princípios operacionais embutidos no instrumento, como saída a entrada.

Sobre tocar violino, Kandinsky observou que "a pressão da mão sobre o arco corresponde perfeitamente à pressão da mão sobre o lápis" (1982, p. 612). Só que o lápis, contudo, deixa um traço. Nas linhas deixadas sobre a sua superfície, a página escrita à mão testemunha os gestos que, nas suas qualidades de cuidado e sentimento, incorporam uma intencionalidade intrínseca ao movimento da sua produção. No entanto, a máquina de escrever nem cuida nem sente, e as marcas que são feitas por meio dela não carregam nenhum traço de sensibilidade humana. É claro, não nego, que datilografar é uma operação manual: na verdade, mais do que isso – e, como tocar órgão, que pode até envolver os pés também – é, na prática, *bi*manual. Nem deixa de envolver habilidade. Além disso, a máquina de escrever original, movida por nada mais que dedos com músculos, pode até ser mais bem comparada ao piano do que com o órgão, à medida que a força do impacto nas teclas é refletida no negrume ou peso das marcas gráficas na página. Mas os teclados eletrônicos modernos removeram até essa possibilidade de expressão. Interrompido pelo mecanismo do aparato, o *ductus* da mão nunca encontra o seu caminho até a página; as mãos dos digitadores dançam no espaço do teclado, não no da página, e nas teclas rígidas os seus dedos suaves não deixam qualquer traço que seja.

Já vimos, no caso da escrita chinesa, como o calígrafo está absorvido na ação com todo o seu ser, indissoluvelmente corpo e mente. No entendimento chinês, Yen observa, "a pessoa e a escrita à mão são mutualmente geradoras" (Yen, 2005, p. 6). Mas o mesmo poderia ser dito da escrita à mão na tradição ocidental, pelo menos até o século XIX, quando a pena, depois de um dia de glória que durou mais de um milênio, foi eventualmente substituída pela ponta metálica da caneta. Estamos acostumados hoje a deixar a mão que segura a caneta a descansar sobre a página enquanto a maioria do trabalho de manipulação é feito pelos dedos. Desse modo, o nosso único movimento de braço consiste nos ajustes periódicos da posição de descanso da mão conforme a escrita prossegue pela página, enquanto o restante do corpo fica relativamente passivo e imóvel. Talvez isso contribua para uma ilusão de desincorporação, para uma sensação de que, na escrita, a mão, junto com a ferramenta que ela segura, obedece aos ditames de uma mente que habita um mundo próprio dela, acima da ação que ela inicia. Na disciplina ocidental da Grafologia, como Yen aponta, essa ilusão é sustentada pela ideia de que o papel do corpo na escrita à mão é agir como "um conduíte entre a mente e a superfície do papel", passando autenticamente mensagens e conteúdo de um para o outro (Yen, 2005, p. 66).

Mas se você está escrevendo com uma caneta de pena, a ilusão é virtualmente impossível de ser sustentada. Como a caneta é mais eficaz quando inclinada quase que ortogonalmente em relação à superfície, ela é segurada de forma bem diferente da sua contraparte com ponta de metal. A mão que escreve mal toca a página, enquanto todo o movimento vem do braço (Hamel, 1992, p. 37). Escrever num pergaminho, além disso, era uma operação com as duas mãos. Conforme a mão direita segurava a caneta, a esquerda empunhava uma faca contra a superfície elástica da página para mantê-la estável. Intermitentemente, a faca era usada também para afiar a pena e apagar erros. Os escribas medievais se sentavam bem retos, frequentemente numa cadeira de espaldar alto, com o manuscrito colocado diante deles sobre uma escrivaninha bem inclinada ou sobre uma tábua presa em braços que se projetavam inclinados da própria cadeira (fig. 5.10). O trabalho deles não era trabalho fácil. Pelo contrário, escrever era visto com um ato de resistência no qual, como um escriba lamentou, "todo o corpo trabalha" (Clanchy, 1979, p. 116). Contudo, é evidente, o escriba estava se referindo a ele mesmo. Na sua experiência, ele não *coloca* todo o corpo para trabalhar na escrita; em vez disso, ele é o seu corpo trabalhando.

Figura 5.10 – Lourenço, Prior de Durham 1149-1154, retratado como um escriba num manuscrito contemporâneo das suas próprias obras. Enquanto escreve com a caneta empunhada pela sua mão direita, ele está prendendo a superfície elástica do pergaminho com uma faca na sua mão esquerda (MS Cosin V.III.1, f. 22v).

Acostumados como são aos seus confortos de criatura, os estudiosos modernos tendem a enfatizar o esforço intelectual da composição verbal em detrimento da pura força física que, nos tempos passados, estava vinculado no próprio ato de inscrição. Ninguém colocou isso de forma mais explícita do que Mary Carruthers, no seu relato da escrita em pergaminho na Europa medieval:

> Deveríamos ter em mente a atividade vigorosa, quiçá violenta, envolvida em fazer uma marca sobre uma superfície física como uma pele de animal. Havia a necessidade de quebrá-la, raspá-la, "feri-la" de alguma forma com um instrumento com uma ponta bem afiada. Apagar envolvia raspar a superfície física ainda mais: os escribas medievais, tentando apagar o pergaminho, tinham que usar pedra-pomes e outros raspadores. Em outras palavras, escrever sempre foi um labor físico árduo, muito árduo também sobre a superfície na qual estava sendo feito... (Carruthers, 1998, p. 102).

Entretanto, mesmo hoje, a escrita à mão põe exigências sobre o praticante que são tanto físicas quanto mentais, se, na verdade, os dois podem ser distinguidos. Embora o papel moderno, comparado com o pergaminho medieval, possa não precisar de um tratamento tão brutal, o corpo, como implemento de escrita, ainda assim não responderá, simples e mecanicamente, aos imperativos da mente.

Nos seus estudos sobre a condição conhecida como "cãibra do escrivão", Rosemary Sassoon mostra como posturas torcidas e empunhaduras incômodas da caneta, frequentemente induzidas por injunções, por exemplo, na sala de aula da escola, de se sentar e escrever de uma maneira prescrita que não permite variação nas proporções corporais ou em qual mão usar, podem levar não só à dor, mas a uma inabilidade progressiva de escrever qualquer coisa. Os pacientes, Sassoon relata, "explicam quão assustador é quando uma parte do seu corpo cessa de obedecer aos seus comandos" (2000, p. 103). Uma mão que não escreve mais pode falhar em outras operações também. Vendo, nos seus esforços cada vez mais insatisfatórios, um espelho da sua própria falha pessoal, os pacientes perdem a confiança de escrever e se encontram presos num ciclo vicioso. Escrever, como Sassoon mostra, não é meramente um meio de comunicação de mensagens ou ideias: "é você mesmo no papel. Se você é bem-sucedido, a sua escrita lhe encoraja; se ela falha, o lembrete visual constante da sua falha está lá para lhe recordar" (Sassoon, 2000, p. 103). Quando a escrita falha, isso é experimentado não como uma falha de tecnologia ou uma pane mecânica, mas como uma crise da pessoa como um todo.

Por fim, a afirmação de Ong de que a escrita é uma tecnologia, porque envolve o uso de ferramentas, parece ainda menos crível quando levamos em conta a possibilidade de a escrita exigir nenhum instrumento além daquele que o corpo provê, nem mesmo quaisquer materiais artificiais. Tente na próxima vez que você estiver num feriado na praia: tudo o que você precisa fazer é passar o seu dedo pela areia. Se este parece um exemplo trivial, então considere o relato de Munn sobre a iconografia Walbiri, que mencionei anteriormente neste capítulo. Os gestos do contador de história Walbiri são traçados na areia, usando a mão e os dedos. Nenhum outro acessório é necessário. Como já mostrei, a questão de se esses traços equivalem ou não à escrita não pode ser estabelecida inequivocamente. Preciso somente adicionar que a questão dificilmente é resolvida, de uma forma ou outra, pela presença ou ausência de uma ferramenta que inscreve. Se o povo Walbiri riscava na areia com um galho em vez de com os dedos, não faria do resultado nada mais parecido com escrever, ou menos parecido com desenhar, nem converteria a sua prática de inscrever numa operação de uma tecnologia. E, é claro, o contrário também é verdade. Se você pode escrever sem uma ferramenta, você também pode desenhar com uma. De fato, quase todo desenho é assistido por uma ferramenta, assim como quase toda escrita é. O ateliê do desenhista está suscetível a conter um *kit* de ferramentas que não só é tão amplo e diverso quanto aquele do local de estudo do escritor, mas que também inclui muitos dos mesmos itens.

Natureza e artifício

Certamente, Ong estava comparando escrita não com desenho, mas com a fala, e a fala normalmente não requer o uso de qualquer implemento. Porém, ele parece pensar que desenhar vem tão "naturalmente" aos humanos quanto a fala. Notando que a primeira escrita "verdadeira", a escrita suméria, não fez a sua aparição até alguns cinco milênios atrás, Ong admite que "os seres humanos estiveram desenhando figuras por incontáveis milênios antes disso" (Ong, 1982, p. 84). A discrepância massiva entre as supostas datas de origem para o desenho e para a escrita traz-me à terceira razão pela qual a escrita é frequentemente considerada como uma tecnologia da linguagem. Desenhar, supõe-se, é uma arte expressiva que os seres humanos praticaram desde a pré-história mais primitiva, desde o momento em que começaram a fazer inscrições de um tipo ou outro na madeira, osso ou pedra. Como tal, diz-se que ela manifesta uma capacidade para a arte, que é universal e distintiva da nossa espécie: tão instintiva quanto a capacidade de falar. Escrever, por outro lado, é amplamente considerado como uma inovação muito posterior que, em algumas sociedades e regiões do mundo, mas não todas, marcou a transição da pré-história para a história e colocou em movimento os processos de civilização. Dessa maneira, diz-se que o desenho emergiu no curso da evolução humana, enquanto a escrita é um produto da história humana. O desenho é natural; a escrita é artificial e feita pelo homem.

Mas desenhar não é natural. Não é um traço ou capacidade que se instalou de alguma forma em todos os indivíduos humanos antes da entrada deles no mundo. Nem a escrita é uma capacidade que foi subsequentemente "adicionada" a um corpo pré-programado para desenhar. Aprender a escrever é uma questão não de interiorizar uma tecnologia, mas de adquirir uma habilidade. Precisamente o mesmo é verdade sobre aprender a desenhar. De fato, já que a escrita é, em si, uma modalidade de desenho, os dois processos de habilitação são impressionantemente inseparáveis. Recordando a analogia com tocar um instrumento, poderíamos comparar a aquisição das habilidades de composição de linhas ao processo de aprender a tocar um violino. O violinista novato tem que praticar regularmente, sob orientação de alguém experiente, idealmente desde muito novo, quando o seu corpo ainda está sofrendo um crescimento rápido. No curso do seu treinamento, certos padrões de postura e gestos, e de atenção e resposta, são incorporados ao seu corpo conforme este se desenvolve. Espera-se que os novatos, é claro, sigam certas regras enquanto dão os primeiros passos. Mas essas têm a natureza de "regras de polegar":[27] elas circulam como andaimes o processo de aprendizado, mas não formam uma parte do que é aprendido. Conforme o aprendiz avança na proficiência, e não precisa mais do apoio delas, elas podem ser simplesmente descartadas (Ingold, 2000, p. 415-416).

Exatamente da mesma forma, o jovem aprendiz de desenhista, escriba ou calígrafo aprende o ofício de fazer linhas. Primeiro, ele é ensinado a seguir regras básicas de execução, seguindo possivelmente um guia ou modelo para cada figura ou letra. Mas esses são gradualmente deixados de lado conforme, pela prática frequente, ele ganha fluência nos seus movimentos de precisão manuais no manuseio do implemento de inscrição. Ao mesmo tempo, ele aprende a trazer o implemento na relação angular correta com a superfície e, isso, como vimos, exige mais ajustes não apenas dos movimentos do seu braço, mas do comportamento do seu corpo inteiro. Yen descreve como o procedimento tradicional para aprender caligrafia chinesa, ainda adotado nas escolas elementares, compreende três estágios. Os novatos primeiro aprendem a copiar um trabalho-modelo colocando o papel sobre o modelo, de forma que ele apareça por trás, e traçando as sombras. Depois, papel e modelo são colocados lado a lado, forçando-os a reproduzir, por si mesmos, os movimentos necessários, em vez de serem guiados pelas sombras do mestre (Yen, 2005, p. 116-118). Então, no estágio final de aprendizado, os aprendizes são encorajados a se soltarem da pegada das "mãos" dos mestres que já moldaram a sua conformação corporal. Nesse "des-formar" final, no auge do processo de aprendizado, "todas as regras de aprendizado são banidas no oblívio e o coração começa a ser o único guia da mão" (Yen, 2005, p. 123).

No Ocidente, também, as crianças têm sido tradicionalmente ensinadas a escrever primeiro copiando modelos, embora com a escrita cursiva tenha tido uma

27. Original *rules of thumb*, literalmente "regra de polegar", que significa um princípio inicial essencial derivado da experiência acumulada de todos os praticantes anteriores, que é passado no começo do aprendizado daqueles que estão recebendo este depósito prático [N.T.].

preocupação particular com como ligar as letras. Na escrita da palavra inglesa *the*, por exemplo, as crianças são ensinadas a ir e voltar pelo *t* antes de fazer a volta no pé da letra e levá-la na direção do *h* seguinte. Mas, conforme os escritores ficam fluentes, alguns se encontram deixando a volta inferior desconectada e levando o cruzamento do *t* direto para o *h* (Sassoon, 2000, p. 40-50). A figura 5.11 mostra um exemplo desse desenvolvimento na escrita à mão de um cura nas primeiras décadas do século XIX, do seu primeiro livro de cópia, pelos livros de exercício da escola, até uma mão madura usada na escrita de um diário. Como esse exemplo mostra, a capacidade de escrever não é adquirida como um corpo de regras e procedimentos feitos por homens, mas emerge no e pelo crescimento e desenvolvimento do ser humano no seu ambiente. Exatamente o mesmo é verdade para a capacidade de desenhar, que não vem pronta no organismo humano, mas também tem que sofrer desenvolvimento. De fato, ambas as capacidades, de desenhar e escrever, emergem literalmente de mãos dadas – pois as mesmas mãos fazem ambas.

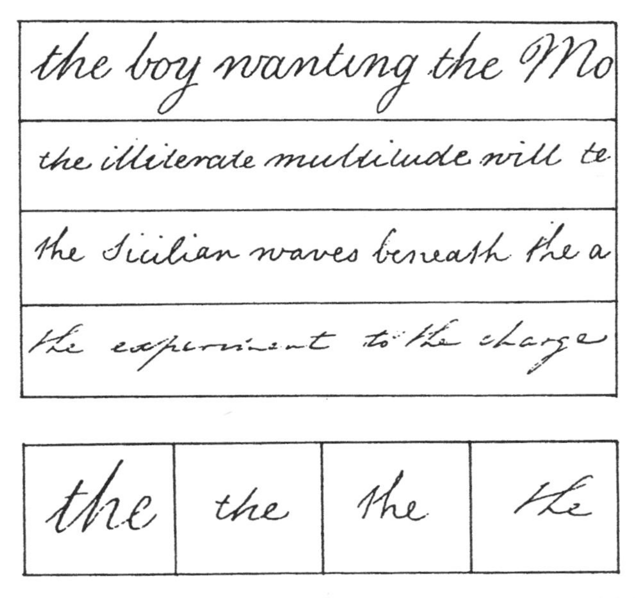

Figura 5.11 – A maturação da escrita à mão de um cura, entre 1799 e 1820. Ampliações da palavra "the", organizadas nas caixas abaixo, mostram o desenvolvimento das ligações das barras que cruzam o T (Sassoon, 2000, p. 49).

O que sobra então da nossa proposição inicial de que a escrita é uma tecnologia? Muito pouco. A escrita foi inventada? Não. O que foi inventado foi o princípio rébus, um artifício que foi explorado em alguns sistemas de escrita, mas não em todos, para facilitar a representação dos sons da fala. A escrita usa ferramentas? Normalmente sim, mas não necessariamente. E, de qualquer forma, o uso de ferramentas não implica a operação de uma tecnologia. A escrita é artificial? Não. Nem é natural. É um produto do desenvolvimento. Se há uma coisa, entretanto, da qual podemos estar razoavelmente certos, é que fazer linhas de um tipo ou outro é tão antigo quanto a fala. Pois enquanto pessoas conversam umas com as outras, elas certamente também gesticulam com as suas mãos e, desses gestos, uma proporção terá deixado traços sobre superfícies de vários tipos. Provavelmente, a vasta maioria desses traços foram rapidamente apagados, ou para dar espaço para novos, ou simplesmente pelo processo normal de erosão. Assim, apenas uma pequena amostra realmente sobrevive por qualquer período de tempo. Mas, se estamos interessados na história da linha, essas são aquelas com as quais temos que trabalhar.

A linearização da linha

Ora, praticamente todos esses pontos foram feitos quase 40 anos atrás por um dos decanos franceses da pré-história, André Leroi-Gourhan, na sua obra extraordinária sobre *Gesture and Speech* (1993). Nesse livro, Leroi-Gourhan argumenta que o caráter definidor da escrita, como a conhecemos hoje, em contraste com o desenho, é que ela é linear. Essa é a última das quatro proposições com as quais comecei, e gostaria de concluir este capítulo com algumas palavras sobre ela. Leroi-Gourhan é bem consciente das distorções que podem surgir quando olhamos para o passado pelas lentes de conceitos e categorias moldados pela própria história que buscamos explicar. Escrever e desenhar são duas dessas categorias. Já vimos, por exemplo, como com o nosso conceito moderno de escrita confundimos o ofício do escriba, num momento, com uma arte "puramente intelectual" ou imaginativa de criar uma composição verbal e, em outro, com a sua replicação "meramente técnica" ou mecânica na digitação ou impressão. Para evitar esses precipícios, tive de recorrer à noção de composição de linhas. O termo que Leroi-Gourhan usa, num sentido muito parecido, é *grafismo* (Leroi-Gourhan, 1993, p. 187-190).

Toda grafia, para Leroi-Gourhan, é o traço de um movimento habilidoso da mão e, como tal, incorpora a característica rítmica de todos os movimentos desse tipo. As formas mais primitivas de grafia teriam acompanhado e, por sua vez, comentado sobre atuações de contagem de histórias, canções e dança. Visto que esses contextos de atuação agora estão irremediavelmente perdidos, não podemos saber qual poderia ter sido a significância original das linhas traçadas. Todavia, uma característica marcante que Leroi-Gourhan afirma encontrar no grafismo pré-histórico é que a sua geometria básica é radial, "como o corpo do ouriço-do-mar ou da estrela-do-mar" (Leroi-Gourhan, 1993, p. 211). Toda grafia parte de um centro em espiral, com os seus elementos (ou ideogramas, na terminologia de Leroi-Gourhan) repetidos ritmicamente e organizados em anéis concêntricos. Os desenhos pelos quais o povo Walbiri descreve os movimentos dos seus ancestrais, introduzidos no capítulo 3, exemplificam perfeitamente esse tipo de grafismo radial (cf. fig. 3.9). Apenas muito depois é que encontramos as grafias sendo esticadas em linhas que correm consistentemente em uma direção.

É por este "grafismo linear", Leroi-Gourhan pensa que reconhecemos a escrita propriamente dita e, quanto mais é linearizada, mais a escrita vem a ser distinguida do desenho (Leroi-Gourhan, 1993, p. 209-210). O grafismo se torna linear, de acordo com o relato de Leroi-Gourhan, à medida que é desvencilhado dos contextos de narrativa oral, apenas para ser subordinado às exigências da representação dos sons da fala. Admitidamente, nem todos os sistemas de escrita a linearização se estenderam até o mesmo grau. Na escrita chinesa, por exemplo, os componentes lineares e ideográficos são mantidos num equilíbrio bem-ajustado. Foi com o estabelecimento da escrita alfabética que a linearização chegou à sua extensão total. A partir daí, o cosmos arredondado da habitação humana com a figura do homem no centro, e a partir da qual todas as linhas irradiavam para fora, foi substituída, na expressão vívida de Leroi-Gourhan, "por um processo intelectual no qual letras se prolongaram numa linha afiada como uma agulha, mas também fina como uma agulha" (Leroi-Gourhan, 1993, p. 200).

Se foi realmente o próprio alfabeto que fez a diferença ou, como é mais provável, a separação das letras na impressão, não há a necessidade de nos determos mais neste ponto. A minha preocupação é, em vez disso, com um problema no coração do argumento de Leroi-Gourhan. Com certeza, todo traço deixado por um movimento habilidoso da mão é, em si, uma linha. Como, então, as linhas do grafismo pré-histórico podem ser não lineares? Como poderia ser que os contadores de histórias de antigamente, conforme traçavam as suas linhas, seguiam uma trilha não linear? E como, por outro lado, o grafismo pode ser linear quando, como numa sequência de letras impressas, ele não deixa nenhuma trilha que seja para ser seguida? Resumindo, como a linha pode ser não linear e a não linha, linear? De fato, já encontramos esse paradoxo, apesar de ser sob outra forma, no capítulo 3. É o paradoxo da linha que não é uma linha, a saber, a linha pontilhada. Recorde que, na evolução da linha pontilhada, um traço original é quebrado em segmentos, cada um dos quais é comprimido a um ponto. É precisamente nessa fragmentação e compressão, na redução do movimento fluente do *ductus* a uma sucessão de momentos, que consiste o processo de linearização. Não admira que a linha resultante, como Leroi-Gourhan coloca, é tão afiada quanto fina como uma agulha! É afiada porque vai a um ponto; e é fina visto que existe somente como um conector virtual, em vez de um traço físico. Entendida num sentido puramente geométrico, tem comprimento, mas não tem nenhuma largura. Totalmente linearizada, a linha não é mais um traço de um gesto, mas uma corrente de conexões ponto a ponto. Nessas conexões não há nem vida nem movimento. A linearização, em poucas palavras, marca não o nascimento, mas a morte da linha. No próximo capítulo consideraremos o seu espectro fantasmagórico: a linha reta da geometria plana.

6
Como a linha se tornou reta

A linha da cultura

Na álgebra, uma linha é definida por uma equação de dois termos quaisquer, cada um dos quais é o produto de uma constante e uma variável de 1º grau. Ela poderia ser expressa pela fórmula $ax + by = 0$, onde a e b são constantes, e x e y, variáveis. Marcando os possíveis valores das duas variáveis por meio de coordenadas cartesianas, o resultado é uma linha que é perfeitamente reta. Outras funções algébricas mais complexas produzem figuras do tipo que os matemáticos chamam de curvas. Por exemplo, a equação $y^2 = 4ax$ gera uma parábola. Equações desse tipo são chamadas de não lineares, embora as curvas que elas especificam sejam compostas de linhas. É como se a qualidade da retidão passou a ser, de alguma forma, fundamental para o reconhecimento das linhas *como linhas*, não somente no campo especializado da matemática, mas de uma maneira muito mais ampla. Porém, não há razão, intrínseca à própria linha, pela qual ela *deveria* ser reta. Já encontramos inúmeros casos nos quais ela não é. Assim, a nossa pergunta torna-se uma pergunta histórica: como e por que a linha se tornou reta?

Nas sociedades ocidentais, as linhas retas são ubíquas. Vemo-las em todos os lugares, mesmo onde elas não existem realmente. De fato, a linha reta emergiu como um ícone virtual da Modernidade, um sinal da projeção racional e proposital sobre as vicissitudes do mundo natural. A dialética do pensamento moderno, que incessantemente cria dicotomias, associou, num momento ou outro, retidão com a mente contra a matéria, com pensamento racional contra a percepção sensorial, com intelecto contra a intuição, com ciência contra o conhecimento tradicional, com macho contra a fêmea, com civilização contra o que é primitivo, e, num nível mais geral, com a cultura contra a natureza. Não é difícil encontrar exemplos de cada uma dessas associações.

Assim, supomos que a matéria versátil, sendo a coisa física que é, tem uma *textura*, revelada à inspeção aproximada como uma massa de fios entrelaçados quase que caoticamente. Vimos, no capítulo 2, que a palavra “tecido”, aplicada aos materiais dos seres vivos, carrega uma conotação similar. Essa é a coisa que sentimos com os nossos sentidos. Mas imaginamos que, na formação de representações mentais interiores do mundo material, as formas das coisas são projetadas na superfície da mente, como no desenho em perspectiva elas são projetadas no plano da figura, ao longo de linhas retas modeladas em raios retilíneos de luz. E se as linhas ao longo das quais a luz viaja são retas, então assim são os caminhos do Iluminismo. O homem da razão, escreveu Le Corbusier, o supremo arquiteto da retilinearidade no *design* urbano moderno, "caminha numa linha reta porque ele tem um objetivo e sabe aonde está indo, ele decidiu alcançar algum lugar particular e vai reto para ele" (Le Corbusier, 1924, p. 274). Como ele anda, assim pensa, procedendo sem hesitação ou desvio de ponto a ponto. O que Ong chama de lógica "esparsamente linear" do intelecto analítico moderno tem frequentemente sido comparado, nesta veia, com as intuições mais circulares e mitopoéticas atribuídas às pessoas nas sociedades "tradicionais" e, acima de tudo, àquelas sem nenhum tipo de escrita (Ong, 1982, p. 40). Por essa comparação, "pensar reto" vem a ser considerado como característico da ciência letrada como contrária à tradição oral. Além disso, já que a linha reta pode ser especificada por valores numéricos, ela se torna um sinal de conhecimento quantitativo, em vez de qualitativo. "A sua função", como Billeter observa, "é separar, definir, ordenar, mensurar, expressar número e proporção" (Billeter, 1990, p. 47).

As associações sexuais da oposição entre linhas retas e curvas são tão óbvias que elas dificilmente precisam ser explicadas, e provavelmente não há sociedade na qual elas não foram elaboradas de uma forma ou outra. Um tanto quanto mais peculiar às sociedades ocidentais está o mapeamento da distinção sexual numa oposição primordial entre gêneros masculino e feminino, cuja membresia é dada inalteravelmente para todo indivíduo no próprio início da vida e subordina todos os outros aspectos da identidade pessoal e social. Sob essas condições, a retidão passa a ser um sinal não ambíguo de masculinidade, assim como curvatura classifica a feminilidade. A postura de "ficar em pé ereto", comumente expectada de homens, mas não de mulheres (que deveriam, em vez disso, dobrar os seus corpos em linhas simbólicas de deferência), carrega fortes conotações de retidão moral e dignidade social. Essas conotações se estendem para julgamento de estatura relativa não somente de homens e mulheres, mas também de povos "civilizados" e "primitivos", e até de seres humanos e os seus antecedentes evolutivos. Os livros didáticos sobre evolução humana regularmente retratam o *Homo sapiens sapiens*, assim chamados "humanos modernos", em pé e eretos, em comparação com os neandertais com uma má postura e os australopitecos curvados! Um exemplo é reproduzido na figura 6.1 (cf. tb. Ingold, 2004). Além disso, por toda a história da especulação das origens humanas, os selvagens e proto-humanos foram acusados de todo tipo de irresponsabilidade e devassidão, de incesto a canibalismo, e o vocabulário da língua inglesa inclui um repertório rico de metáforas cheias de voltas para falar sobre os seus caminhos errantes. Há a mente *torcida* do pervertido, a mente *torta* do criminoso, a mente *tortuosa* do trapaceiro e a mente *desviada* do idiota.

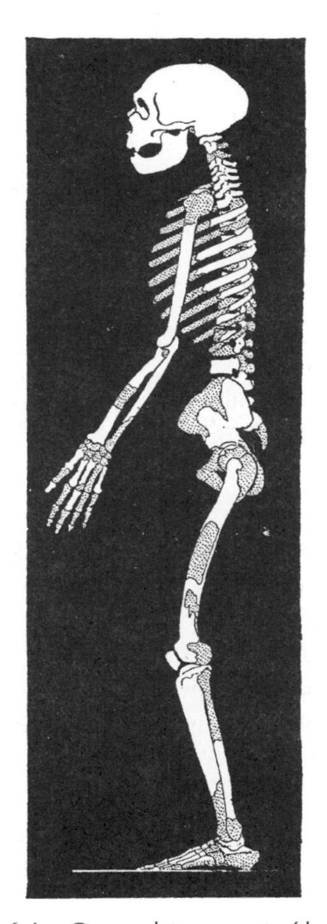
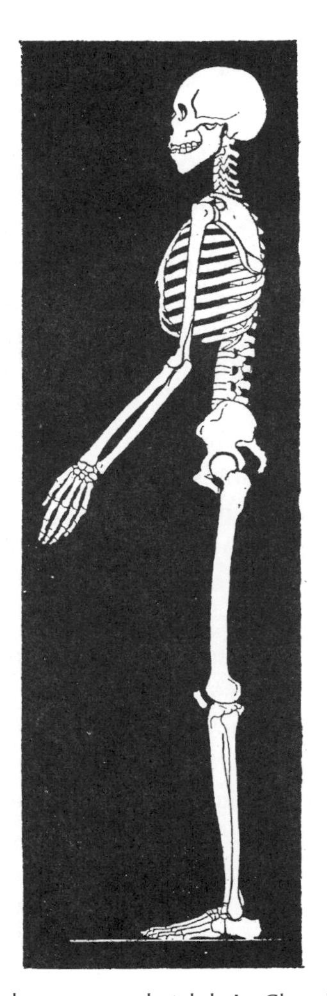

Figura 6.1 – O esqueleto reconstruído do fóssil do homem neandertal de La Chapelleaux-Saints (esquerda) comparado com o esqueleto de um australiano moderno. Cerca de um quinze avos do tamanho natural (Boule, 1923, p. 239).

Entretanto, uma vez que a linha reta passa a conotar uma condição moral, ela se separa das linhas de todos os outros tipos de uma forma muito parecida com a qual, na história do pensamento e ciência ocidental, a humanidade veio a ser distinguida da animalidade. No lugar da infinita variedade de linhas – e vidas – com as quais somos apresentados na experiência fenomenal, somos deixados com apenas duas grandes classes: linhas que são retas e linhas que não são. A primeira está associada com humanidade e Cultura, a segunda com animalidade e Natureza. Para uma declaração absolutamente inequívoca nesse sentido, podemos nos voltar para um dos decanos da antropologia social do século XX, Edmund Leach:

> A natureza visível e selvagem é uma confusão de curvas aleatórias; ela não contém linhas retas e tem poucas formas geométricas regulares de qualquer tipo. Mas o mundo domado e artificial da cultura é cheio de linhas retas, retângulos, triângulos, círculos e assim por diante (Leach, 1976, p. 51).

Essa declaração é, em face disso, bem extraordinária. Por um lado, como qualquer um que tenha folheado a obra-prima de D'Arcy Wentworth Thompson, *On Growth and Form* [Sobre crescimento e forma] de 1917, saberá, o mundo da natureza está repleto de linhas regulares e formas de todos os tipos. Muitas dessas, ademais, foram fontes de inspiração para arquitetos humanos (Thompson, 1961; cf. Steadman, 1979, p. 9-22). Por outro lado, como já vimos nos capítulos anteriores, de todas as linhas feitas por habitantes humanos, conforme estes perambulam por suas vidas, provavelmente só uma minoria é, de alguma forma, regular. A hegemonia da linha reta é um fenômeno da Modernidade, não da cultura em geral.

No entanto, a afirmação de Leach claramente ressoa com um poderoso impulso no pensamento moderno de equiparar a marcha do progresso, quer da cultura, quer da civilização, com o domínio crescente sobre uma natureza des*obediente* e, portanto, não linear. Nos campos da agricultura e do paisagismo, os modernizadores buscam cercar a terra dentro de limites retilíneos e lançar parques com avenidas, cercas e paredes de jardim perfeitamente retas e com árvores alinhadas. E isso, por sua vez, desencadeou uma contrarreação na forma de um anseio pelo emaranhamento sinuoso da natureza com paredes arruinadas e incrustradas com hera, cercas rústicas, caminhos de jardim que se cruzam e mato que irrompe subitamente. Foi o arquiteto e paisagista do século XVIII, William Kent, que cunhou o mantra do romanticismo: "a natureza abomina uma linha reta". Se, na verdade, ela abomina ou não (e haveria diversos exemplos, de pinheiros e álamos que crescem retos até bambus orientais, para sugerir que ela não), esse mantra só vem a confirmar a percepção de que há algo fundamentalmente *artificial* sobre a retidão. Ela é, aparentemente, uma qualidade de coisas que são feitas, em vez de coisas que crescem.

Linhas-guias e linhas de plotagem

Em capítulos anteriores, seguindo Michel de Certeau, mostrei como o criador ou autor moderno se vê como se estivesse confrontando uma superfície vazia, como uma página em branco ou uma terra baldia, sobre a qual ele pretende impor uma montagem de acordo com o seu próprio projeto. A linha reta é implicada nessa visão de duas maneiras bem distintas: primeiro, na constituição da própria superfície; segundo, na construção da montagem a ser depositada sobre ela. Para a primeira, imagine uma linha rígida que é progressivamente deslocada ao longo do seu comprimento como um todo, numa direção ortogonal a ela. Conforme ela move, varre ou rola criando a superfície de um plano (Klee, 1961, p. 112-113). Para a segunda, imagine que o plano é marcado com pontos, e que esses pontos são ligados para formar um diagrama. Essa, de forma resumida, é a relação entre as nossas duas manifestações da linha reta. Uma é intrínseca ao plano, como seu elemento constitutivo; a outra é extrínseca, já que, se for apagada, ainda deixa o plano intacto. No que se segue, e por razões que ficarão evidentes conforme prosseguirmos, chamarei as linhas do primeiro tipo de *linhas-guia*, e as do segundo de *linhas de plotagem*. Alguns exemplos familiares ajudarão a esclarecer a distinção.

Na linha de montagem da manufatura moderna, a superfície sobre a qual a montagem toma forma é literalmente rolada no movimento da esteira transportadora. Sobre a superfície dessa esteira, os componentes são unidos na construção, peça por peça, do produto final. Aqui, a linha da correia que se desenrola é uma linha-guia; as juntas da construção são linhas de plotagem. No entanto, a primeira linha de montagem, como Ong apontou, "não era uma que produzia fogões, sapatos ou armamento, mas uma que produzia livros impressos" (Ong, 1982, p. 118). Na impressão, é trabalho do compositor montar os blocos do tipo num componedor antes de colocá-los na galé. A linha dos tipos montados é uma linha de plotagem, mas as bordas retas e elevadas do componedor e da galé, contra as quais o tipo repousa, são linhas-guia. É claro, na página impressa, nem as linhas-guia nem as linhas de plotagem são visíveis como tais. Na partitura musical moderna, todavia, podemos ver ambas. Aqui as cinco linhas paralelas do pentagrama pautado são linhas-guia que estabelecem um espaço, organizadas nas dimensões de altura e tempo, nas quais os valores das notas individuais podem ser plotados. As ligaduras conectando notas sucessivas em frases são então linhas de plotagem. "Notação musical", como Kandinsky observou, "não é nada além do que diferentes combinações de pontos e linhas"; contudo, deve-se adicionar que as linhas, respectivamente, formando o pentagrama e unindo as notas, são de um caráter e de uma significância totalmente diferentes (Kandinsky, 1982, p. 618-619).

A seguir, imagine um gráfico científico moderno. As linhas do gráfico, desenhadas com uma régua, conectam pontos, cada um dos quais plotados por meio de coordenadas na superfície da página. Para facilitar isso, a própria página é pautada com linhas finas em dois grupos paralelos, correndo, respectivamente, horizontal e verticalmente. Essas são linhas-guia que estabelecem efetivamente a página como um espaço bidimensional. E as linhas que conectam os pontos do gráfico são linhas de plotagem. Quando os gráficos são reproduzidos em textos publicados, as linhas-guia originais normalmente desvanecem, de tal forma que as linhas de plotagem se configuram contra um fundo branco plano. É como se elas tivessem sido engolidas pela própria superfície que elas trouxeram à existência. Tudo o que resta são as linhas retas marcando os eixos de coordenadas. Porém, elas ainda são seguidas implicitamente quando "lemos" o gráfico, correndo os nossos olhos ou dedos, ou subindo ou cruzando, para alcançar cada ponto. É um tanto quanto parecido com o mapa cartográfico. Aqui, as linhas pautadas de latitude e longitude são as linhas-guia que capacitam o navegador a plotar um curso de uma localização para outra.

É claro, linhas-guia não são sempre desenhadas ou concebidas como estando em paralelo, e as convenções do desenho em perspectiva oferecem o exemplo mais óbvio de onde elas não estão. Nesse caso, como o artista e arquiteto do século XV, Leon Battista Alberti, explicou no seu tratado revolucionário *On Painting* [Sobre pintura], datado de 1435, um plano no chão visualizado como um tabuleiro de xadrez retangular ou piso de quadrados é projetado imaginativamente como se fosse visto por uma janela vertical, de tal forma que sobre o plano da figura da janela as linhas longitudinais aparecem como um ponto que some, enquanto as linhas laterais se tornam sempre mais próximas (Alberti, 1972, p. 54-58). Aqui é a convergência das linhas que constitui o plano *como* uma figura plana, isto é, como uma superfície projetada sobre a qual as construções não são tanto montadas, como seriam sobre um piso real, quanto representadas (fig. 6.2).

Ora, ambos os tipos de linhas-guias e de plotagem têm uma longa história. Em ambos os casos, como mostrarei, essa história é uma na qual os fios foram transformados em traços. Mas a busca pelas suas origens nos leva a duas fontes bem distintas: nas práticas, respectivamente, de tecer e de medir terras. Deixe-me começar com as linhas-guia, que oferecem uma ilustração perfeita de como, seguindo o meu argumento no capítulo 2, os fios se tornam em traços na constituição de superfícies.

Como a metáfora do texto indica, as linhas retas do manuscrito pautado, que guiavam a mão do escritor na tecelagem da linha da letra, podem ser traçadas de volta para os urdumes paralelos do tear. Os fios eram retos porque eram *esticados*. Leila Avrin descreve como os escribas hebreus no Oriente Médio medieval criavam linhas pautadas no pergaminho pelo uso de uma estrutura, chamada de *masara*, na qual cordas paralelas eram esticadas como num tear em miniatura. A estrutura era colocada sob a folha a ser pautada. Tudo o que o escriba tinha que fazer era pressionar o pergaminho com o seu dedo até a corda embaixo dele, sobre o qual o fio apareceria como um vinco na superfície que ele poderia, então, usar para guiar a sua escrita (Avrin, 1991, p. 115). Um artefato bastante similar, conhecido como uma "tábua de pautar" (*tabula ad rigandum*), é registrado no

Figura 6.2 – Uma construção linear e arquitetônica colocada sobre o tabuleiro de xadrez de linhas-guia de um piso nivelado, projetada para um plano de uma figura pela perspectiva de albertiana. Este desenho vem de uma obra do pintor e arquiteto holandês Jan Vredeman de Vries (1968).

noroeste da Itália no século XV. A estrutura era amarrada com arames entrecruzados que deixariam a sua impressão numa página em branco colocada sobre ela e esfregada com o punho. De maneira geral, contudo, os escribas europeus medievais pautavam o seu pergaminho com um tipo de buril pontudo contra uma borda reta. Para escrever música sobre um pentagrama, eles juntavam cinco pontas juntas para formar um "rastelo" (*rastrum*). Usando uma borda reta, eles podiam pautar todas as cinco linhas de uma vez, ao invés de ter que medir cada linha separadamente (Hamel, 1992, p. 25). Se era com uma ponta única ou um rastelo, todavia, o fato de que eles marcavam essas linhas-guia *no* pergaminho, em vez de desenhá-la *sobre* ele, indica que as linhas eram consideradas integrais às superfícies sobre as quais eles escreviam. Elas eram constitutivas do piso, como distintas das configurações do manuscrito em si.

Voltando agora para as linhas de plotagem: elas remontam aos dias em que as pessoas começaram, pela primeira vez, a demarcar lotes de terra por meio de cordões esticados entre pinos e estacas cravados no chão. No Egito antigo tais práticas de topografia e agrimensura eram de particular importância, visto que todo ano a cheia do Nilo enterraria e destruiria as marcações de limites que tinham então que ser recolocadas para estabelecer os direitos de propriedade, bem como para determinar os aluguéis e as taxas baseados neles. Operações de agrimensura eram supervisionadas por um escriba que tinha o conhecimento prático e matemático necessário. A ferramenta básica de agrimensura era uma corda de cem cúbitos de comprimento, marcada em intervalos com nós. A agrimensura era conhecida como "esticar a corda", e o agrimensor era um "esticador de corda" (Paulson, 2005). Uma inscrição do templo do Rei Edfu, onde ele é colocado ao lado de uma sacerdotisa personificando Seshet, a deusa da escrita e do conhecimento, lê: "Eu tomo a estaca e empunho o maço. Seguro a corda (de medir) como Seshet" (Edwards, 1961, p. 259).

O termo *geometria*, é claro, significa literalmente "medição de terra", e as suas origens estão nas práticas que se espalhavam na Antiguidade do Egito até a Grécia. Mas na matemática grega, e acima de tudo na obra de Euclides de Alexandria, a disciplina da Geometria tomou uma vida própria, lançando os alicerces, por sua vez, para a ciência da óptica, cujos princípios repousam na premissa fundamental de que a luz viaja em linhas retas. Uma linha reta, de acordo com o primeiro postulado de Euclides, "pode ser traçada de qualquer ponto até qualquer outro ponto" (Coxeter, 1961, p. 4). Claramente, Euclides visualizava a linha como um conector, isto é, como uma linha de plotagem em vez de uma linha-guia, sem levar em conta a linearidade intrínseca à constituição do plano bidimensional sobre o qual todas as figuras da sua geometria supostamente seriam organizadas. Euclides acreditava que raios saíam dos olhos para iluminar os objetos sobre os quais eles recaíam, e os retratava, correspondentemente, como linhas retas conectando o olho e o objeto. Entretanto, como a linha era traçada não como um movimento, mas como um conector estático ponto a ponto, não fazia diferença se os raios eram emitidos pelos olhos ou recebidos por estes, e o triunfo eventual desta última visão, depois de séculos de debate, não fez diferença para a forma da linha em si. Como Margaret Hagen afirma, "se os raios visuais vêm para ou saem dos olhos não é algo crítico para a determinação da aparência, mesmo no sistema de Euclides. O fator crítico é a *retilinearidade*, a retidão, dos raios" (Hagen, 1986, p. 303)[28]. Usando instrumentos ópticos para medir a terra, os navegadores começaram a traçar linhas de visão cuja retidão significava tanto a tensão dos cordões esticados quanto a retilinearidade dos raios de luz (Mitchell, 2006, p. 348-349). Elas passaram a ser as linhas de plotagem inscritas dos mapas, das cartas e dos diagramas.

Embora hoje estejamos inclinados a pensar na linha reta como um fenômeno unitário, a divisão entre linhas-guia e linhas de plotagem, com as suas origens bem diferentes na tecelagem e na medição de terra, ainda está conosco. Geralmente, são as linhas de plotagem que comandam a nossa atenção. Vemo-las em todo tipo de construção que é projetada pela montagem de componentes pré-fabricados: em escoras, esteios e vigas, braçadeiras e contrafortes, armações e andaimes, unidos por juntas e parafusos (Kandinsky, 1982, p. 621-624). As linhas-guia, por contraste, tendem a fugir de vista ou desaparecer completamente nos panos de fundo que elas constituem. Frequentemente falhamos em notá-las. Porém, elas permanecem integrais a muitas das superfícies sobre ou em volta das quais a vida no ambiente construído é conduzida. Pense nas linhas de pavimentação, das fileiras de tijolos, das tábuas de piso, até dos papéis de parede: as linhas nas quais as faixas se unem ainda estão lá, mesmo que os decoradores de interior façam o seu melhor para escondê-las! Ou as linhas de assentos num vagão de trem, dentro da fuselagem de uma aeronave ou num auditório. Nós usamos linhas-guia, também, para converter uma superfície existente num campo de ação, como quando elas são pintadas na grama para criar uma pista de corrida ou uma quadra de tênis. Assim como as pautas e margens que ainda aparecem nos livros de exercícios escolares, essas linhas não apresentam nenhuma barreira física para o movimento, mas, mesmo assim, há consequências, mais ou menos terríveis, se foram cruzadas.

Antes de deixar o assunto das linhas-guia e das linhas de plotagem, uma palavra deve ser dita sobre estradas, ferrovias e canais, pois parece que há dois sentidos nos quais tais canais de comunicação podem ser entendidos. Por um

---

28. As linhas retas indicando raios à luz das descrições ópticas modernas são interessantemente ambíguas. Por um lado, como a luz incidente do sol, os raios são representados na forma de faixas de linhas paralelas constitutivas do campo visual. Por outro lado, como raios refletidos, elas são mostradas na forma de linhas conectando objetos vistos com os olhos do espectador. Elas parecem linhas-guia num caso, e linhas de plotagem no outro.

lado, elas são linhas de plotagem em si mesmas, unindo localizações específicas por um caminho que existe anteriormente ao tráfego que flui entre elas. Por outro lado, o asfalto da estrada, os trilhos da ferrovia ou a largura do canal formam superfícies sobre as quais os veículos (carros, trens e embarcações) se movem, e essas superfícies são, em si mesmas, constituídas por linhas-guia que podem ser mais ou menos limitadoras. Os maquinistas de trem, felizmente, não precisam guiar, mas os barqueiros e os motoristas sim: aqueles dentro dos limites determinados pelas margens do canal, estes observando as linhas pintadas no centro da estrada, bem como em cada lateral. A linha central separa o tráfego que vem do que vai, e dirigir "do lado errado" é precipitar um acidente. Mas ainda é possível, mesmo que perigoso, que o motorista a cruze, como quando está ultrapassando. Em todo caso, no entanto, se vemos um canal de comunicação como uma linha de plotagem ou como um conjunto de linhas-guia, depende de se focamos no seu aspecto comunicativo, de "ir de A para B", ou no seu aspecto canalizador, de guiar o movimento sobre uma superfície.

Usando uma régua

O regente, que vem da mesma raiz, é um soberano que controla e governa um território. A régua é também um instrumento para desenhar linhas retas. Esses dois sentidos da mesma raiz, como já indicamos, estão intimamente ligados. Ao estabelecer o território como seu para controlá-lo, o regente sobrepõe linhas-guia para os seus habitantes seguirem. E nos seus juízos políticos e decisões estratégicas, na sua regência, ele planeja o curso de ação que eles deveriam tomar. Como no território, assim também na página, a régua ou regente foi empregado para traçar linhas de ambos os tipos[29].

Por séculos, os escribas usaram réguas para pautar linhas-guia no pergaminho ou papel, enquanto os agrimensores e navegadores as usaram para desenhar linhas de plotagem nos diagramas e cartas. Com o desenvolvimento da imprensa, aquele primeiro uso ficou mais ou menos obsoleto, já que os papéis de anotação, papéis gráficos e papéis manuscritos já vêm agora todos pautados. Toda criança, no tempo de escola, contudo, deve incluir uma régua no seu "material de geometria" para usá-la na construção de figuras, tabelas e gráficos. Além disso, a régua permanece uma parte essencial do *kit* de ferramentas do navegador ou agrimensor. E, desde que os arquitetos e engenheiros deixaram de ser mestres entre os construtores e os mecânicos, se mudando para fora do canteiro para se tornarem "cavalheiramente" desenhistas de estruturas para artesãos de uma

29. Aqui o autor utiliza o duplo sentido da palavra inglesa *ruler*, que tanto significa "régua" quanto "regente, governante" [N.T.].

posição social mais baixa, para que estes as montassem ou as erigissem, a régua se tornou essencial ao seu *kit* de ferramentas também[30]. O sociólogo da ciência David Turnbull, num artigo que agora é um clássico, mostrou como, por toda a Idade Média, os desenhos para os principais monumentos, tais como as catedrais, não eram desenhados de antemão, mas improvisados no canteiro. As linhas eram desenhadas na própria terra ou esticadas com cordões, em tamanho real, ou incisadas diretamente em materiais por meio de modelos (Turnbull, 1993). Somente quando o arquiteto deixou de ser um mestre construtor e retraiu para a prancheta de desenho foi que os modelos foram substituídos pela régua, e fios esticados pelos traços regrados do diagrama. Dali em diante, os construtores não eram mais regidos por um arquiteto em pessoa, mas pela retidão das suas linhas, em planos e especificações amparados atualmente pela força da lei e obrigação contratual.

O ato de desenhar uma linha com uma régua é ostensivamente bem diferente daquele de desenhá-la à mão livre. Como John Ruskin notou, nenhuma mão livre, nem mesmo a mais treinada, pode alguma vez desenhar uma linha que não tem nenhuma curvatura ou variação de direção. "Um grande desenhista pode", ele observou, "desenhar todo tipo de linhas, *menos* uma reta". Por essa razão Ruskin achava que era fútil os novatos praticarem o desenho de linhas retas. Qual é a finalidade disso, quando essa é a única linha que nenhum desenhista pode ou deveria alguma vez poder fazer? Para treinar os novatos numa percepção acurada das relações entre linhas retas e curvas, por exemplo, nas formas das letras capitais romanas, Ruskin recomendava, por conseguinte, que lhes fosse permitido usar uma régua (Ruskin, 1904, p. 38). No seu livro *The Nature and Art of Workmanship* [A natureza e a arte do artesanato, ou, de uma forma exageradamente literal, A natureza e a arte da obra do trabalho humano], o teórico do desenho David Pye chega a uma conclusão bastante similar, por meio de uma distinção entre o que ele chama de "artesanato do risco" e o "artesanato da certeza". Na obra do risco, o resultado não é predeterminado, mas "depende do julgamento, destreza e cuidado que o criador exercita enquanto trabalha" (Pye, 1968, p. 4). Assim, a qualidade do produto nunca é garantida até que a obra esteja realmente acabada. Na obra da certeza, por contraste, o resultado é exatamente predeterminado antes mesmo que a tarefa comece. Essa determinação é dada nos ajustes e nas especificações do aparato de produção que, por sua vez, controla os movimentos do

30. Este é um exemplo da mesma divisão, entre trabalho intelectual e manual que, como vimos no capítulo 5, também dividiu o autor do impressor. Vale a pena recordar que, nos tempos medievais, a *machina* (máquina) era essencialmente um tipo de guincho, um instrumento para içar o material pesado para as paredes mais altas e o teto de um prédio sob construção. A máquina era operada por *masiones* (maçom, ou pedreiro) sob a direção dos *architecti* (mestres construtores) (cf. Carruthers, 1998, p. 22).

ponto de trabalho. O trabalho do risco, Pye sugere, é exemplificado pela escrita com uma caneta, e o trabalho da certeza pela imprensa moderna.

No artesanato do risco, contudo, os praticantes estão continuamente inventando maneiras de limitar o risco pelo uso de guias e moldes, que introduzem um grau de certeza aos procedimentos. Assim, "se você quer desenhar uma linha reta com a sua caneta", Pye aconselha, "você não faz isso à mão livre, mas usa uma régua, quer dizer, um guia" (1968, p. 5). A diferença entre desenhar uma linha à mão livre e com uma régua é um paralelo preciso entre andarilhar e transportar, como explicado do capítulo 3. No primeiro caso, só quando o viajante chega ao lugar é que pode verdadeiramente ser dito que ele encontrou o seu caminho até lá. Por toda a trilha, ele tinha de atentar para o seu caminho em relação às vistas e aos horizontes sempre mutáveis enquanto prosseguia. Assim também com a sua caneta ou lápis: você tem que manter o olho o tempo todo aonde você está indo, e fazer os ajustes correspondentes. É por isso que certo grau de torção ou inclinação é inevitável. No segundo caso, diferentemente, o viajante já planejou a rota antes de partir. Viajar, então, é simplesmente executar o plano. É exatamente o mesmo quando você desenha uma linha com uma régua para conectar dois pontos. Ao alinhar a régua para que a borda reta esteja em contato com ambos os pontos, a trajetória da ponta metálica da caneta ou a ponta do lápis já está completamente determinada mesmo antes de ter começado a desenhar. É por essa razão que tipicamente pensamos no conector ponto a ponto como uma linha reta desenhada com uma régua. Parece, assim, que a régua é colocada em uso, o trabalho do risco intrínseco à caneta andarilha cede o lugar para o trabalho da certeza que vai direto ao ponto.

Porém, na realidade, as coisas não são tão simples. Assim como o transporte nunca pode ser perfeito, mas sempre implica um elemento de andarilhar, assim nenhuma linha que alguma vez foi desenhada, mesmo com uma régua, pode jamais ser *perfeitamente* reta. Um elemento de risco sempre está envolvido. Por um lado, há o perigo constante de a régua escorregar. Por outro, a distância precisa da linha da borda da régua dependerá do ângulo no qual se segura a caneta, que é inclinada a variar ao seguir pelo gesto manual. É difícil, também, manter a pressão na ponta perfeitamente constante, de forma que a largura e a densidade da linha podem ser inconstantes. Nem se pode ter certeza de que a borda da régua seja perfeitamente reta, já que é provável que tenha sido empenada e cortada pelo desgaste anterior do uso. Ademais, desenhar uma linha *toma tempo*. Ela não pode ser reduzida a um único instante. Refletindo sobre a sua própria prática arquitetônica, de produzir projeções axonométricas numa prancheta de desenho com uma régua e conjunto de esquadros, Ray Lucas observa que, independentemente de quantas vezes as ações sejam repetidas, "permanece essencial ao processo que eu passe cada vez pelos mesmos movimentos" (Lucas, 2006, p. 174-175).

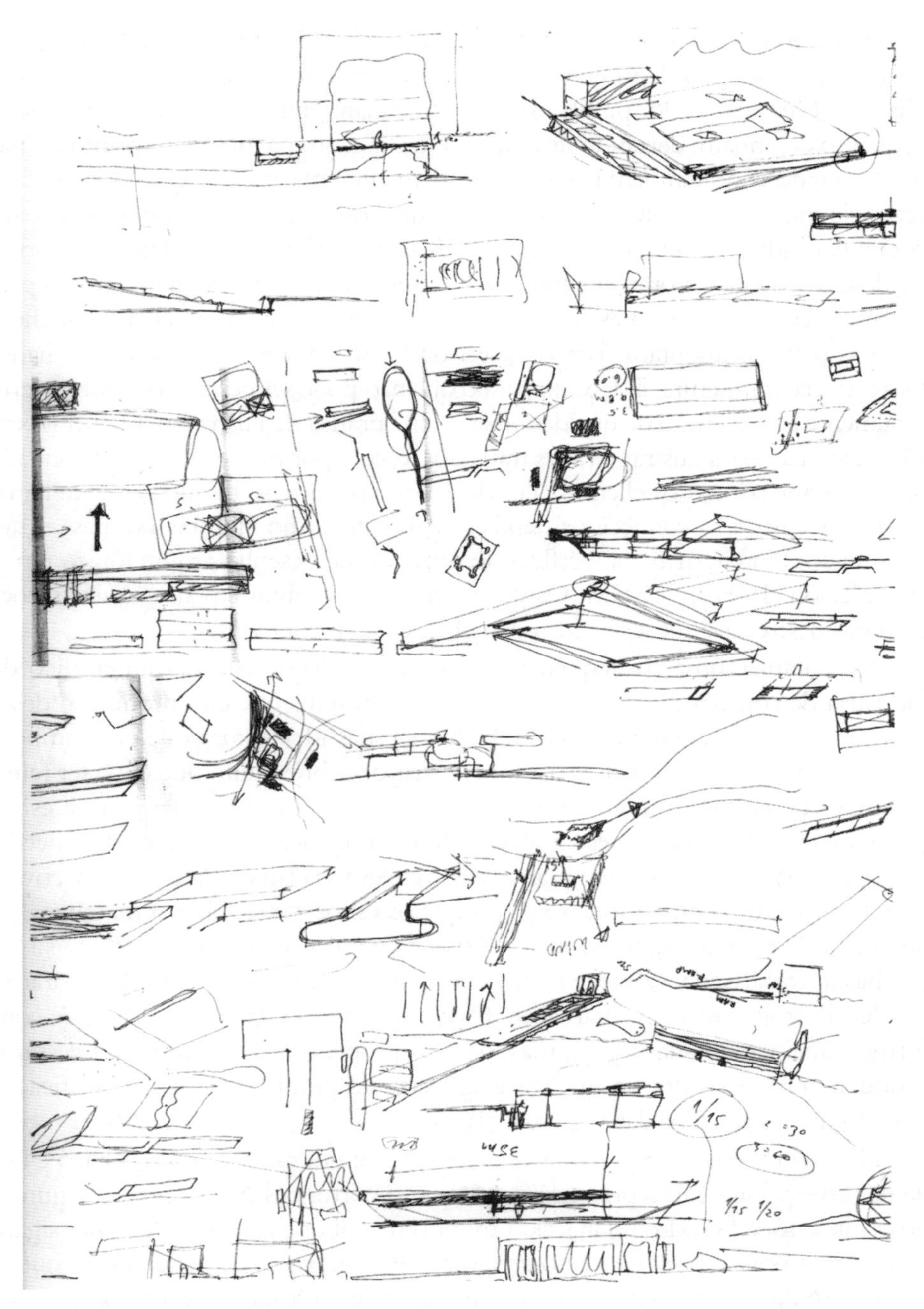

Figura 6.3 – Extrato de um desenho-esboço colaborativo feito por três a seis arquitetos trabalhando juntos por um período de quatro horas (Gunn, 2002, p. 324).

A maioria dos arquitetos contemporâneos ama desenhar, mas odeia escrever. Eles sempre carregam lápis com eles, e estão constantemente rabiscando e rascunhando (Medway, 1996, p. 34-35). Eles desenham enquanto pensam, e pensam enquanto desenham, deixando um traço ou trilha tanto na memória quanto no papel. O seu desenho também não é necessariamente uma atividade solitária. Muitas vezes ele toma a forma de uma conversa na qual dois ou mais interlocutores se revezam para adicionar linhas, ou para modificá-las, conforme uma ideia toma forma e é desenvolvida colaborativamente (cf. fig. 6.3). É claro, frequentemente eles precisam escrever também, mas com maior frequência isso é "escrever no desenho", onde as palavras apontam para características particulares do esboço desenhado. Escrever, na arquitetura, é deixado para o que não pode ser desenhado. Isso inverte totalmente a convenção de que desenhar é uma prática de ilustração. Os arquitetos não desenham para ilustrar os seus trabalhos, exceto por propósitos de publicidade ou para impressionar os clientes. Tais desenhos ilustrativos, frequentemente feitos em perspectiva, são conhecidos depreciativamente como "figuras bonitas" e são consideradas inteiramente supérfluas ao processo de desenho arquitetônico em si (Henderson, 1999, p. 32-33). Os desenhos *reais* são obras em si, não ilustrações de obras. Escrever é subserviente a desenhar, e não o contrário.

No entanto, uma consequência da separação do desenho arquitetônico da indústria de construção é que se requer dos arquitetos que eles produzam desenhos não apenas para ajudá-los a trabalhar as suas ideias, mas que eles também transmitam instruções precisas para o construtor sobre aquilo que deve ser feito. Assim, os desenhos arquitetônicos passaram a ser de dois tipos deferentes: esboços, feitos no decorrer do desenvolvimento de uma ideia, e desenhos de especificação, normalmente feitos em plano, seção e elevação (mas *não* em perspectiva), que direcionam o construtor. Ao passo que os esboços são feitos à mão livre, os desenhos de especificação são mensurados e regrados precisamente. Uma situação bastante parecida acontece na música, como uma consequência da separação paralela da composição e da atuação. Os compositores esboçam à mão livre conforme trabalham as suas ideias, mas, para os propósitos de atuação, é necessário produzir uma partitura na qual as exigências do compositor são especificadas exatamente nos termos das regras da partitura.

Nas figuras 6.4 e 6.5 justapus um exemplo de um esboço arquitetônico e um de um esboço musical: o primeiro do arquiteto português Alvaro Siza, o segundo do compositor tcheco Leoš Janáček. Embora em ambos os casos os desenhos sigam convenções notacionais, de plano e elevação em um caso, de partitura no outro, eles seriam de pouca utilidade para o construtor ou o tocador. Porém, comparados com as linhas retas, formalmente regradas, do desenho de especificação ou da partitura impressa, esses esboços comunicam uma sensação poderosa de movimento. A construção em um caso e a música no outro parecem estar *vivas* na página. Essas linhas são ativas, no sentido de Paul Klee. Elas saem para dar uma volta.

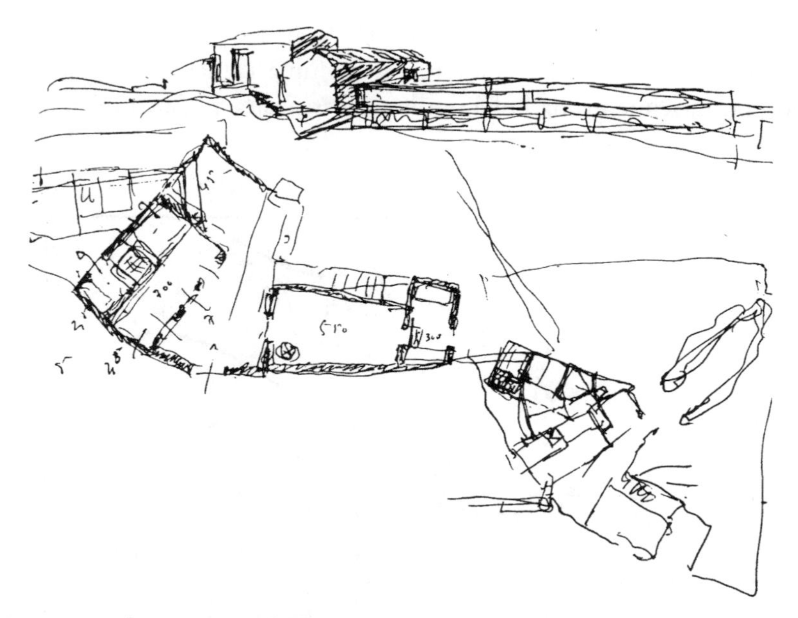

Figura 6.4 – Um esboço para a adaptação e reconstrução de duas pequenas construções para agricultura, Moledo de Minha, Portugal, 1971 (Siza,1997, p. 158).

Por que as linhas meandras desenhadas à mão livre deveriam parecer tanto mais com a vida em si e mais realistas do que as linhas desenhadas com uma régua, mesmo quando retratam o que deveriam ser as arestas retas de um ambiente? Uma resposta é que, ao passo que a linha geométrica abstrata, na representação de uma aresta, representa a junção de dois *planos*, uma aresta real no ambiente construído é formada pela junção de duas superfícies. Como James Gibson apontou no seu trabalho sobre a psicologia da percepção visual, superfície e plano são coisas muito diferentes. O plano geométrico, "uma folha de espaço muito fina, é apenas o fantasma sem substância da superfície real, uma interface entre um meio e uma substância" (1979, p. 35). O meio normalmente é o ar, mas a substância pode ser qualquer material sólido do qual as construções são feitas, ou do próprio chão. No ambiente, percebemos as arestas como arestas, e não como linhas, e, independentemente de quão afiadas possam ser (nenhuma aresta real pode ser perfeitamente afiada, assim como nenhuma linha real pode ser perfeitamente reta), essa percepção é sempre flexionada pelas texturas características das superfícies adjacentes. Uma linha feita à mão livre pode transmitir alguma coisa dessa textura, ao passo que uma linha feita com a régua, não. Mas uma segunda resposta ainda pode ser significante. É que, na vida real, como já mostrei no capítulo 3, percebemos o ambiente não de um ponto estacionário, nem de uma sucessão de tais pontos, mas no curso do nosso movimento ao longo do que Gibson chama de "um *caminho* de observação" (Gibson, 1979, p. 197). No esboço feito à mão livre, o movimento do observador relativo a uma característica estacionária é traduzido no movimento da linha retratando essa característica relativa para um espectador, que agora é estacionário.

Figura 6.5 – Esboço da última composição de Janáček, Aguardo-te (Janáček, 1989, p. 68).

Não abordei os impactos da computação em áreas como projetos de engenharia, composição musical e arquitetura, e fico feliz em deixar a especulação nessas questões para outros mais competentes do que eu. É suficiente dizer que uma das consequências do desenho assistido por computador, o *computer-assisted design* (CAD), como Wendy Gunn mostrou num estudo sobre os efeitos da introdução do CAD nos processos de planejamento de inúmeras práticas de arquitetura na Noruega, pode ser eliminar o esboço feito à mão (Gunn, 2002). O computador capacita o projetista a gerar projeções ortogonais ou perspectivas quase perfeitas, até mais perfeitas do que os desenhos de especificação tradicionais feitos à mão, que podem ser tão precisos e detalhados quanto você quiser. As linhas dessas projeções não são nem desenhadas nem pautadas; na verdade, elas não incorporam nenhum movimento ou gesto de qualquer tipo. Cada uma é, em vez disso, o produto geometricamente configurado de uma computação instantânea. Essas linhas podem ser modificadas à vontade, em qualquer estágio do processo de desenho. Diferentemente de esboçar, contudo, o CAD não deixa nenhum traço dessas modificações ou das muitas mãos que contribuíram para elas. Impresso, o diagrama gerado pelo computador é completo em si mesmo. É claro, você pode mudar o desenho e imprimi-lo novamente, mas cada impressão é um novo desenho, não um momento na evolução de um que ainda está crescendo. Enquanto o esboço incorpora a sua história numa única folha, você só pode reconstruir a história de um processo de CAD empilhando toda uma pilha de folhas numa sequência genealógica (Gunn, 2002, p. 324-327).

Rompendo

Comecei com a observação de que a linha reta se tornou um ícone da Modernidade. Ela oferece razão, certeza, autoridade, um senso de direção. No entanto, com muita frequência no século XX, a razão se mostrou trabalhar de formas profundamente irracionais, as certezas geraram conflitos irados, a autoridade se revelou como uma máscara da intolerância e opressão, e as direções foram confundidas com um labirinto sem saída. Parece que a linha foi quebrada em fragmentos. Se a linha reta fosse um ícone da Modernidade, então a linha fragmentada parece estar emergindo como um ícone igualmente poderoso da Pós-modernidade. Isso não é nada além de uma reversão da linha meandra de andarilhar. Onde esta vai ao longo, de lugar a lugar, a linha fragmentada pós-moderna vai através: contudo, não estágio por estágio, de uma destinação para a próxima, mas de um ponto de rutura para outro. Esses pontos não são localizações, mas *des*locamentos, segmentos fora da junta. Colocando nos termos sugeridos por Kenneth Olwig, a linha do andarilho, realizada pelas práticas de habitação e dos movimentos circuitos que elas implicam, é *tópica*; a linha reta da Modernidade, movida por uma grande narrativa de avanço progressista, é *utópica*; a linha fragmentada da

Pós-modernidade é *distópica*. "Talvez seja tempo", escreve Olwig, "de nos movermos além da *utopia* do modernismo e da *distopia* do pós-modernismo para uma *topia* que reconhece que seres humanos, como criaturas com histórias, consciente ou inconscientemente criam lugares" (Olwig, 2002, p. 52-53).

Nas figuras 6.6 e 6.7 reproduzi dois exemplos de linhas fragmentadas, retiradas, respectivamente, da arquitetura e da música. Talvez eles possam ser comparados com os dois esboços reproduzidos nas figuras 6.4 e 6.5. O primeiro exemplo mostra o projeto para o piso térreo do Museu Judaico em Berlim, desenhado pelo arquiteto Daniel Libeskind. O segundo é de uma peça para doze vozes masculinas intitulada *Siciliano*, do compositor italiano Sylvano Bussotti. Na realidade, uma analogia musical jaz no coração da obra de Libeskind, e a sua inscrição original para a competição, intitulada *Between the lines* [Nas entrelinhas], foi submetida a um papel manuscrito com o texto literalmente nas entrelinhas de uma partitura em pentagrama. Libeskind explica que a sua escolha do título para o projeto foi baseada na ideia de que ele é sobre "duas linhas de pensamento, organização e relacionamento. Uma é uma linha reta, mas quebrada em muitos fragmentos; a outra é uma linha tortuosa, mas que continua indefinidamente" (Libeskind, 2001, p. 23). Essa explicação pode ser tomada como um resumo paradigmático tanto das calamidades da história moderna quanto do potencial irrepreensível que a vida tem de encontrar um caminho pelas situações, de continuar em frente, mesmo sob as circunstâncias mais provadoras. De fato, a fragmentação pode ser lida positivamente à medida que abre passagens, embora não convencionais, que previamente poderiam estar fechadas, permitindo que os habitantes encontrem os seus próprios "caminhos através" e, por isso, façam por si mesmos lugares, em meio às rupturas do deslocamento.

É tradicional, ao chegar à conclusão de uma obra, que o autor anuncie que agora é hora de juntar os fios soltos do argumento. O que mostrei através deste livro, todavia, não é somente que juntar os fios soltos é uma forma de estabelecer um lugar no mundo, mas também que os fios presos, invariavelmente, deixam pontas soltas que, por sua vez, serão amarradas em outros nós com outros fios. As linhas têm um fim em aberto, e é esta abertura – de vidas, relacionamentos, histórias e processos de pensamento – que quis celebrar. Espero que, ao fazer isso, eu deixe uma abundância de pontas soltas para outros seguirem e tomarem em quaisquer maneiras que desejarem. Longe de buscar um fechamento, o meu alvo foi estimar uma abertura. Podemos ter chegado ao fim deste livro, mas isso não significa que chegamos ao fim da linha. Na verdade, a linha, como a vida, não tem fim. Como na vida, o que importa não é o destino final, mas todas as coisas interessantes que ocorrem ao longo do caminho. Pois *onde quer que você estiver, ainda há mais algum lugar aonde você pode ir*.

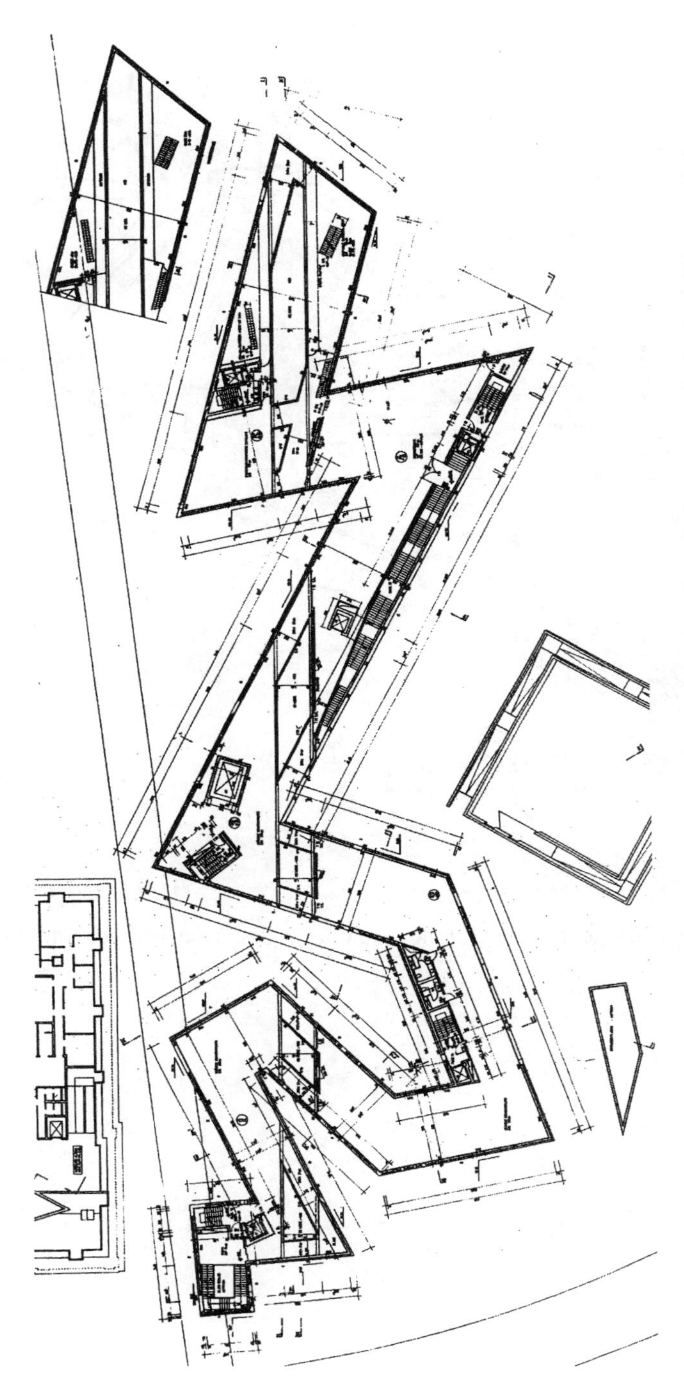

Figura 6.6 – Projeto do piso térreo para o Museu Judaico em Berlim, desenhado por Daniel Libeskind (2001, p. 27).

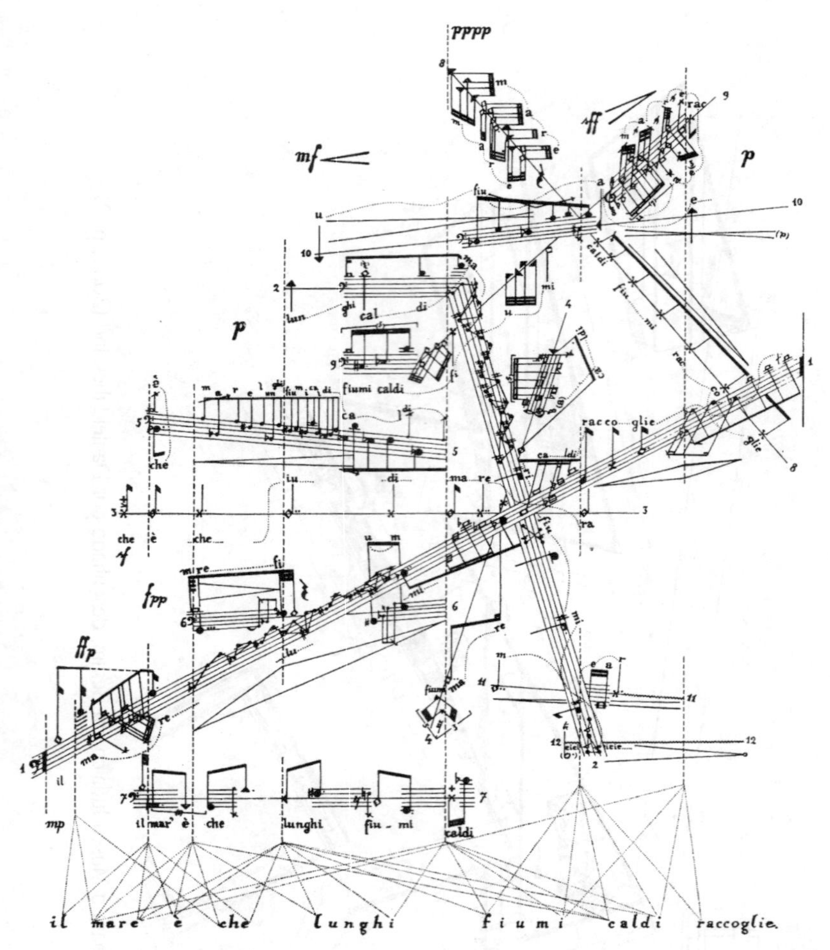

Figura 6.7 – Página da partitura de Siciliano para doze vozes masculinas por Sylvano (1962).

Referências

Adams, J.L. (1997). The place where you go to listen. *Terra nova: nature and culture*, v. 2, n. 3, p. 15-16.

Aichele, K.P. (2002). *Paul Klee's pictorial writing*. Cambridge: Cambridge University Press.

Alberti, L.B. & Kemp, M. (orgs.). (1972). *On painting*. Harmondsworth: Penguin.

Aporta, C. (2004). Routes, trails and tracks: trail breaking among the Inuit of Igloolik. *Études/Inuit/Studies*, v. 28, n. 2, p. 9-38.

Agostinho (1991). *Confessions*. Oxford: Oxford University Press.

Avrin, L. (1991). *Scribes, script and books: the book arts from Antiquity to the Renaissance*. Chicago: American Library Association.

Barber, E. (1994). *Women's work: the first 20,000 years*. Nova York: W.W. Norton.

Barker, A. (1984). *Greek musical writings* – Vol. 1: The musician and his art Cambridge: Cambridge University Press.

Barker, A. (1989). Greek musical writings – Vol. 2: Harmonic and acoustic theory. Cambridge: Cambridge University Press.

Barnes, J.A. (1967). Genealogies. In: Epstein, A.L. (org.). *The Craft of Social Anthropology*. Londres: Tavistock.

Belyea, B. (1996). Inland journeys, native maps. *Cartographica*, v. 33, p. 1-16.

Berger, J. (1982). Stories. In: Berger, J. & Mohr, J. *Another Way of Telling*. Nova York: Vintage.

Bergson, H. (1911). *Creative evolution*. Londres: Macmillan.

Bergson, H. (1991). *Matter and memory*. Nova York: Zone Books.

Billeter, J.F. (1990). *The Chinese art of writing*. Nova York: Rizzoli International.

Bogoras, W.G. (1904-1909). *The Chukchee: Jesup North Pacific Expedition*. Vol. 7. Leiden: E.J. Brill [American Museum of Natural History Memoir, 11].

Boule, M. (1923). *Fossil men: elements of human palaeontology.* Edimburgo: Oliver and Boyd.

Bouquet, M. (1993). *Reclaiming English kinship: Portuguese refractions of British kinship theory*. Manchester: Manchester University Press.

Bouquet, M. (1996). Family trees and their affinities: the visual imperative of the genealogical diagram. *Journal of the Royal Anthropological Institute*, v. 2, n. 1, p. 43-66.

Bourdieu, P. (1977). *Outline of a Theory of Practice.* Cambridge: Cambridge University Press.

Boyarin, J. (1992). Placing reading: Ancient Israel and Medieval Europe. In: Boyarin, J. (org.). *The ethnography of reading.* Berkeley: University of California Press.

Brown, T. (1978). *The tracker: the story of Tom Brown, Jr. as told by William Jon Watkins*. Nova York: Prentice Hall.

Brown, T.J. (1992). "Punctuation". In: *The New Encyclopædia Britannica*. 15. ed., vol. 29, p. 1.050-1.052.

Carruthers, M. (1990). *The book of memory: a study of memory in medieval culture.* Cambridge: Cambridge University Press.

Carruthers, M. (1998). *The craft of thought: meditation, rhetoric and the making of images, 400-1200*. Cambridge: Cambridge University Press.

Certeau, M. de (1984). *The practice of everyday life.* Berkeley: University of California Press.

Chatwin, B. (1987). *The songlines.* Londres: Jonathan Cape.

Ch'en Chih-Mai (1966). *Chinese calligraphers and their art.* Londres: Melbourne University Press.

Clanchy, M.T. (1979). *From memory to the written record.* Oxford: Blackwell.

Clifford, J. (1990). Notes on (field)notes. In: Sanjek, R. (org.). *Fieldnotes: the makings of anthropology*. Ithaca: Cornell University Press.

Colgrave, B. & Mynors, R.A.B. (orgs.) (1969). *Bede's ecclesiastical history of the*

English people. Londres: Oxford University Press.

Collignon, B. (1996). *Les inuit: ce qu'ils savent du territoire*. Paris: L'Harmattan.

Cotton, L. (1896). *Palmistry and its practical uses.* Londres: Kegan Paul/Trench/Trubner.

Coulmas, F. (2003). *Writing systems: an introduction to their linguistic analysis.* Cambridge: Cambridge University Press.

Coxeter, H.S.M. (1961). *Geometry.* Nova York: John Wiley.

Darwin, C. (1950). *The origin of species by means of natural selection, or the preservation of favoured races in the struggle for life*. Londres: Watts.

Dearmer, P.; Vaughan Williams, R. & Shaw, M. (orgs.). *The Oxford book of carols.* Londres: Oxford University Press, 1964.

DeFrancis, J. (1984). *The Chinese language: fact and fantasy.* Honolulu: University of Hawai'i Press.

DeFrancis, J. (1989). *Visible speech: the diverse oneness of writing systems*. Honolulu: University of Hawai'i Press.

Deleuze, G. & Guattari, F. (1983). *On the line.* Nova York: Semiotext(e).

Domat, J. (1777). *Les loix civiles dans leur ordre naturel: le droit public, et legum delectus*. Paris: Knapen.

Donovan, M. (2003). Line. *Poetry*, vol. 181, n. 5, p. 333.

Dryden, J. & Kinsley, J. (orgs.) (1958). *The poems and fables of John Dryden.* Oxford: Oxford University Press.

Edwards, I.E.S. (1961). *The pyramids of Egypt.* Harmondsworth: Penguin.

Feld, S. (1996). Waterfalls of song: an acoustemology of place resounding in Bosavi, Papua New Guinea. In: Feld, S. & Basso, K. (orgs.). *Senses of place.* Santa Fe: School of American Research Press.

Fuchs, R.H. (1986). *Richard Long.* Londres: Methuen.

Gebhart-Sayer, A. (1985). The geometric designs of the Shipibo-Conibo in ritual context. *Journal of Latin American lore*, vol. 11, n. 2, p. 143-175.

Geertz, C. (1973). *The interpretation of cultures.* Nova York: Basic Books.

Gell, A. (1998). *Art and agency: an anthropological theory.* Oxford: Clarendon.

Gibson, J.J. (1979). *The ecological approach to visual perception.* Boston: Houghton Mifflin.

Gillespie, C.S. (1959). Lamarck and Darwin in the history of science. In: Glass, B.; Temkin, O. & Straus Jr., W.L. (orgs.). *Forerunners of Darwin: 1745-1859.* Baltimore: Johns Hopkins University Press.

Goehr, L. (1992). *The imaginary museum of musical works: an essay in the philosophy of music*. Oxford: Clarendon.

Goldsworthy, A. (1994). *Stone.* Londres: Penguin/Viking.

Goodman, N. *Languages of art:* an approach to a theory of symbols. Londres: Oxford University Press, 1969.

Goodwin, C. (1994). Professional vision. *American Anthropologist*, vol. 96, p. 606-633.

Gow, P. (1990). Could Sangama read? The origin of writing among the Piro of eastern Peru. *History and Anthropology*, vol. 5, p. 87-103.

Gray, N. (1971). *Lettering as drawing.* Londres: Oxford University Press.

Guaman Poma de Ayala, F.; Murra, J.V.; Adrono, R. & Urioste, J.L. (orgs.) (1987). *Nueva cronica y buen gobierno.* Tomo A. Cidade do México: Siglo XXI.

Gunn, W. (1996). *Walking, movement and perception.* University of Manchester [tese não publicada].

Gunn, W. (2002). *The social and environmental impact of incorporating computer aided design technologies into an architectural design process.* University of Manchester [tese não publicada].

Hagen, M.A. (1986). *Varieties of realism: geometries of representational art.* Cambridge: Cambridge University Press.

Hallam, E. (2002). The eye and the hand: memory, identity and clairvoyants' narratives in England. In: Campbell, J. & Harbord, J. (orgs.). *Temporalities, autobiography and everyday life*. Manchester: Manchester University Press.

Hamel, C. (1992). *Scribes and illuminators.* Londres: British Museum Press.

Harris, R. (1986). *The origin of writing.* Londres: Duckworth.

Harris, R. (2000). *Rethinking writing.* Londres: Continuum.

Hauser-Schäublin, B. (1996). The thrill of the line, the string, and the frond, or why the Abelam are a non-cloth culture. *Oceania*, v. 67, n. 2, p. 81-106.

Havelock, E.A. (1982). *The literate revolution in Greece and its cultural consequences.* Princeton: Princeton University Press.

Henderson, K. (1999). *On line and on paper: visual representations, visual culture, and computer graphics in design engineering*. Cambridge: Cambridge University Press.

Herzfeld, C. & Lestel, D. (2005). Knot tying in great apes: etho-ethnology of an unusual tool behavior. *Social Science Information*, vol. 44, n. 4, p. 621-653.

Howe, N. (1992). The cultural construction of reading in Anglo-Saxon England. In: Boyarin, J. (org.). *The ethnography of reading*. Berkeley: University of California Press.

Iguchi, K. (1999). *How to play the flute in Kyoto: learning, practice and musical knowledge*. University of Manchester [tese não publicada].

Ingber, D.E. (1998). The architecture of life. *Scientific American*, vol. 278, n. 1, p. 30-39.

Ingold, T. (1986). *Evolution and social life.* Cambridge: Cambridge University Press [trad. bras.: *Evolução e vida social.* Petrópolis: Vozes, 2019].

Ingold, T. (2000). *The perception of the environment: essays on livelihood, dwelling and skill.* Londres: Routledge.

Ingold, T. (2001). From the transmission of representations to the education of attention. In: Whitehouse, H. (org.). *The debated mind: evolutionary psychology versus ethnography*. Oxford: Berg.

Ingold, T. (2004). Culture on the ground: the world perceived through the feet. *Journal of Material Culture*, vol. 9, n. 3, p. 315-340.

Ingold, T. (2011). *Being alive: essays on movement, knowledge and description*. Londres: Routledge [trad. bras.: *Estar vivo: ensaios sobre movimento, conhecimento e descrição*. Petrópolis: Vozes, 2015].

Ingold, T. (2013). *Making: anthropology, archaeology, art, and architecture*. Londres: Routledge [trad. bras.: *Fazer: antropologia, arqueologia, arte e arquitetura*. Petrópolis: Vozes, 2022.]

Ingold, T. (2015). *The life of lines.* Londres: Routledge.

Jacoby, H.J. (1939). *Analysis of handwriting*. Londres: Allen & Unwin.

Janáček, L. & Zemanová, M. (orgs.) (1989). *Janáček's uncollected essays on music*. Londres: Marion Boyars.

Jarvis, R. (1997). *Romantic writing and pedestrian travel*. Londres: Macmillan.

Kandinsky, V. (1982). Point and line to plane. In: Lindsay, K.C. & Vergo, P. (orgs.). *Kandinsky: complete writings on art*. Vol. 2: 1922-1943. Londres: Faber & Faber.

Kapr, A. (1983). *The art of lettering: the history, anatomy and aesthetics of the Roman letter forms*. Munique: K.G. Saur.

Kelley, K. & Francis, H. (2005). Traditional Navajo maps and wayfinding. *American Indian Culture and Research Journal*, vol. 29, n. 2, p. 85-111.

Klapisch-Zuber, C. (1991). The genesis of the family tree. *I Tatti Studies: Essays in the Renaissance,* vol. 4, n. 1, p. 105-129.

Klee, P. & Spiller, J. (orgs.) (1961). *Notebooks*. Vol. 1: The thinking eye. Londres: Lund Humphries.

Küchler, S. (2001). Why knot? A theory of art and mathematics. In: Pinney, C. & Thomas, N. (orgs.). *Beyond aesthetics: essays in memory of Alfred Gell*. Oxford: Berg.

Kurttila, T. & Ingold, T. (2001). Perceiving the environment in Finnish Lapland. In: Machnaghten, P. & Urry, J. (orgs.). *Bodies of nature*. Londres: Sage.

Kwon, H. (1998). The saddle and the sledge: hunting as comparative narrative in Siberia and beyond. *Journal of the Royal Anthropological Institute (N.S.),* vol. 4, p. 115-127.

Langer, S.K. (1953). *Feeling and form: a theory of art*. Londres: Routledge & Kegan Paul.

Leach, E.R. (1961). *Pul Eliya: a village in Ceylon; a study of land tenure and kinship*. Cambridge: Cambridge University Press.

Leach, E.R. (1976). *Culture and communication: the logic by which symbols are connected*. Cambridge: Cambridge University Press.

Lechêne, R. (1992). "History of printing". In: *The New Encyclopædia Britannica*. 15. ed., vol. 26. p. 72-78.

Leclercq, J. (1961). *The love of learning and the desire of God.* Nova York: Fordham University Press.

Le Corbusier (1924). *Urbanisme*. Paris: Cres.

Lefebvre, H. (1991). *The production of space.* Oxford: Blackwell.

Leroi-Gourhan, A. (1993). *Gesture and speech.* Cambridge: MIT Press.

Levin, D.M. (1988). *The opening of vision: nihilism and the postmodern situation.* Londres: Routledge.

Libeskind, D. (2001). *The space of encounter.* Nova York: Universe.

Liu Hsieh (1983). *The literary mind and the carving of dragons.* Hong Kong: Chinese University Press.

Low, C. (2007). Khoisan wind: hunting and healing. *Journal of the Royal Anthropological Institute*, vol. 13, n. 1.

Lucas, R.P. (2006). *Towards a theory of notation as a thinking tool.* University of Aberdeen [tese não publicada].

Lye, T.P. (1997). *Knowledge, forest, and hunter-gatherer movement: the Batek of Pahang, Malaysia*. University of Hawai'i [tese não publicada].

Lye, T.P. (2004). *Changing pathways: forest degradation and the Batek of Pahang, Malaysia*. Lanham: Rowman & Littlefield.

Mall, A. (2007). Structure, innovation and agency in pattern construction: the kolam of Southern India. In: Hallam, E. & Ingold, T. (orgs.). *Creativity and cultural improvisation.* Oxford: Berg.

Matthews, W.H. (1922). *Mazes and labyrinths: a general account of their history and developments*. Londres: Longmans/Green.

Mazzullo, N. (2005). *Perception, memory and environment among Saami people in northeastern Finland.* University of Manchester [tese não publicada].

Medway, P. (1996). Writing, speaking, drawing: the distribution of meaning in architects' communication. In: Sharples, M. & Van Der Geest, T. (orgs.). *The new writing environment: writers at work in a world of technology*. Berlim: Springer.

Meehan, A. (1991). *Celtic knotwork: the secret method of the scribes.* Londres: Thames and Hudson.

Milne, A.A. (1928). *The house at Pooh corner.* Londres: Methuen.

Mitchell, V. (2006). Drawing threads from sight to site. *Textile*, vol. 4, n. 3, p. 340-361.

Mitchell, W.J.T. (2005). Art. *In*: Bennett, T.; Grossberg, L. & Morris, M. (orgs.). *The new keywords.* Oxford: Blackwell.

Munn, N. (1973a). The spatial presentation of cosmic order in Walbiri iconography. *In*: Forge, J.A.W. (org.). *Primitive art and society.* Londres: Oxford University Press.

Munn, N.D. (1973b). *Walbiri iconography:* graphic representation and cultural symbolism in a Central Australian society. Chicago: University of Chicago Press.

Nichol, bp. (1993). *Truth:* a book of fictions. Stratford, Ontario: Mercury Press.

Novikova, N. (2002). Self-government of the indigenous minority peoples of West Siberia. *In*: Kasten, E. (org.). *People and the land: pathways to reform in Post--Soviet Russia*. Berlim: Dietrich Reimer.

Oatley, K. (1978). *Perceptions and representations:* the theoretical bases of brain research and psychology. Londres: Methuen.

Olson, D.R. (1994). *The world on paper:* the conceptual and cognitive implications of writing and reading. Cambridge: Cambridge University Press.

Olwig, K. (2002). Landscape, place, and the state of progress. In: Stack, R.D. (org.) *Progress:* geographical essays. Baltimore, MD: Johns Hopkins University Press.

Ong, W. (1982). *Orality and literacy:* the technologizing of the word. Londres: Methuen.

Orlove, B. (1993). The ethnography of maps: the cultural and social contexts of cartographic representation in Peru. *Cartographica*, v. 30, p. 29-46.

Orlove, B. (2002). *Lines in the water: nature and culture at Lake Titicaca*. Berkeley: University of California Press.

Paasi, A. (2004). Boundaries. In: Harrison, S.; Pile, S. & Thrift, N. (orgs.). *Patterned ground: entanglements of nature and culture*. Londres: Reaktion.

Parkes, M.B. (1992). *Pause and effect: an introduction to the history of punctuation in the West*. Aldershot: Scolar Press.

Parrish, C. (1957). *The notation of medieval music.* Nova York: W.W. Norton.

Paulson, J.F. (2005). Surveying in Ancient Egypt. In: *From Pharaohs to Geoinformatics* – Proceedings of the FIG Working Week 2005 and the 8th International Conference on the Global Spatial Data Infrastructure (GSDI-8), Cairo, 16-21 abr. http://www.fig.net/pub/cairo

Pye, D. (1968). *The nature and art of workmanship*. Cambridge: Cambridge University Press.

Quilter, J. & Urton, G. (orgs.) (2002). *Narrative threads: accounting and recounting in Andean Khipu*. Austin: University of Texas Press.

Rabasa, J. (1993). *Inventing A-M-E-R-I-C-A: Spanish historiography and the formation of eurocentrism*. Norman: University of Oklahoma Press.

Rée, J. (1999). *I see a voice: a philosophical history of language, deafness and the senses*. Londres: Harper Collins.

Reichard, G. (1936). *Navajo shepherd and weaver.* Nova York: J.J. Augustin.

Richerson, P.J. & Boyd, R. (1978). A dual inheritance model of the human evolutionary process, I: basic postulates and a simple model. *Journal of Social and Biological Structures*, Vol. 1, p. 127-154.

Riegl, A. (1992). *Problems of style: foundations for a history of ornament*. Princeton: Princeton University Press.

Rivers, W.H.R. (1968). The genealogical method of anthropological inquiry. In: *Kinship and social organization*. Londres: Athlone.

Rogers, H. (2005). *Writing systems: a linguistic approach*. Oxford: Blackwell.

Rosaldo, R. (1993). Ilongot visiting: social grace and the rhythms of everyday life. In: Lavie, S.; Narayan, K. & Rosaldo, R. (orgs.). *Creativity/Anthropology*. Ithaca: Cornell University Press.

Rose, D.B. (2000). *Dingo makes us human: life and land in an Australian Aboriginal culture*. Cambridge: Cambridge University Press.

Ross, A. (2005). Technology. In: Bennett, T.; Grossberg, L. & Morris, M. (orgs.). *The new keywords*. Oxford: Blackwell.

Ruskin, J. (1904). The elements of drawing. In: Cook, E.T. & Wedderbun, A. (orgs.). *The works of John Ruskin*. Vol. 15. Londres: George Allen.

Sassoon, R. (2000). *The art and science of handwriting*. Bristol: Intellect.

Saussure, F. de; Bally, C.; Sechehave, A. (orgs.) (1959). *Course in General Linguistics.* Nova York: Philosophical Library.

Sciama, L.D. (2003). *A Venetian Island: environment, history and change in Burano.* Oxford: Berghahn.

Semper, G. (1989 [1860]). Style in the technical and techtonic arts or practical aesthetics. In: *The four elements of architecture and other writings*. Cambridge: Cambridge University Press.

Silverman, E.K. (1998). Traditional cartography in Papua New Guinea. In: Woodward, D. & Lewis, G.M. (orgs.). *The history of cartography: cartography in the traditional African, American, Arctic, Australian, and Pacific societies.* Chicago: University of Chicago Press.

Siza, A. (1997). *Alvaro Siza: writings on architecture*. Milão: Skira.

Solnit, R. (2001). *Wanderlust: a history of walking*. Londres: Verso.

Steadman, P. (1979). *The evolution of designs: biological analogy in architecture and the applied arts*. Cambridge: Cambridge University Press.

Sterne, L. (1978 [1762]). *The Life and Opinions of Tristram Shandy, Gentleman*. Vol. 6. Gainesville: University Press of Florida.

Strunk, O. (org.) (1950). *Source readings in music history: from Classical Antiquity through the Romantic Era*. Nova York: W.W. Norton.

Takemitsu, T. (1997). Nature and music. *Terra Nova: Nature and Culture*, vol. 2, n. 3, p. 5-13.

Tedlock, B. & Tedlock, D. (1985). Text and textile: language and technology in the arts of the Quiché Maya. *Journal of Anthropological Research*, vol. 41, n. 2, p. 121-146.

Tessmann, G. (1928). *Menschen ohne Gott: ein besuch bei den Indianern des Ucayali*. Stuttgart: Strecker und Schröder.

Thompson, D.W. & Bonner, J.T. (orgs.) (1961). *On growth and form.* Cambridge: Cambridge University Press.

Thomson, J.A. (1911). *Introduction to science.* Londres: Williams and Norgate.

Turnbull, D. (1991). *Mapping the world in the mind: an investigation of the unwritten knowledge of Micronesian navigators*. Geelong: Deakin University Press.

Turnbull, D. (1993). The ad hoc collective work of building Gothic cathedrals with templates, string and geometry. *Science, Technology and Human Values*, vol. 18, p. 315-340.

Vaiman, A.A. (1974). 'Über die Protosumerische schrift. *Acta antiqua academiae scientiarum Hungaricae*, vol. 22, p. 15-27.

Vredeman De Vries, J. (1968). *Perspective.* Nova York: Dover.

Vygotsky, L.; Cole, M.; John-Steiner, V.; Scribner, S. & Souberman, E. (orgs.) (1978). *Mind in society: the development of higher psychological processes*. Cambridge: Harvard University Press.

Wagner, R. (1986). *Symbols that stand for themselves.* Chicago: University of Chicago Press.

Wallace, A.D. (1993). *Walking, literature and English culture.* Oxford: Clarendon.

Wassmann, J. (1991). *The song of the flying fox: the public and esoteric knowledge of the important men of Kandingei about totemic songs, names and knotted cords (Middle Sepik, Papua New Guinea)*. Boroko: National Research Institute (Cultural Studies Divison).

Weiner, J.F. (1991). *The empty place: poetry, space and being among the Foi of Papua New Guinea*. Bloomington: Indiana University Press.

West, M.L. (1992). *Ancient Greek Music.* Oxford: Clarendon.

Wiebe, R. (1989). *Playing dead: a contemplation concerning the Arctic*. Edmonton: NeWest.

Williams, R. (1976). *Keywords.* Londres: Fontana.

Wilson, P.J. (1988). *The domestication of the human species.* New Haven: Yale University Press.

Wood, D. (1993). What makes a map a map? *Cartographica*, vol. 30, p. 81-86.

Yen, Y. (2005). *Calligraphy and power in contemporary Chinese society.* Londres: Routledge/Curzon.

Young, D. (2001). The life and death of cars: private vehicles on the Pitjantjatjara lands, South Australia. In: Miller, D. (org.). *Car cultures.* Oxford: Berg.

Índice analítico

COLEÇÃO ANTROPOLOGIA

– *As estruturas elementares do parentesco*
Claude Lévi-Strauss
– *Os ritos de passagem*
Arnold van Gennep
– *A mente do ser humano primitivo*
Franz Boas
– *O mito, o ritual e o oral*
Jack Goody
– *O saber local – Novos ensaios em antropologia interpretativa*
Clifford Geertz
– *O processo ritual – Estrutura e antiestrutura*
Victor W. Turner
– *Sexo e repressão na sociedade selvagem*
Bronislaw Malinowski
– *O Tempo e o Outro – Como a antropologia estabelece seu objeto*
Johannes Fabian
– *A antropologia do tempo – Construções culturais de mapas e imagens temporais*
Alfred Gell
– *Antropologia – Prática teórica na cultura e na sociedade*
Michael Herzfeld
– *Arte primitiva*
Franz Boas
– *Explorando a cidade – Em busca de uma antropologia urbana*
Ulf Hannerz
– *Crime e costume na sociedade selvagem*
Bronislaw Malinowski
– *A vida entre os* antros *e outros ensaios*
Clifford Geertz
– *Estar vivo – Ensaios sobre movimentos, conhecimento e descrição*
Tim Ingold
– *A produção social da indiferença – Explorando as raízes simbólicas da burocracia ocidental*
Michael Herzfeld
– *Sociologia religiosa e folclore – Coletânea de textos publicados entre 1907 e 1917*
Robert Hertz
– *Cultura, pensamento e ação social – Uma perspectiva antropológica*
Stanley Jeyaraja Tambiah
– *Nove teorias da religião*
Daniel L. Pals
– *Antropologia – Para que serve*
Tim Ingold
– *Evolução e vida social*
Tim Ingold
– *Investigação sobre os modos de existência – Uma antropologia dos Modernos*
Bruno Latour
– *O crisântemo e a espada – Padrões da cultura japonesa*
Ruth Benedict
– *A lógica da escrita e a organização da sociedade*
Jack Goody
– *Antropologia e/como educação*
Tim Ingold
– *Fazer – Antropologia, arqueologia, arte e arquitetura*
Tim Ingold
– *Magia, ciência e religião e outros ensaios*
Bronisław Malinowski
– *Linhas – Uma breve história*
Tim Ingold

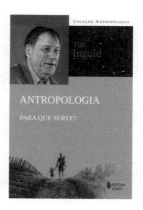